21世纪经济管理新形态教材·工商管理系列

女性领导力

李仕超◎主编
董振华　江苏芬　李宏洁◎副主编

清華大學出版社
北京

图书在版编目（CIP）数据

女性领导力/李仕超主编. —北京：清华大学出版社, 2024.2
21 世纪经济管理新形态教材. 工商管理系列
ISBN 978-7-302-65615-9

Ⅰ. ①女… Ⅱ. ①李… Ⅲ. ①女性－领导学－教材 Ⅳ. ①C933

中国国家版本馆 CIP 数据核字(2024)第 045809 号

责任编辑：陆浥晨
封面设计：李召霞
责任校对：王凤芝
责任印制：宋 林
出版发行：清华大学出版社
网 址：https://www.tup.com.cn，https://www.wqxuetang.com
地 址：北京清华大学学研大厦 A 座 邮 编：100084
社 总 机：010-83470000 邮 购：010-62786544
投稿与读者服务：010-62776969，c-service@tup.tsinghua.edu.cn
质 量 反 馈：010-62772015，zhiliang@tup.tsinghua.edu.cn
课 件 下 载：https://www.tup.com.cn，010-83470332
印 装 者：北京同文印刷有限责任公司
经 销：全国新华书店
开 本：185mm×260mm **印 张**：13.75 **字 数**：303 千字
版 次：2024 年 4 月第 1 版 **印 次**：2024 年 4 月第 1 次印刷
定 价：49.00 元

产品编号：099011-01

目 录

第一章

领导与领导力

【学习目标】

1. 描述、总结领导活动的特征，领导与领导者、领导与管理的联系与区别。
2. 释义、辨析领导的定义、本质；领导力的定义、特征。
3. 阐述、辨析领导力基本理论，并能用理论批判、总结、预测领导工作实践。

对领导力培养的高度重视

搜狐的 E³ 领导力训练营

搜狐是中国最大的互联网公司之一，历史悠久、业务规模庞大。作为一家拥有成功基因和强劲影响力的知名公司，搜狐与飞速发展的互联网行业的所有企业一样，搜狐面临着如何能够在优质人才争夺和保留的战场上，为组织和业务源源不断输送管理者和人才这一严峻挑战。为此搜狐组织实施了面向集团中层管理人员的 E³ 领导力训练营计划，该计划可实现对领导者核心能力的评分和提供个性化发展建议，切实帮助管理者实现领导力突破和提升。

吉利集团开发并推广的全球领导力模型

作为中国汽车行业前十强之一，浙江吉利控股集团一直秉承着“尊重人、成就人和幸福人”的人才管理理念。在全球人口老龄化、中国人口红利转向人口赤字、经济全球化的多重压力之下，人才之争已经到来，人才管理战略已经成为企业发展的重要支柱。如何分层构建人才梯队、自主培养出高质量人才、形成有效的持续供给模式，都成为吉利集团在人才管理方面的核心挑战。为此，吉利集团开展了一系列人才培养项目，形成较完善的分层人才培养体系。其中针对管理人才开发并推广了全球领导力模型，提升了管理者的领导力水平及其关键绩效，培养、储备了一批优秀的高、中、基层管理干部。

资料来源：2017 领导力案例例子集新[EB/OL]. (2018-12-16). https://max.book118.com/html/2018/1207/8114066057001136.shtm.

自人类社会产生之后，就出现了领导活动。领导活动存在于人类社会的各个形态、各个阶段、各个方面，是人类社会发展的重要活动形式。可以说大到一个国家、政府，小到一个企业、学校，甚至在家庭和朋友中都有各种类型的领导存在。那么何为领导？什么样的人才能成为领导？领导力又是什么？领导需要具备那些领导力？这一系列的问题，希望通过本章的学习找到答案。

第一节　领导概述

一、领导定义

领导现象作为一种复杂的社会现象，自人类社会出现以来就已存在。然而关于领导的定义到目前为止并没有一个大家公认的权威定义，不同学者从不同角度给出了不同的解释。

领导，在英文中对应有三个词，分别为 lead、leader 或 leadership，既可以作动词，也可以作名词。领导可以指施加影响力或领导力的人，即领导者（leader），是处于领导岗位的人，此时体现出领导的名词词性。领导也可以指领导者施加影响力或领导力，即带领（lead）他人，激励员工并促进组织目标的实现，是领导者的行为或从事领导活动的过程，此时体现出领导的动词词性。西方提到领导时最常用的词是 leadership，多用来指领导过程（leading）中领导者（leader）所表现出的特质、行为、风格、能力等要素，也在广义上包括领导者和领导过程。

“领导”一词在《现代汉语词典》（1998）里的解释是“率领和引导朝着一定方向前进”。可见，领导很重要的内涵是“领”和“导”，也就是率领和引导的意思。

领导到底是什么？尽管理解这一概念比较容易，但要给它一个大家一致认可的权威定义并非易事。中西方学者和领导实践者从各自的角度出发去定义领导，这些定义涵盖了不同学科的诠释和研究成果，包括特质、行为、影响、角色关系以及互动模式等方方面面的内容。正如巴斯所说：有多少个研究领导学的学者，就有多少种关于领导的定义。

西方学者从各自的知识背景、学术渊源和实践经验出发，对领导进行了不同的界定。美国学者哈罗德·孔茨（Harold Koontz）认为：领导是影响人们使之跟着去完成某一共同目标的行为。华伦·本尼斯（Warren G.Bennis）认为：领导是促使一位下属按照所要求的方式活动的过程。克里斯·阿吉里斯（Chris Argvis）认为：领导即有效的管理。尤斯夫·罗斯特（Yusuf Rost）认为：领导是领导者与追随者之间的影响与被影响的关系，目的在于达到他们的共同目标。R. 坦南鲍姆（R.Tannenbaum）认为：领导是在某种情况下通过信息沟通过程所实施的一种为了达成某个目标或某些目标的人际影响力。A. 菲尔德曼（A. Feldman）认为：领导是一个影响过程，包括影响他人的一切活动。G. 海曼（G. Hainann）、W. C. 施考特（W.C. Gscott）认为：领导是一种程序，使人得以在选择目标及达成目标上接受指挥、导向及影响。美国学者斯道戈迪尔（Stogodier）和巴纳德（Barnard）在总结各种学派和观点的基础上，编写了《领导学手册》，其中提出了领导的十一种定义：领导意味着群体过程的中心；领导意味着人格及其影响；领导意味着劝导服从的艺术；领导意味着影响力的运用；领导意味着一种行动或行为；领导意味着一种说服的形式；领导意味着一种权力关系；领导意味着一种互动中逐渐形成的效果；领导意味着一种分化出来的角色；领导意味着结构的创始；领导意味着一种实现目标的手段。

我国学术界对领导概念的界定同样是众说纷纭。有人认为领导就是高层管理者；有人认为领导是决策和用人的活动；还有人认为领导是一个社会组织系统。比较有代表性的观点主要有三类。

第一类是服务论或活动论。这类观点认为领导就是服务；领导是对生产过程及社会生活过程进行组织、指挥、管理和协调；领导是通过拥有一定权力、履行一定职责权限的人为行为，为全体成员提供服务。

第二类是行为论或关系论。这类观点认为领导首先是政治行为，其次是确立与实现组织目标的行为；领导是社会中人与人之间关系的一种特殊形式，是通过一定的方式带领并引导其他人或集体在实现共同目标的过程中体现出来的一种关系形式。

第三类是过程论。这类观点认为领导是领导者运用说服能力使别人心悦诚服的过程；领导是以领导者的声望、影响力或者地位启发、组织和控制社会行为的过程；领导是领导者通过一定的方式对被领导者施加影响并共同作用于客体对象，以实现既定目标的过程。

综合中西方学者的观点，本书把领导定义为：领导是在社会共同活动中，具有影响力的个人或者集体，在特定的组织结构中，通过指挥、引导和激励下属为实现组织目标而开展的一系列活动的过程。因而，领导既是一种现象，也是一种过程，更是一种事物，是一个至少由领导主体、领导客体、领导环境、领导目标和领导结果五个基本要素组合成的复合概念。

二、领导本质

从领导的定义中，我们可以看出领导的本质是影响力。美国管理学家哈罗德·孔茨甚至直接把领导定义为影响力，他认为领导就是影响人们为实现群体目标而努力的过程。美国著名的管理学大师史蒂芬·柯维（Stephen R. Covey）认为真正的领导者是能够影响别人的人，所以领导的本质就是影响力。这种影响力是从所有领导现象中抽象出来的，是一个人在与他人交往的过程中影响和改变他人心理和行为的能力。所有领导活动的进行，领导目标的实现，都是在领导者与追随者的相互影响中进行的，其中领导者的影响占据主导地位。

在领导活动中，领导者影响追随者主要有两大途径。一是通过组织赋予领导者的人事权、决定权和奖惩权等职位权力，领导者可以改变追随者的工作状况和前途。这种影响力具有强制性和不可抗拒性，被称为强制影响力。二是领导者的个人素质，如精湛的技术、高尚的道德、渊博的知识等，使追随者心甘情愿地接受领导。这种影响力没有强制色彩，是追随者自愿接受的，被称为自然影响力。只有在拥有强制影响力的同时具备自然影响力，才能成为一个卓越的领导者。

三、领导活动的特征

领导活动不同于其他类型的社会共同活动，它有其自身的特殊性。

（一）权威性

从领导活动的成败及其效果来看，权威性是领导活动的首要特性。现代社会领导活动的权威性既来自合法性的确认，又来自其人格等凝聚性要素的同化力。合法性确定了领导在开展活动的过程中必须建立在相应的地位等级、权力容量这一基础上。对于现代社会的领导活动而言，其权威性是构筑在理性基础上的。现代意义上的领导权威是一种理性权威，其特征在于它的合法性，在于它在活动过程中表现的规章制度取向。具有强制性特征的职位与权力仅仅是构成领导权威的一个要素而已，领导活动的成功与否最终还是取决于人们对权威的接受程度。在权威接受的过程中，领导者的能力、学识与品德等凝聚性要素起着决定性的作用。实际上权力并不等同于权威，一个拥有权力的人不一定拥有足够强大的权威。人们接受领导者的领导不是基于对其权力的恐惧，而是基于对其权威的肯定性认同。可见，领导活动的权威性绝不是仅凭借职权这一强制性要素建立起来的，而是取决于这一强制性的权威能否转化为一种自愿接受的权威。

（二）综合性

从领导活动的内容来看，综合性是其重要特性。首先，领导活动的综合性是由社会的劳动分工决定的，劳动分工程度越高，担负主导和统领功能的领导活动的综合程度也就越高。现代社会是一个劳动高度分工、高度专业化的社会，领导活动所涉及的领域也就更加广泛。其次，现代社会是一个利益多元化的社会，各种群体的利益表达会给领导造成较大的压力。这就导致领导活动中存在着各方利益一致的一面，也存在着各方利益矛盾和冲突的一面。领导活动的一个重要内容就是将不同的劳动分工和不同的利益进行综合，从而将综合的结果输出给员工和社会。领导活动的综合性特征：前者涉及的是技术性层面，它要求领导者进行这一活动时采用多样化的领导艺术与方法；后者涉及政治层面，它要求领导者从社会发展的高度，从大多数人的利益需求这一视角来思考问题。

（三）超脱性与全局性

从领导活动在组织体系中的地位来看，超脱性与全局性是其重要特性。领导者只有超脱于各种利益群体之上，才能从根本上、宏观上把握领导活动的整个过程。这是领导者能够对组织进行战略规划、引发组织变革的前提所在。因此，超脱性是全局性的基础，即在保持自身超脱性的基础上，从战略层面规划组织的方向、任务和目标。全局性要求领导者必须在整体发展、全局利益等领导理念的驱使下，在组织与环境的互动中，处理各种关系，实现领导要素的有机组，合以及各种资源的有效配置。

（四）超前性与战略性

从领导活动的功能与作用来看，超前性与战略性是对领导活动的一种特殊规定。所谓超前性就是领导者在决策、战略规划和确定发展方向时，能够具有超前性的思维方式，通过预测能力，提高决策的准确性，保证战略规划和发展方向的正确性。因此超前性与战略性是联为一体的。

（五）服务性

从领导活动的价值取向和精神归宿来看，服务性是领导活动的重要特性。领导可以运用权力权威，为服务对象提供更多的资源、更好的条件、更大的优势等特殊的服务，而这正是其他任何服务都无法比拟的，这种服务是整个服务体系中最强效有力的特种服务。现代社会要求不断提高服务程度和扩大服务范围，让某一社会系统的各组成部分更广泛地得到这种服务，让更多的社会成员得到这种服务。只有这样，整个社会系统及系统各组成部分才会充满活力、迅速发展、高度繁荣。

（六）间接性

从领导活动开展的过程来看，领导活动具有间接性，即领导活动与组织目标的关系是间接的，而不是直接的。任何层次、任何群体中的领导活动必然是一种依靠动员和激励下属实现组织目标的活动。事必躬亲的领导者从严格意义上来说，并不是最优秀的领导者，甚至还可能是失败的领导者。

四、领导与领导者的区别

领导是一个动态过程，它是领导者、被领导者和领导环境相互作用、相互结合以实现领导目标的过程。在这个过程中，领导者只是领导的一个重要组成部分，和领导是两个不同的概念，并且二者的作用也不同。前文已经对领导作了详细介绍，下面重点论述领导者的相关知识，以加深对领导与领导者二者区别的认识。

领导者在领导过程中处于一个极其重要的地位，他不仅要树立正确的领导理念，而且还要有发动和鼓励下属的能力和技巧，更为重要的是他要把领导目标内化为下属为之奉献的引导力量，使整个组织在一种积极的状态中运转。与此同时领导者还要根据组织内部和外部环境的变化及时调整领导战略和领导方法，以提高组织抵御和抗击各种风险的能力。

领导者包括领导个体、领导集体和领导群体三个层面。

（一）领导个体

领导个体，即普遍意义上的领导者或领导人。大部分情况下，领导者是以个体的形式出现的。正如霍兰德所说，一般情况下，领导者就是指一个人，该人拥有一定的地位，可以对特定的其他人施加影响。领导个体是领导集体和领导群体存在的前提，他们在不同单位、不同岗位、不同时间和场合发挥着不同的作用，在领导集体和领导群体中更是如此。

（二）领导集体

领导集体俗称领导班子，是由在同一群体或组织内完备的一组领导岗位上任职的领导者所组成的领导团队。他们由主要领导人即一个群体或者组织内的最高级领导者负责和统领，由一般领导人充当班子成员。不同领导人的知识、经验、素质、职务、背景等不同，这会影响班子的质量和效率。因此领导班子成员必须进行科学、合理地搭配和组合，从而有效发挥领导班子的作用。

（三）领导群体及分类

领导群体俗称领导集团，是由存在于不同群体或组织、不同数量、不同大小的多个领导集体组成的领导者阵营，是一种领导者集合体。领导群体有大小之分，不同领导群体中起带头作用的领导集体是该群体的核心组织和集体代表，而在这种核心组织或集体代表中，处于最高地位、起根本决定作用的领导个体或领导集体一般被称为“领袖”。

除此之外，从其他不同角度还可以将领导者划分为不同的类型。

1. 按权力的不同分

马克斯·韦伯（Max Weber）按照权力的不同，将领导者划分为三种类型。

（1）超凡魅力型领导者

该类型的领导者是基于被领导者对领导者超凡魅力的信仰，而不是基于某种形式的强制力量，尤其不是基于领导者所具有的职位权力。其特点是被领导者对领导者绝对的服从和信赖。

（2）世袭型领导者

该类型的领导者是基于权力世代相传的传统。被领导者对这种领导者的服从是对拥有这种不可侵犯地位的个人的服从。

（3）法理型领导者

该类型的领导者权力是由理性和法律赋予的。在领导者与被领导者的关系中，法律具有至高无上的地位，法律面前人人平等，任何人违法都要受到法律的制裁。

2. 按领导者在组织中所处层次分

德里克·托灵顿以领导者在组织中所处的层次为标准，将领导者分为四种类型。

（1）最高层领导者

这类领导者相对地独立于组织之外，大部分时间与外界接触，很少与下级在一起。

（2）高层领导者

高层领导者主持事务和工作，致力于政策的制定和贯彻，大部分时间与外界、同僚以及部下接触。

（3）中层领导者

中层领导者主要在组织内工作，起到上传下达的作用，致力于组织的正常运转。

（4）基层领导者

基层领导者相对独立于管理的等级制度之外，大部分时间与下级在一起，主要从事执行和监督工作。

3. 按领导者产生的方式分

按照领导者产生的方式可以将领导者分为正式领导者和非正式领导者。

（1）正式领导者

该类型领导者在组织中被赋予正式地位、名称和职权。他们拥有合法的权力进行奖赏和处罚，他们通过组织所赋予的职权来引导和影响下属员工实现组织的目标。

（2）非正式领导者

该类型领导者在组织中没有正式职权，也不是通过正式权力来影响他人的。其领导地位主要是通过个人才能、个人魅力、丰富的经验与学识，以及高尚的品德等赢得的。

五、领导与管理的区别与联系

自从人类社会产生之后，领导与管理就存在了，而且在相当长的时间内，二者并没有明显的区别。随着管理学和领导学的分别建立，领导从管理中分化出来，并且具备了相对独立的意义。由于领导和管理分属于不同的学科范畴，二者存在的区别是显而易见的。但同时二者相互依赖、相互渗透，存在着紧密而广泛的联系。

（一）领导与管理的区别

领导是管理的重要部分，但又从管理中分化出来，具有了独立的意义。领导与管理到底有什么不同？管理学的创始人法约尔在谈到管理与领导的区别时说：领导就是寻求从企业拥有的所有资源中获得尽可能大的利益，引导企业达到它的目标，就是保证技术职能、商业职能、财务职能、安全职能、会计职能和管理职能的顺利完成。在他看来，领导无论在层次上还是在意境上都高于管理。

哈佛商学院教授约翰·科特在《变革的力量——领导与管理的差异》一书中精辟地分析了二者之间的区别。他从企业领导和企业管理的角度，将领导与管理的区别完整地提炼出来。他认为管理与领导虽然定义不同，但有很多相似之处。二者都涉及对所需做的事情做出决定，建立一个完成某项计划的人际关系网络，并尽力保证业务得以完成。然而，相似性并不能掩盖差异性。他认为领导和管理的功用不同，领导带来变革，而管理是为了维持秩序，使组织高效地运转。他进一步指出，管理主要侧重于处理复杂的问题，领导主要处理变化的问题。

还有一些专家学者从领导和管理的职能与功用的不同来区分管理者与领导者。

综合不同学者对领导与管理区别的论述，二者的区别主要体现在以下几个方面。

（1）内涵不同

所谓管理就是通过制定组织目标、制订计划、运用有效领导和协调控制等手段实现组织效益的最大化。而领导主要通过领导者自身的影响力和魅力，激励和鼓舞他人实现组织的目标，是管理系统工作中的一个重要组成部分。

（2）目标不同

领导是管理的灵魂，是高层次的管理。在组织的实践活动中，领导目标是战略性的宏伟目标。领导具有整体性，其重心是解决方向、目标、路线问题，主要进行战略指导的综合性工作，尤其关注组织的长远发展，重视组织战略发展目标的确定和长远发展方向的把握。管理所追求的目标是通过计划、组织、控制等手段，合理组织人、财、物等要素资源，从而提高组织运行的效率和效益。其工作重心是解决效率、效益、效果问题，尤其关注工作的完成过程，追求把工作干得出色。

（3）工作对象不同

管理的对象可以是人、财、物、信息、时间等，主要是通过对这些资源的合理配置，实现工作任务的完成。而领导的对象主要是人。领导是对人的思想和行为进行指导，通过指导、带领、激励下属实现组织的目标。可以说，管理者眼中看到是任务，是各种资源。领导者眼中看到的是人，他们能力不同、性格各异，有着不同的目标和价值取向。

领导者针对人的需要、情感、兴趣、人际关系等，与其进行持续的沟通、引导和激励，努力把他们变成自己的追随者，使他们自愿服从，从而实现组织整体目标和个人价值。

（4）着眼点不同

管理强调维持日常的秩序，它的价值观建立在一个假设前提上：现存的制度、法规是至高无上的，制度和法规的存在就是为了规范人们的行为，使他们能够完成组织交代的任务。领导的精髓在于对前景的不断关注和强调未来的发展。领导的价值观是通过社会经济的持续增长，更好地满足人的需求、完善人格、提升人性、实现人生的价值。

（二）领导与管理的联系

尽管领导与管理有各自的适用领域，但实际上二者在组织的实际运作过程中，并不是泾渭分明的。它们是一对相互共存而又相对独立的社会控制行为，并且往往为同一个行为主体所并用。一个领导活动同时也是一个管理活动：领导离不开管理，没有具体的管理活动，领导目标就不可能实现；管理也离不开领导，没有领导，管理就会失去方向。管理是领导的基础，领导是管理的前提；领导指导管理，管理保证领导。两者互为补充、互相作用、互相渗透、互相转化，拥有密切而广泛的联系。

许多管理学家在谈到管理时，有时候是把管理与领导混用的。例如，在彼得·德鲁克等管理学大师那里，管理有时候就是领导。美国著名领导学教授葛德纳（Gardner）在《新领导力》一书中写到：我曾听一个人说，某某人是个一流的管理者，可是骨子里找不到一丁点儿领导者的痕迹。我一直在寻找他所说的那种人。可是，现在我开始相信那种人并不存在，因为每次我碰到的一流管理者，都刚好具有相当的领袖气质。

生活中我们可以发现，许多优秀的管理者同时也是卓越的领导者，而一个有效的领导者也能对公司进行科学的管理，包括设定目标、制订计划、控制协调等管理工作。而且在企业的实际运作中也可以发现，管理和领导的有些职能并不能像理想中的那样完全分离，而是相互重叠的。既是成功的领导者也是成功的管理者的人物大有人在。有效的领导者可能也是有效的管理者，有效的管理过程中也需要适时地发挥领导才能，二者对组织的发展同样重要，缺一不可。

具体而言，领导与管理的联系主要体现在以下几方面。

（1）行为主体的同一性

领导与管理最明显的联系，表现为行为主体的同一性。尽管领导职能与管理职能有明显的区别，领导者与管理者也有明确的分工，但是这种分工并没有也不可能促使领导与管理主体彻底分离。更何况对绝大多数组织来说，是永远都不能把领导者与管理者的角色绝对分开的。因此，作为行为主体要善于根据自己在组织中的角色定位，确定自己在日常工作中是多一点领导还是多一点管理，以及在什么情境下实施领导或者实施管理等。

（2）职能的互补性

正如科特所言：组织要发展，领导与管理两者缺一不可。如果管理过分而领导不足，那么组织会变得更加僵化、官僚主义，令人感到压抑，为维持秩序而维持秩序；反之，如果领导过分而管理不足，那么会扰乱组织应有的规范和秩序，削弱管理层的基础，或者会形成狂热崇拜，为变革而变革，甚至变革会朝着完全不理智的方向发展。所以，只有有力的管理与有力的领导紧密结合起来才能带来满意的效果。若两者都不具备，或者都很弱，便如一只无舵之船再加上船体上有一个大洞；若两者只具备其一，同样难以使境况变得更好。

（3）目标的相容性

任何组织既需要构建远景目标，也需要确立近期的奋斗目标，并且两者之间总是密切联系、互为补充和相互作用、相互渗透的。一般来说，领导的远景目标着眼于全局和长远，可以产生巨大的感召力，使人看到前途，心生理想并受到鼓舞。管理的奋斗目标着眼于当前和局部，与人们的现实需要和利益结合在一起，必然对人们产生现实的激励作用。领导目标和管理目标都不能够孤立地存在，领导目标必须被分解成阶段性的、局部性的管理目标，并通过管理目标的逐一落实来确保领导目标的最终实现。同样管理目标的确定也必须以领导目标为依据和基础，否则管理目标就会偏离方向，甚至从根本上动摇领导远景目标的顺利实现。

（4）行为的转化性

管理行为与领导行为在组织发展的不同时期、不同条件下是可以相互转化的，而且转化是经常的、大量的。一般来说，当组织处于初创期时，管理与领导并重。当组织或事业发展到一定阶段，处于相对稳定发展时期，管理的重要性就较为突出。但当组织进一步发展，需要变革时，就必须要有领导，相应地组织模式以管理为主就开始向以领导为主转变。管理与领导之间通过不断地行为转化以适应组织发展的需要。

第二节 领导力概述

领导力在中国受到关注是近 30 年的事情，但在世界范围内，对领导力的关注与研究已有 100 多年的历史。1950 年，彼得·德鲁克在他的管理专著《管理的实践》中写道：领导力的重要性至高无上，实际上没有什么能够代替它。领导力已逐渐成为领导学、管理学界的一个热门词汇，几乎没有一个企业不谈领导力，没有一个专家否认领导力的重要性。

一、领导力定义

领导力是一个非常复杂的概念，学者们从不同的视角、用不同的研究方法对领导力进行了研究，但到目前为止，对领导力的定义尚未统一。正如弗雷德·菲德勒所说：领导力的定义有很多，其数量几乎与领导理论的数量相当，领导理论的数量又几乎等同于该领域内研究者的数量。

（一）国外学者对领导力的定义

美国前国务卿科林·鲍威尔（Colin Powell）将领导力定义为：领导力是一门艺术，它会完成更多管理科学认为不可能的东西。

美国学者本尼斯认为领导力就是把美好的愿景转化为实际的能力。

约翰·科特认为领导力是企业面对日趋快速变化的竞争环境所必须突破的战略瓶颈，并创造性地提出了领导成功组织变革的八步骤流程。

查普曼（Chapman）认为领导力就是用言行影响其他人的能力，尤其是要激励别人实现那些极具挑战性的目标。

詹姆斯·库泽斯（James Kouzes）和巴里·波斯纳（Barry Posner）在《领导力》第二版中提出：领导力是领导者如何激励他人自愿在组织中做出卓越成就的能力。

约翰·加德纳（John Gardner）教授在《论领导力》一书中提出：领导力就是领导者个人或者其所在的领导团队，通过说服或者榜样作用激励某个群体，实现领导者自身及其追随者的共同目标的过程。

美国著名的领导学专家约翰·马克斯韦尔（John Maxwell）对领导力描述为：职位不能叫一个人发挥领导力，反而是一个领导人能使职位发挥作用；领袖先找到目标，然后才找到一群追随者；而一般人都是先找到了领袖，然后才认同领袖的目标；唯有那些能引发他人动力的领袖才能创造出动能。

美国领导力发展中心的创始人赫赛博士（Hersey）则强调：领导力是对他人产生影响的过程，影响他人做他可能不会做的事情。领导力就是影响力。任何人都可以使用领导力，只要你成功地影响了他人的行为，你就是在使用领导力。领导他人基本上基于专业才能或者个人魅力，绝对不是单纯地依靠你的职位称呼。

美国哈佛商学院斯蒂芬·R. 科维（Stephen R. Covey）博士在其《领导的四个角色》中认为领导力包括四方面的能力：探索航向，创造一个把使命与客户需求相连接的远景；整合体系，创造一个技术完善的工作体系；授权自主，发掘人的才能，释放能量，鼓励贡献；树立榜样，建立相互信任等。

从狭义上讲，领导力可以理解为影响力，即引导或改变他人行动的能力。从广义上讲，领导力可以理解为引导并激发他人“做对的事情”的能力，并可归纳为以下几个层面的行为描述：先知先觉、建立愿景、指明方向；合理规划、建立团队、整合体系；以身作则、有效沟通、影响团队；持续学习、勇于创新。

（二）国内学者对领导力的定义

我国最早提出领导力内涵的是童中贤教授，之后学者们从不同角度对领导力进行了界定。著名领导力研究学者奚洁人在其著作《中国领导学研究 20 年》中阐述了“力系说”“影响力说”“合力说”“激励说”“应对说”“两层面说”和“函数说”等关于领导力概念的 7 种见解。其中代表性的观点主要有以下几个。

1. 合力说

这种观点认为领导力是各种因素相互作用而产生的合力，具体又分两种观点。一种是从领导者的角度来界定领导力，把领导力看成是领导者单方面所涉及的各因素合力。比如，李春林教授认为，领导力是领导者素质、能力及其影响力等各个方面的总和。另一种是从领导者和追随者相互作用的角度来界定这种合力。比如，柯士雨认为，领导力是组织中的领导者或者领导集团，在洞察组织内外形势的基础上，充分利用自身的领导资源（人际关系、权力、权威以及自身的领导素质等）与具体形势的有机结合而形成能激发、教化、引导被领导者追随自己，去实现组织共同目标的合力。

2. 影响力说

该观点认为领导力就是领导者对被领导者的影响力。比如，朱忠武认为，领导力是影响人民心甘情愿、满怀热情地为实现群体目标而努力的艺术或过程；兰徐民认为，领导力就是领导者在履行领导职能过程中影响和带动下属的能力，这种能力越强，领导作用发挥得就越好；李拓认为，领导力是一种双向并且正向的影响力，主要体现为团队的执行力，其大小是以被领导者的能力来衡量的。领导力同时还具有与时俱进的特性，领导力不是固定不变的，而是必然随着时间、条件的变化而变化，随着社会进步与发展而具有新的内涵。刘峰认为，在一个和谐社会里，领导力不是指地位，不是指权力，也不是领导者个人的专利，而是存在于领导者和被领导者之间一种互动的、积极的影响力。

3. 力系说

该观点认为领导力是由一些具体的能力或要素集合而成的一个“力系”。比如，张清林认为，领导力是领导方法、领导艺术、领导风格等几个要素的集合；黄俊汉则认为，领导力是由领导信息运筹力、决策力、激励力、控制力和统驭力等构成；童中贤认为，领导力是指内生于领导场并作用于领导资源配置过程的力量，即来源于领导结构、领导性质、领导方式，体现领导功能及领导规律要求，主要由领导机制来实现的多种力的总和。领导力主要由领导注意力、领导激励力、领导决断力、领导驾驭力和领导摩擦力组成。同自然界的力量一样，领导力表现为“一群力”，即一个“力系”。

4. 两层面说

该观点从个人和组织两个层面来界定领导力。董军认为，对个人而言，领导力是一种以自己的品格和言行影响他人、激励自我、实现组织目标的能力。对企业而言，领导力是企业内所有员工个体领导力的合成，是企业赖以激发全员的热情和想象力、全力以赴、持之以恒去实现组织共同愿景的内在动力。

5. 激励说

该观点认为领导力意味着善于激励他人。比如，陈建生认为，领导力就是领导激发员工跟随自己一起工作，以实现共同目标的能力。

6. 应对说

许浚认为领导力主要是对变化的应对能力。

7. 函数说

李光炎将领导力定义为一个四元函数，可以用公式表示为：领导力 = F（道德魅力、岗位能力、职责努力、心理承受力）。

综合国内外学者的观点，本书认为：领导力是领导者在特定的组织情境中，吸引、影响、激发追随者以实现组织目标的一种综合性能力。

二、领导力特征

综合国内外学者对领导力的定义，领导力的特征可以概括为以下几点。

（一）领导力是一种综合性能力

领导力是在领导过程中形成、发展并服务于领导过程的能力的总称。不仅仅是指领导者的能力，也包含被领导者的能力，从某种意义上讲，领导力是领导者的吸引力和影响力与被领导者的选择力和反作用力互动形成的合力。

（二）领导力具有目标导向性

一个企业中最重要的是人力资源，一个企业的领导者又是决定企业战略方向的指引者。因此一个企业的领导力是最重要的组织资源和核心竞争力之一，领导力在很大程度上决定着组织目标能否实现以及组织目标实现的程度。

（三）领导力难以度量

领导和领导力是一个抽象的过程，难以用具体数字来衡量，但是这并不意味着对领导力的有效性难以评价。事实上领导力体现在领导者制定的目标是否科学合理、是否对事业的发展具有推动作用，体现在能否影响被领导者去努力工作、是否有效达成组织的目标等各个方面。

三、领导力基本理论

研究者们对领导力理论的探索经历了四个不同的阶段，分别是特质理论、行为理论、权变理论和新领导力理论。

（一）领导特质理论

领导特质理论主要研究领导者应具备的特质。英国前首相玛格丽特•撒切尔的领导风格非常引人注目，人们经常这样评价她：自信、铁腕、坚定、雷厉风行……这些均指的是她的特质。人们也经常用魅力、热情、勇气来描绘那些杰出领导人的独特品格和特殊气质。这些都是领导特质理论所关注的内容。这一理论的基本出发点是：某些特定的个人特质是与生俱来的，领导的有效性依赖于领导者自身所具有的某些特殊个性和品质，能否成为成功的领导者，主要取决于他们是否具有领导的特质。

领导特质理论的发展经历了两个阶段：传统特质理论阶段和现代特质理论阶段。

1. 传统特质理论

传统特质理论盛行于19世纪末、20世纪早期到20世纪40年代之间。这一时期的研究重点是那些一定程度上可以被称为伟人的领导者，所以这个时期的研究称为“伟人理论”。这种理论认为领导者的特性来源于生理遗传，是天生的，而不是后天培养的，天赋是一个人充当领导者的根本因素。这种理论给领导者赋予了一种神秘的色彩，让人们相信一个毋庸置疑的结论：即领导者生来就与一般人不同。但是随着研究的深入与实践的反馈，传统特质理论受到了越来越多的质疑。如有的研究表明：个人特质和领导成功与否之间的联系并不是很紧密，很多被认为具有天才领导特质的人并未成为领导者。这种特质理论并不具有普遍意义的结论，因此很多人停止了这方面的研究。

2. 现代特质理论

现代特质理论大致开始于20世纪40年代末。这种理论否认了领导者的特性是与生俱来的观点，认为领导者的个性品质是在后天的实践中形成的，并可通过训练和培养造就。现代特质理论的这一思路表明：领导更像是一种风格，现代特质理论不但强调领导者的特质，也强调领导者的外在表现，从这个意义上讲它比传统特质理论更进一步。

下面介绍一些有代表性的研究成果。

（1）斯托格蒂尔的六种领导特质

美国学者拉尔夫·斯托格蒂尔（Ralph Stogetill）考察了建立在人格特质理论基础上的一百多项研究成果后，于 1948 年将领导特质归纳为六大类：身体特性，如身高、体重、外貌等；社会背景特性，如社会经济地位、学历等；智力特性，如判断力、果断性、知识广博精深、口才流利等；性格特性，如自信、机灵、见解独特、正直、情绪均衡稳定等；工作特性，如高成就需要、愿承担责任、工作主动、重视任务的完成等；社交特性，如善交游、广交际、积极参加各种活动、愿与人合作等。

（2）亨利的 12 种特质论

1949 年威廉·亨利（William Henry）通过经验分析，总结出成功领导者的 12 种特质。成就欲强烈，把工作成功看成是最大的乐趣；干劲儿大，工作积极努力，希望承担富有挑战性的工作，敢于承担责任；用积极的态度对待上级，尊重上级，与上级关系好；组织能力强，有较强的预测能力；决断能力强；思维敏捷，富于进取心；自信心强；极力避免失败，不断接受新任务，树立新目标，不断驱使自己前进；讲究实际，注重现在；眼睛向上，亲近上级，疏远下级；对父母没有情感上的牵扯，独立生活；效力于组织，忠诚于组织。

（3）亨利·法约尔的七种特质论

现代经营管理之父亨利·法约尔（Henri Fayol）认为企业的高层领导者应具备以下七种特质。身体健康并且体力好；有智慧并且精力充沛；道德品质方面，有深思熟虑的、坚定的、顽强的决心，积极、有毅力、勇敢、负责并关心集体利益；有丰富的文化知识；有管理才能；对所有基本职能都有一般性概念；在企业特有专业方面有尽可能大的能力。

（4）吉伯的七种特质论

美国心理学家吉伯（Gibb）于 1954 年提出了天才领导者应具备的七种特质：善于言辞、外表英俊潇洒、智力过人、有自信心、心理健康、有支配他人的倾向、外向而敏感。

（5）鲍尔的 14 种特质论

麦肯锡公司创始人鲍尔（Bauer）1997 年在他的著作《领导的意志》一书中指出，

领导者应具备 14 种品质。即行动正直、公正、谦逊的举止、倾听意见、心胸宽阔、对人要敏锐、对形势要敏锐、进取、卓越的判断力、宽宏大量、灵活性和适应性、稳妥而及时的决策能力、激励他人的能力、紧迫感。

（6）柯克帕切克和洛克的六种特质论

柯克帕切克（Kirk Patrick）和洛克（Rock）的研究发现，领导者与非领导者之间主要有六种不同的特质，这六种特质对一个人能否成为有效的领导者起着至关重要的作用。它们分别是：进取心、领导愿望、诚实与正直、自信、智慧和工作相关知识。

特质理论视野下的领导力来源是领导者所具备的先天或后天习得的一些特定素质，而领导力的传达则取决于下属对这些特质的认同等心理机制。然而探讨领导现象，脱离不了行为和环境等因素在领导过程中的重要性。领导特质理论只是片面地探究个体特质对领导效能的影响，具有明显的局限性。从 20 世纪 40 年代开始，特质理论已经不再占据主导地位，研究者们将注意力转向了其他方面。

（二）领导行为理论

20 世纪 40 年代起，领导力研究者们开始转向研究领导者的特定行为，从而产生了所谓的领导行为理论。该理论基于这样的假设：领导者的成功靠的是领导行为和领导风格，而这些行为和风格是可以通过后天的培养、塑造和培训习得的。行为理论的研究目的在于提高对各种具体的领导行为的预见性和控制力，改进工作方法和领导效果。研究的侧重点是确定领导者应具备什么样的领导行为，以及哪一种领导行为的效果最好。

1. 勒温的研究与观点

著名心理学家库尔特·勒温（Kurt Lewin）为了分析不同领导风格对群体行为产生的影响，于 1939 年进行了有关实验研究。他把一群十几岁的儿童分为三组，让他们进行面具制作游戏，并分别施以独裁式领导、民主式领导和放任式领导。结果发现：从产量上看独裁式领导最高，但领导不在场时产量立即下降；从质量上看民主式领导最高，且领导在与不在产量无显著变化。绩效最差的是放任式领导。根据实验结果，勒温提出了三种类型的领导风格，即专制型（独裁型）、民主型、放任型领导风格。

（1）专制型领导

专制型领导只注重工作目标，仅关心工作任务和工作效率，对团队成员不够关心。领导者个人决定一切，采取命令方式告知下属应该做什么。

（2）民主型领导

民主型领导注重对团队成员的工作加以鼓励，关心并满足团体成员的需要，考虑成员的利益，努力营造一种民主与平等的氛围，领导者与追随者之间的心理距离较近。

（3）放任型领导

放任型领导对下属采取自由放任的态度，对工作和团队成员的需要都不重视。无规章、无要求、无评估，工作效率低，人际关系淡薄。

勒温根据试验认为：放任型领导的工作效率最低，只达到社交目标，而完不成工作目标。专制型领导虽然通过严格管理达到了工作目标，但群体成员没有责任感，情绪消极，士气低落，争吵较多。民主型领导工作效率最高，不但完成工作目标，而且群体成员关系融洽，工作主动积极，有创造性。

2. 双维度理论（又称领导四分图理论）

1945年美国俄亥俄州立大学商业研究所在斯托格蒂尔和沙特尔两位教授的带领下，进行了一系列研究，试图找出领导的有效性与哪些行为因素有关。一开始研究人员列出了 1000 多种领导行为的因素，通过逐步分类，最后将领导行为的内容归为两个独立的维度，即结构维度和关怀维度。两种领导维度涵盖了所有领导行为的 85%。这是首次尝试用二维空间来表示领导行为，为以后的研究开辟了一条新的途径。

结构维度是指领导者对达成工作目标和完成任务的强调程度。这种领导以工作为中心，为了实现工作目标，既规定他们自己的任务，也规定下级的任务。严格要求下属，要求员工保持一定的绩效标准，并强调工作的最后期限，确保其有效地完成任务。

关怀维度是指领导者对下属的友善和支持程度。这种领导以人际关系为中心，包括尊重下属的意见，给下属以较多的工作自主权，关心下属的行为和感情，强调下属的需要，通过让下属参与组织管理来提高下属对组织的热爱和工作积极性。

进一步研究表明：结构和关怀不是两个彼此对立的领导行为，两者可以任意结合形成四种领导风格。可以用两个坐标的平面组合来表示，如图 1-1 所示。

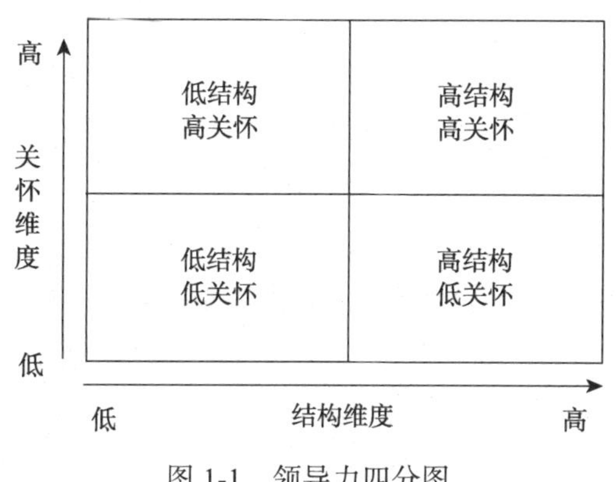

图 1-1　领导力四分图

（1）低结构高关怀的领导行为

这种领导者注重与下属的沟通交流，相互尊重，相互信任，注意营造良好的工作氛围，而把完成工作任务，实现组织目标放在次要地位。与下属关系较好，但在工作任务的组织安排上存在问题，因此工作绩效不是很高。这种领导通常与其上级的关系不是很好，会引起上级的不满。

（2）高结构高关怀的领导行为

这种领导者对工作和下属都很关心，既能保证任务顺利完成，又能满足下属的合理要求，得到下属的尊敬。因此在大多数情况下，这种领导行为方式是最受欢迎、最有绩效的。

（3）低结构低关怀的领导行为

这种领导者对工作和下属都不关心，工作效率低，任务完成差，而且与下属的关系不融洽，领导的有效性最差。

（4）高结构低关怀的领导行为

这种领导者对实现组织目标、完成工作任务最关心，一心放在工作绩效的提高上，但是对下属的关心不够，和下属的沟通交流少、关系不融洽。这样的领导上级比较满意，但是会引起下属的不满。

这四种领导行为总的来说，高结构高关怀是最有效的，但有时具体情况也要具体分析，在特定的情况下可能会是其他的行为方式比较有效。因此在实际的领导活动中，要善于灵活运用，才能收到良好的效果。

3. 两中心理论

在俄亥俄州立大学研究的同时，美国密歇根大学社会研究所的研究者们也进行了大量领导行为的研究。他们试图找出领导行为风格与效能之间的关系，结果找出两种非常典型的领导风格，即以工作为中心的领导风格和以员工为中心的领导风格。

以工作为中心的领导风格，注重严密监控，运用合法职权及强制权，狠抓工作进度，并重视对下级绩效的考核。

以员工为中心的领导风格，重视的是责任下放和人际关系，关心员工的需要、进步和个人成长。这与俄亥俄州立大学研究成果中的“关怀”维度很相近，属于人际关系导向型行为。

以工作为中心和以员工为中心这两个维度与前面介绍的俄亥俄州立大学研究提出的“结构维度”和“关怀维度”相近。两者不同的是，俄亥俄州立大学的研究把结构与关怀视为两个独立的维度，因而一个领导者可以在这两个方面分别表现为高或者低。而密歇根大学的研究则把以工作为中心和以人员为中心两类领导风格视为单一维度的两个端点，可从一个极端沿着这个连续统一体过渡到另一个极端，两种领导风格是完全对立的，因而不可能有“双高”或“双低”式的组合。严格地说领导者只能是两者之一，不可能同时具有两者特征。

4. 领导方格理论

在俄亥俄州立大学和密歇根大学研究的基础上，美国德克萨斯州立大学心理学教授罗伯特·布莱克（R. R. Blake）和简·莫顿（J. S. Mouton）在1964年的《管理方格》一书中提出了一个二维领导理论，即“领导方格理论”。

这种理论从两个维度来说明领导者的行为，即“关心人”和“关心生产”。对生产的关心主要表现为：对工作生产上所持的态度，对生产的程序、生产的决策、生产的结果、研究的创造性、生产的质量、服务的质量等的关心程度。对人的关心主要表现为：保持职工的自尊、帮助职工建立自信、听取职工意见及反映的问题并加以解决、保持良好的工作氛围和具有满意感的人际关系等。这两个维度的分数都是从1到9，这两个分数的组合代表了不同的领导倾向。他们指出，在对生产关心的领导方式和对人关心的领导方式之间，有二者在不同程度上互相结合的多种领导方式。如图1-2所示，这是一张九等分的方格图，横坐标表示领导对生产的关心程度，纵坐标表示领导对人的关心程度。在坐标图上由下至上、由左至右由 1～9 划分 9 个格，作为标尺。整个方格共有 81 个小方格，每个小方格都表示“关心生产”和“关心人”这两个基本因素相结合的领导方式。

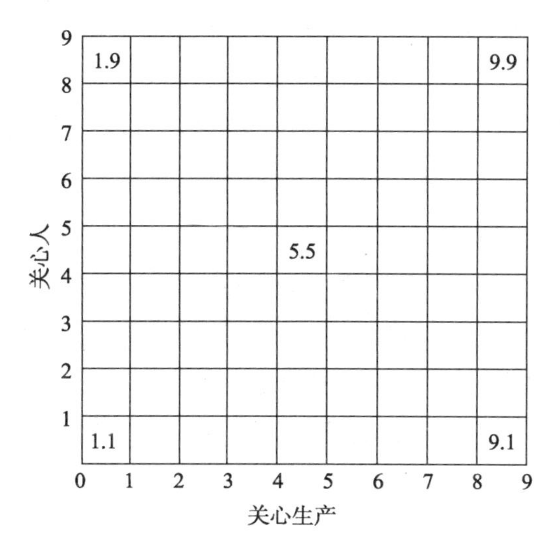

图 1-2　领导力方格理论

1.1 组合：贫乏型领导。这种领导对生产和员工都不关心，对必需的工作付出最少的努力，以维持恰当的组织成员的关系。他没有试图去影响他人，而只是分配责任，让下属自行完成任务。

1.9 组合：乡村俱乐部型领导。这种领导者对员工的关心要高于对完成生产任务的关心。特别注重与员工的沟通交流，努力营造一种舒适、友好的工作环境，让员工在和谐的工作气氛中工作。

9.1 组合：任务型领导。这种领导者非常关心任务的完成，对员工的关心很少。

9.9 组合：团队型领导。这种领导者对生产和人都给予高度关注，力求促成二者的和谐进步。

5.5 组合：中庸型领导。这种领导者对生产和人都很关心，对人的关心度和对生产的关心度是平衡的，既不偏重于生产一方，也不偏重于人的一方。奉行中庸之道，走中间道路。

这几种领导方式总的来说，9.9 型是最受欢迎的、最有效率的。但在现实的领导环境中，很少出现这 5 种领导模式，因为它们都是处于极端的类型。应该根据不同的领导活动，灵活选择不同的领导模式，以有效提高领导效能。

如领导特质理论一样，领导行为理论首先强调了领导是领导力的来源。不过，领导在行为理论中，领导力的传达靠的是真正的行为，行为可以将有效领导和无效领导区别开来。但是领导行为理论缺少对领导与情境、环境等因素相互作用的考虑，研究者们难以找到一种可以在各种环境下指导领导者表现出有效领导行为的领导模式。此外，领导行为理论只是提供了一个宽泛的领导行为评价形式，很少说明这些行为对下属行为或态度产生作用的机制是怎样的。

（三）领导权变理论

领导特质理论和领导行为理论存在着一个共同缺陷，即它们都忽视了领导所处的情境对领导效能的影响。20 世纪六七十年代开始，研究者们开始将情境因素考虑进来，转向领导权变理论的探索。该理论的主要特点是：从考察领导者与被领导者的行为和环境的相互影响出发，来寻求领导的有效行为，探讨针对不同的情况，采取何种工作作风和领导行为才能取得最佳的领导效果。

1. 菲德勒权变领导模型

在领导权变理论的研究中，菲德勒的领导权变理论是最早、最著名的权变理论。弗雷德·菲德勒是美国华盛顿大学教授、心理学家和管理专家，他在大量研究的基础上提出了菲德勒模型（Fiedler model）。该模型的基本假设是：领导有效性是领导风格和领导情境匹配程度的一个函数。如果领导风格与情境相匹配，领导就是有效的，反之就是无效的。该模型认为可以从三个方面对领导有效性进行考察：领导风格、情境因素及二者的匹配程度。

（1）领导风格

菲德勒认为不管什么类型的领导者，其领导风格是与生俱来的，是不可改变的。领导者的领导风格是领导有效与否的一个重要的影响因素。为了确定领导者的领导风格，他设计了最难共事者评分表（least preferred co-worker scale，LPC），如表 1-1 所示。LPC 由 16 组形容词构成，每组形容词具有八个评分等级（1～8 分），形成了双极的语义差别标度。菲德勒请参与者回想所有与之共事的人（包括现在与之共事的人及过去与之共事的人两类），从中找出最难共事者，按照 LPC 对其进行描述和打分。如果你把最难共事的同事描述成积极的，那么说明你重视与同事的关系，你是关系导向型的领导者，相应的 LPC 的得分高；相反如果你把最难共事的同事描述成消极的，那么说明你是工作任务导向型的领导者，相应的 LPC 的得分低。但仍有一部分人（大约 16%）处于中间部分，这些人属于什么类型，菲德勒倾向于让他们自己来决定。

（2）情境因素

由于领导的有效性取决于人与情境的匹配程度，菲德勒选用三个因素来描述领导情境。分别是：职位权力，即正式组织赋予领导者发号施令以及控制下属的权力；任务结构，即工作任务的结构化程度，如目标任务明确程度和下属对这些目标任务的负责程度以及清晰程度；领导—成员关系即双方的信任程度，领导者对下属的信任、依赖和尊重程度，下属对领导者的忠诚、尊重和追随程度。

菲德勒根据三个维度的情境变量来评估环境，把领导者所处的环境从最有利到最不利分为八种类型，如表 1-2 所示。他认为三个条件均处于良好状态是领导者最有利的环境，三者有一项或两项处于良好状态是领导者的一般环境，三者都处于最差状态是最不利的环境。每个领导者都可以从这八种情境中找到自己的位置。

表 1-1 最难共事者评分表

形容词	分值等级	形容词	得 分
快乐	8 7 6 5 4 3 2 1	不快乐	
友善	8 7 6 5 4 3 2 1	不友善	
拒绝	1 2 3 4 5 6 7 8	接纳	
有益	8 7 6 5 4 3 2 1	无益	
不热情	1 2 3 4 5 6 7 8	热情	
紧张	1 2 3 4 5 6 7 8	轻松	
疏远	1 2 3 4 5 6 7 8	亲密	
冷漠	1 2 3 4 5 6 7 8	热心	
合作	8 7 6 5 4 3 2 1	不合作	
助人	8 7 6 5 4 3 2 1	敌意	
无聊	1 2 3 4 5 6 7 8	有趣	
好争	1 2 3 4 5 6 7 8	融洽	
自信	8 7 6 5 4 3 2 1	犹豫	
高效	8 7 6 5 4 3 2 1	低效	
郁闷	1 2 3 4 5 6 7 8	开朗	
开放	8 7 6 5 4 3 2 1	防备	

资料来源：理查德·达夫特. 领导学原理与实践[M]. 2 版. 北京：机械工业出版社，2005.

表 1-2 八种情境类型

情 境	1	2	3	4	5	6	7	8
领导—成员关系	好	好	好	好	差	差	差	差
任务结构	明确	明确	不明确	不明确	明确	明确	不明确	不明确
职位权力	强	弱	强	弱	强	弱	强	弱
领导有效性程度	最有利	比较有利	比较有利	中等有利	中等有利	不太有利	不太有利	最为不利

（3）领导风格与情境的匹配

菲德勒认为领导行为的有效性取决于领导风格与情境的匹配程度，当两者匹配程度最佳时会达到最优的领导效果。他研究了 1200 个工作群体，对八种情境的每一种，均对比了关系取向和任务取向两种领导风格。最后得出结论：任务取向的领导者在非常有利和非常不利的情景下工作最有效；当情境中等有利时，关系取向的领导者是最有效的。据此他认为提高领导的有效性只有两条途径：第一条途径是替换领导者以适应情境；第二条途径是改变情境以适应领导者。

菲德勒领导权变模型可以说是早期最为著名的权变领导理论，该模型强调为了达到有效的领导需要根据情境选择采取什么样的领导行为，而不是从领导者的素质出发，强调采取什么样的领导行为，这在 20 世纪中期具有开拓性的历史意义。但是该模型无法涵盖所有的权变要素，后续学者又进行了更多的研究，推动了领导权变理论的进一步发展。

2. 路径—目标理论

路径—目标理论最早由加拿大多伦多大学教授马丁·G. 埃文斯（Martin G. Evans）提出，后经其同事罗伯特·豪斯（Robert House）及其他人进一步发展而开发的一种领导权变模型。这是一种典型的领导权变模型，它把激发动机的期望理论和领导行为四分图理论结合下属在一起。该理论认为：领导的工作是帮助下属达成目标，并提供必要的指导和支持，以确保下属各自的目标与群体或组织的总体目标相一致。路径—目标理论这一概念来自一种信念，即有效的领导者通过明确指明实现工作目标的途径来帮助下属，并为下属清理各项障碍和危险，从而使下属履行职责更为容易。

路径—目标理论提出的四种领导风格，分别是以下内容。

①指导型领导。这种领导明确告诉下属应该做什么，以及完成工作的时间安排，并对如何完成工作任务进行具体的指导，以确保他们能够很好地按计划完成。但对于经验丰富的下属来说，指导型领导行为只会令下属感到反感。

②支持型领导。这种领导体现出友善、平易近人的特征，能够给予员工真诚的信任与尊重，对下属表现出充分的关心和理解。这种领导会使员工内化、感动，能很好地激励员工。但是忽略了工作的完成，不会用工作绩效来激励员工。

③参与型领导。这种领导鼓励员工积极参与决策，会认真聆听他们的意见，这样能够增强员工的主人翁意识。

④成就型领导。这种领导为员工设立较高的工作目标，以激励下属的潜能。与此同时，领导者展现出殷切的期望，以增强员工的自信心，并适时地为他们提供支持与帮助。

路径—目标理论与菲德勒的权变理论不一样，菲德勒认为领导的风格是不可改变的。但是豪斯认为领导可以根据环境来改变领导风格以使自己的风格适应环境，他认为领导者身上同时存在着四种类型的领导风格，领导者的责任就是根据不同的组织环境选择不同的领导方式。如果强行用某一种领导方式在所有环境条件下实施领导行为，必然会导致领导活动的失败。

3. 领导生命周期理论

领导生命周期理论又称情境领导理论（situational leadership theory，SLT），是由美国学者科曼（Karman）首先提出，后经保罗·赫西和肯尼斯·布兰查德（Poul Hershey and Kenneth Blanchard）进一步发展完善，这是一个重视下属的权变理论。该理论在领导四分图理论的基础上，增加了下属成熟度的变量，构建了一个三维结构的领导模型。该理论的特点是不仅考虑领导者的风格，还要考虑下属的成熟程度，根据下属不同类型的成熟度选择合适的领导风格。这里的成熟度不是指年龄或生理上的成熟，而是指心理或人格上的成熟。

（1）下属成熟度的四个阶段

赫西和布兰查德将成熟度定义为：个体对自己的直接行为负责任的能力和意愿，包括工作成熟度与心理成熟度。工作成熟度包括一个人的知识和技能，工作成熟度高的个体拥有足够的知识、能力和经验完成他们的工作任务而不需要他人的指导。心理成熟度指的是一个人做某事的意愿和动机，心理成熟度高的个体不需要太多的外部激励，他们主要靠内部动机激励。

他们将下属成熟度分为四个阶段。

第一阶段为不成熟阶段。这些人对于执行某任务既无能力又不情愿，他们既不能胜任工作又不能被信任。

第二阶段为初步成熟阶段。这些人缺乏能力，但愿意执行必要的工作任务，他们有积极性，但目前尚缺足够的技能。

第三阶段为比较成熟阶段。这些人有能力却不愿意干领导者希望他们做的事情。

第四阶段为成熟阶段。这些人既有能力又愿意干让他们做的事。

（2）领导行为

该理论认为：任务行为、关系行为和下属的成熟度之间不是一种直线关系，而是一种曲线关系，如图 1-3 所示。这条曲线可以使领导者了解领导方式与下属成熟度之间的关系。相应地主要形成四种领导方式。

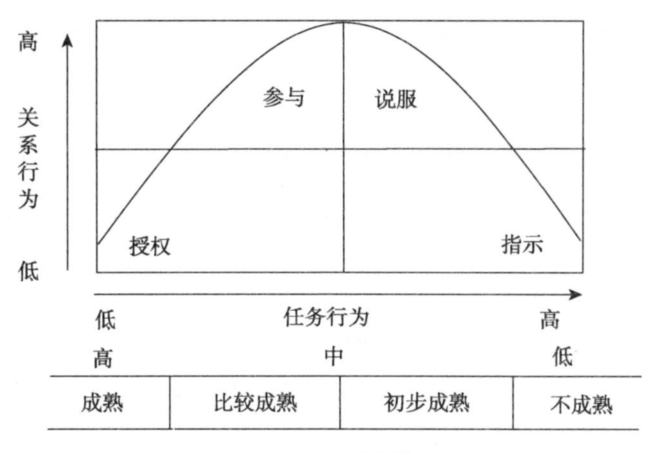

图 1-3 领导生命周期理论

①参与型领导。当下属处于比较成熟阶段时，他们不仅具备了相应的技能、能力和经验，而且有一定的自我管理、自我控制能力，因此不希望领导者对他们过度的控制与约束。这时领导者应注意与下属的沟通，尽量减少过多的具体指导行为，鼓励下属共同参与决策，保持下属积极的工作热情。此时参与型的领导效果最好。

②说服型领导。当下属处于初步成熟阶段时，他们开始熟悉工作并愿意承担工作责任，但是由于缺乏必要的工作技能和工作经验，还不能完全独立胜任工作。这时领导人应以双向沟通的方式给予他们直接指导，通过解释和说服，对他们的意愿和热情在感情上加以支持，并根据他们的能力提供合适的机会让其得到锻炼和成长。

③指示型领导。当下属处于不成熟阶段时，他们既缺乏工作经验与技能，又不能对自己的工作自觉承担责任。这时领导者可以采取指示型的领导方式，对他们进行命令式的工作安排，并给予监督指导。明确规定其工作目标和工作流程，告诉他们做什么、如何做、在何时何地完成。

④授权型领导。当下属处于成熟阶段，既有能力又愿意承担责任时，可采用授权型领导方式。这个阶段下属具备了独立工作的能力，而且也愿意并具有充分的自信来主动完成任务并承担责任，这时领导者应充分授权下属，让他们拥有更多的自主权，减少对他们工作任务指导性的安排，而让他们自己决定何时、何地和如何做。

领导生命周期理论强调领导行为的灵活性，特别强调了下属的动态性。在领导过程中，领导者要根据下属的不同成长状况来采取不同的领导方式，而不能对所有人使用千篇一律的领导方式，要随环境的改变而改变，做有弹性的领导。该理论认为领导力的来源有两个：领导风格和下属特质。只有将领导风格与下属特质匹配后，领导者才被认为是有效的。

4. 领导者—成员交换理论

领导者—成员交换理论由乔治·格里奥（George Graeo）于1972年提出。该理论关注的是领导者与下属之间独一无二的以关系为基础的交换。根据与下属交换的程度不同，关系也不一样。显而易见，该理论认为领导力来源于领导者—成员之间的关系，而并非是领导者或下属某一方面的特质。由于成员间的差异和时间等条件的约束，一个领导可以与一小部分下属发生较为封闭的联系，建立一种特殊的关系，而与同一团队中的其他下属则保持一定的距离，这就导致了“圈内”和“圈外”的区别，相应地产生了“圈内”人和“圈外”人的区别。

圈内的成员能愉快地得到领导者更多的支持和关注，充满自信并能接受有挑战性和有趣的工作。领导者会忽视他们所犯的错误或将错误归因于下属不能控制的外界因素，或较大程度地承认其贡献，因而更多地奖赏他们。而作为交换，领导者将得到圈内成员的信任、尊重、喜欢，从而建立一种高质量的相互关系。对于圈内的成员而言，这种高质量的关系可以导致高绩效、高满意度和低压力。除此之外，积极的领导者—成员交换关系能使沟通更安全，承诺感更强一些，降低事故率，让员工创造性地参与工作，尤其是当员工有一定的工作自主权时。

圈外成员面临的情形则完全不同，他们与领导者建立的是一种更为正式的权力关系。领导者将他们视为自我激励不足或是不能胜任工作的人，与他们的互动、交流很少，而且很少给他们表现的机会，晋升的机会也很少。领导者并不指望他们有高绩效表现，认为他们承诺感低或忠诚度低。由于低质量的领导者—成员交换关系，圈外成员的绩效往往偏低、压力更大。他们常常提出哀怨的诉求，认为自己受到了更多的歧视，因此也容易采取一些报复组织的行为。

5. 领导替代理论

人们通常认为领导在任何时候、任何情况下都是极为重要的。但是在一些实际的领导活动中，你会惊奇地发现：在有些情境中，领导确实是重要而且是有效的；但在另外的情境中领导却是无关紧要的，没有什么效果，甚至是具有负作用的；更有甚者在特定的情境中，领导者和领导的作用竟然被别人替代了。

领导替代理论由克尔和杰米耶（Kerr and Jermier）提出。该理论强调在正式的领导层级之外，实际上还有很多因素使领导者所起的作用非常有限。这些因素主要包括下属的个体特征、工作任务和组织，这三个方面的因素可以削弱或是替代某些传统领导行为，从而降低领导的有效性。

（1）下属对领导者的替代

这里主要考虑的是下属的个性特点、任务承诺、能力和角色清晰度等特征。下属的个性特点包括他们所受过的专业训练及其经验、能力、责任心等；任务承诺是个体对团队任务的认同与否以及认同的程度；能力和角色清晰度指下属的工作能力，及其对自己所承担具体任务的认识的清晰程度。在一个组织中，如果员工都是受过专业训练的人，同时他们又具有很强的责任心，工作能力强，任务承诺水平和角色清晰度都很高，那么面对这样的下属，领导者就显得是多余的。领导者不需要任何作为，员工都会有优良的表现。

（2）工作任务对领导者的替代

当下属接受的任务和从事的工作比较具体明确，或者比较简单化、程序化、常规化时，那么领导者就是多余的，领导的任何作用也是多余的。当下属接受的任务和从事的工作能够及时得到反馈时，那么领导者和领导作用肯定也是多余的。

（3）组织文化对领导者的替代

当一个组织有着明确的愿景和目标、有着严格的规章制度、有着很强的凝聚力和积极的文化氛围时，这些因素都会产生对领导者的替代。组织文化对领导者的替代表现在它的无形影响力和凝聚力方面。

下属特征、工作任务特征和组织文化等都是情境的变量，所以把领导替代理论归结为一种权变理论。领导替代理论指出了领导者并不总能对下属产生有效影响这一事实，说明了领导者作用的有限性。这使得我们在应用领导理论时不会单纯地考虑领导行为对下属完成目标的影响，而是把领导作为组织行为总体模型中的一个自变量加以考虑。该理论的不足之处主要在于未能就各种情境因素对领导行为的替代过程做出一个细致的理论上的说明。

权变理论分离出了一些情境因素，认为领导的有效性依赖于情境因素，领导行为应随着情境的变化而变化，根据情境因素选择合适的领导行为，才能不断提高领导效能。相对于特质理论和行为理论这是一个进步。但是研究者提出的权变理论仍停留在静态水平上，没有考虑到情境因素也是可以改变的，如员工技能水平方面的成长等。另外，各种权变理论只是考虑了部分情境因素，没有从整体上进行把握，这使得权变理论难以适应各种情境，预测性也不会太高。

（四）新领导力理论

20 世纪 70 年代以后，随着经济社会的发展，管理实践中出现了一些新现象新问题，促使研究者们从一些新的角度去解释领导现象，探索领导力的新模式和新理论。一些新型领导力理论的提出改变了人们对领导研究的认识，这些新领导力理论主要包括魅力型领导理论、交易型领导理论、变革型领导理论以及价值驱动的领导理论。

1. 魅力型领导理论

魅力（charisma）一词源于希腊语“神灵的礼物”，被用于描述少数人所拥有的能使他人着迷的一种成熟而稳定的感召力的天赋。20 世纪 20 年代马克斯·韦伯将魅力一词引入社会学领域，用来描述领导者的人格力量，即领导者特有的品质、气质、知识和能力在社会和群体中释放出来的感召力、吸引力和凝聚力。这种力量能对其追随者产生深远而非同一般的影响。

德国社会学家马克斯·韦伯最早提出魅力型领导的说法，他曾这样描述魅力型领导：他们展示了一项卓越的使命或行为过程；但如果仅限于此，那些潜在的追随者根本不会为之所动；而正是因为人们坚信他们的领导者具有特殊的天赋，所以该项使命或行为才得以进行。通俗地讲，魅力型领导就是利用自身魅力，通过超凡的特质和个性化的领导方式来领导下属实现愿景的领导过程。

魅力型领导理论是罗伯特·豪斯（Robert House）在马克斯·韦伯理论基础上提出来的，豪斯认为具有超凡魅力的领导者拥有极大的影响力，具有强大的自信心、强大的支配力以及对于信念和道德的坚定性，他们往往能够提出富有想象力的更远大的目标，他的所作所为给下属很大的感染力，能够赢得下属的支持。下属认为跟随这样的领导人是正确的选择。罗伯特·豪斯认为，魅力型领导有三项特质：有预见性，即魅力型领导有很好的洞察力和眼光，订立远大的目标，并且用积极行动让下属学习怎样达到这些目标；充满活力，即以个人对工作的投入、对自己信仰的坚定和高度的自信心来推动下属的工作；赋予下级能力，即表现出对下属的支持，了解他们和对他们有信心。

华伦·本尼斯（Warren Bennis）研究了 90 位美国最成功、最杰出的领导者，发现魅力型领导者有四个特别突出的品质：有令人折服的远见和目标意识；能清晰地表述这一目标，并使下属明确理解；坚持不懈地追求目标；清楚自己的优势并以此作为资本。

安弗莎妮·纳哈雯蒂（Afsaneh Nahavandi）将魅力型领导的特质概括为：高度自信；对理想有强烈的信念；高度热情和精力充沛；良好的表达与沟通能力；积极的形象和模范作用五个方面。

随着时间的推移，人们对魅力型领导的认识也在不断深化。在美国沃森·布莱顿出版公司（Worthing Brighton Press）的一项研究中，专家鲍威尔（Powell，2003）表示，广泛魅力型领导通常需要具备以下 12 种特质，这些特质在组织变革时更显得十分珍贵。充分的自觉意识、善于激励他人、善于合理分配有限资源、富有远见并能向他人传播、拥有完善的个人价值体系、强烈的集体责任感、成熟的知识和学习网络、有效分析与整合复杂信息的能力、具有灵活性和快速反应的能力、在非常不明朗的局势下果断决策的能力、勇于并善于进行突破性思考、迅速建立高效率职业关系的能力。

魅力型领导已成为近年来领导理论研究的新焦点，它给人们展示了领导的魅力，并且为培养具有魅力的领导者提供了良好的素材。它强调愿景的建立、使命的承担与领导魅力的重建，这不仅能获得下属的追随和忠诚，更能获得下属的尊敬、信赖和崇拜，更能激发组织成员追求自我实现的目标。

在政界中，国务院前副总理吴仪是一位充满智慧且具有超凡魅力的领导人，她既是杰出的政治家，也是杰出的女性。政治舞台上的吴仪作风硬朗、语言犀利、敢作敢为，

早在20世纪90年代就被西方媒体称为“中国的铁娘子”。2007年8月，吴仪出任国务院产品质量与食品安全领导小组组长。从抗击严重急性呼吸综合征（severe acute respiratory syndrome，SARS），到中美贸易摩擦谈判，再到艾滋病防治、食品安全管理，吴仪总是以她干练和雷厉风行的作风形象出现在民生大事的最前沿，她的果敢和应变能力得到了公众的赞誉。

外表不苟言笑的吴仪，其实还有着平易近人与谦和的一面。见过吴仪的高耀洁就说：“吴仪很随和，没有官架子，比一些乡镇的女干部更容易接近。”考察农村医疗问题时，她曾走到农民中间，用当地方言大声说：“我是从北京来的，是国务院的，我姓吴，叫吴仪。”她以直率和严格著称，令人印象深刻。在一次考察血吸虫病态势时，下到基层的她高喊：“干部们给我退下去，农民朋友们走上来。”在北京的一次会议上，她打断了东北某官员冗长的发言，说：“你能否别说套话了。”对待工作，吴仪是名副其实的“拼命三郎”，她从未夸夸其谈，但是却坚持如一。

回顾吴仪的履历，她在每个节点都精力充沛，似乎永远准备着随时上阵，不管面临的是何挑战。

资料来源：吴仪留下了什么“铁娘子”究竟魅力何在[EB/OL]. (2008-04-21). https://www.chinanews.com.cn/gn/news/2008/04-21/1226573.shtml.

2. 交易型领导理论

对于一位时常加班熬夜的企业白领来说，连轴转的日程安排极有可能早已磨灭了他的奋斗激情。对他来说，工作仅仅是谋生的手段而非经营的事业，而对他的领导来说，只需要“配合”地提供相应的报酬、奖金或者晋升机会等，大家各取所需。这样的领导者和下属是实践中的常态，交易型领导就是用来描述这一领导类型的概念。

交易型领导是建立在领导者与下属之间的交换这一概念基础上的。领导者为下属提供资源、报酬以换取下属的工作积极性、生产力提升以及有效地完成任务。交易型领导行为通过奖赏方式来领导下属工作，当下属完成特定的工作任务后，便给予下属承诺的奖赏，整个过程好像是一场交易。交易型领导者不重视下属的个别需要和个人发展，往往通过设置目标和承诺奖励与下属交换绩效，其领导的影响力来源于下属为了得到自己的利益去做领导者让做的事。

与魅力型领导不同，交易型领导看上去更像是“人间的领导者”。相比创设未来愿景，他们更看重执行力，并将大部分的精力投入到眼前的事物中，如团队的绩效水平、组织的运作效率、企业的现行秩序等。在为下属设置了富有激励性的目标之后，交易型领导也将充分地展现出对下属工作能力的信心及期待，并通过认可与提供支持来帮助他们建立自信、激发士气。但在这一过程中大部分的激励效应来源于互惠式交易本身。如“只要把这个项目圆满完成，部门经理的岗位非你莫属”“若能超额完成本季度的销售指标，年终奖给你加两成”之类的说法，是交易型领导的最好体现。

交易型领导在领导者权威的树立方面强调“硬权力”，即强制性影响力，主要是指职位权力，对被领导者的影响力是有限的，主要是上级对下级的影响力，是由职位对职位的影响造成的。

尽管一些交易型领导取得了成功，但是该理论仅关注领导者和下属之间的交换和交易，既然是一场交易，人们关注的重点自然集中到了双方的交换筹码上：一方要求员工履行职责承诺；另一方则从中获得报酬。但值得注意的是，企业或者组织存在的价值并非只是为利益交换提供内部市场。企业需要不断地成长壮大，有朝一日能肩负起创造社会财富，谋求大众福利的宏大使命。如果在这场利益博弈中，领导者和追随者之间此消彼长的力量抗衡吸引了人们过多的注意力，那么就极可能妨碍组织整体利益和最终目标的实现。同时，交易型领导的契约不能激励下属追求卓越，相反，它会使得他们关注短期的、当前的产出，因此这种理论越来越受到人们的批评与质疑。

3. 变革型领导理论

变革型领导理论是近年来学者们比较关注的理论之一，它是与魅力型领导理论关系较为密切的一个领导理论，但又不同于魅力型领导理论。魅力型领导理论只是让下属感受领导的魅力、受其魅力感召；而变革型领导理论侧重于对下属能力的培养，使他们不仅能够完成分配的任务，还完全能够解决领导者所提出的问题，尽最大能力发挥他们的潜力。

变革型领导一词首先由唐顿（Downton）于 1973 年在《反叛领导》一书中提出，之后著名政治社会学家伯恩斯（Burns）于 1978 年在其经典著作《领导学》一书中将其概念化。巴斯（Bass）发展了伯恩斯的概念，给出了变革型领导的定义：通过让下属意识到所承担任务的重要意义，激发他们的高层次需要，建立互相信任的氛围，促使下属为了组织利益牺牲自己的利益，从而达到超出预期的目标。变革型领导理论的发展是由巴斯于 1985 年在《领导与超越期望的绩效》一书中建构而成的。巴斯的理论拓展了伯恩斯的研究成果：更关注员工的需要，而非领导者的需要，认为变革型领导可用于结果不佳的情境。同时也拓展了豪斯的研究成果：认为在变革型领导中魅力是必要而非充分的条件。变革型领导理论强调领导者必须具有远见卓识，为下属提供工作价值和目标愿景，热衷于满足下属更高的需求，使下属成为更完美的人。他们鼓励下属为了组织的利益而超越自身的目标，其结果是使上下级之间建立一种互相激励和提高的关系。

变革型领导强调“软权力”，即非强制性影响力，主要包括人格、道德、专长等。对于组织中的被领导者而言，变革型领导更加关注个人的需要、愿望以及自我发展，所以更能得到被领导者的认同。

根据巴斯的研究成果，变革型领导总体上体现出如下四方面的特征：领导魅力、对下属的感召力、智力激发以及个性化关怀。

墨菲（Murphy）认为：变革型领导的个性化关怀、智力激发和有效地沟通可以鼓励、启示和激发下属达成组织目标。变革型领导可以提供一种更加积极的环境，通过与下属共同努力、分享信息和权力，以提高下属的满意感，减轻人力和资源短缺的负担。美国管理学家傅伊德在前者的基础上，又提出了变革型领导所必须具备的 5 种新的领导技能：远见卓识、控制技能、价值观的综合技能、授权技能、自知能力。他认为这些领导技能不是与生俱来的，而是通过不断学习、实践培养起来的。

变革型领导理论是一个相对较新的、比较流行的领导理论，已经被学者们进行了广泛而深入的研究，并被广泛运用于组织情境中。但是该理论仍然存在一些缺陷与不足，如对它的研究缺乏大量社会调查，缺乏大量的实践，研究还有待于进一步深入化、系统化。

4. 价值驱动的领导理论

在这个社会环境急剧变化和充满挑战的时代，领导活动日益复杂，对领导者的要求也越来越高。尤其是近年来不断出现的公司丑闻和一些领导人物的不正当行为，引发了研究者对领导者道德、人品、价值观等问题的关注。代表性的理论有服务型领导、真诚型领导、积极型领导。

（1）服务型领导

服务型领导的概念首先由格林利夫（Greenleaf）提出，他把领导构建在为下属提供服务的基础上，并认为领导有效性是以下列要素为基础的，即下属是否健康、自由、有自主权，以及那些没有特权的员工受到照顾的程度。尽管该领导概念有较强的影响力，但是格林利夫并没有给出一个明确的界定。

服务型领导的核心聚焦于下属，而不是组织或者领导，这是它与其他大多数领导理论相区别的要素。对服务型领导者而言，重要的是为下属提供服务、下属的培养与开发及其效果，而不是组织的有效性。

服务型领导的特征主要包括关注下属、公平第一、授权、移情、对行为的后果负责、真诚、谦逊、用服务来激励。

（2）真诚型领导

真诚型领导理论来源于积极心理学和积极组织行为学，该理论强调的是领导者的自我认识，并忠于自己价值观的重要性。真诚型领导者是那些非常清楚地了解自己并忠于自己的价值观和信仰的人。尽管真诚型领导理论通常从领导者的角度探讨真诚，但是它的核心强调了二元领导方法。真诚型领导强调领导者和下属“关系真诚”的重要性，而这种真诚的关系支持共同目标的实现和协同发展。

真诚型领导的特征包括自我认识、忠于自我的行为并且受到个人信念的激励、人际关系的真诚性或透明度。真诚型领导理论是一个新理论，需要进一步研究。但目前研究得出的一致性结论是：它和积极的组织结果有关。例如，它和组织绩效、群体道德行为、团队美德、员工满意度、组织承诺、授权、工作参与以及组织公民行为等有关。

然而对该模型在跨文化背景下的应用研究有限，需要进一步完善模型及其应用。例如，有学者指出真诚不应该只包括对领导者优点的认识，还应该包括对其缺点的承认。其他学者开始考虑多种中介变量、情境变量和语境变量等影响真诚型领导效果的变量。

（3）积极型领导

积极型领导植根于自我实现理论，以及 20 世纪 60 年代由克里斯·阿吉里斯和道格拉斯·麦格雷戈（Douglas McGregor）倡导的管理方法。他们关注人的成长及其潜力的开发。积极型领导的核心是强调个体的优势，帮助人们发挥最佳的潜能以及心理资本。心理资本涉及积极的心理状态、信心、积极的归因机制、毅力和快速恢复能力。积极型领导者的各种特征一起相互作用，让它们在最优的范围内发挥作用，即实现辉煌的成就。

积极型领导的特征主要包括以下方面。

保持乐观、鼓励积极的行为、聚焦优势、创造积极的氛围、保持积极的人际关系、进行积极的沟通、迅速应对负面事件。

积极型领导的研究成果有限，但却表明领导者积极的心态、热情和乐观主义精神可以产生积极的组织结果，如较高的组织绩效和较高的员工身心健康水平。积极型领导提供了一个全新的方法，更多关注的是领导者如何思考，而不是领导者是什么样的。

第三节　性别理论与马克思主义妇女观

一、社会性别理论

（一）社会性别概念

社会性别是一个与生理性别或生物性别、自然性别相对的概念，是文化建构的产物。历史和现实中两性的境遇差别不是由生理差别所致，而是由社会形成的，是社会通过制度化力量将两性差别合法化，并代际复制的产物。社会性别代表了人与人之间的差别，代表了男人和女人的社会角色和社会功能之间的差别。它强调的两性的社会差异，主要是指社会对有关男女的角色分工、精神气质、行为方式等方面的不同期待与规范。社会性别是女性解放运动中非常重要的核心概念和理论武器，社会性别概念经历了从提出到内涵逐步丰富的过程。

英国女权运动中最著名的领导人、被称为世界妇女运动鼻祖的玛丽·沃斯通克拉夫特（Mary Wollstonecraft），可以看作是“社会性别”概念的先驱者。针对启蒙主义思想家卢梭在《爱弥儿》（*Emile*）中所提到的妇女应具备“温柔”“服从”“脾气好”等所谓的“妇女气质”，沃斯通克拉夫特在《女权的辩护》一书中表达了与卢梭不同的观点，提出了“社会塑造妇女”的表述。这称得上是最早的社会性别概念的萌芽。

社会性别概念的进一步发展则是由法国思想家西蒙娜·德·波伏娃（Simone de Beauovir）在其著作《第二性》（*The Second Sex*）（1949）中完成的。《第二性》因其对整个女性主义及其实践都具有重要的意义和作用，而被奉为女性主义的“圣经”。在《第二性》中，波伏娃阐述道：“女人并不是生就的，而宁可说是逐渐形成的。”她提出的“女人是被建构的”这一著名观点也成为女性主义在社会性别概念上的核心思想来源。波伏娃虽然没有明确提出社会性别的概念，但为社会性别概念的最终萌芽奠定了思想基础。

真正把社会性别作为一个专业术语提出来的是美国学者盖尔·卢宾（Gayle Rubin）。卢宾第一次正式提出了“性别/社会性别制度”（the sex-gender system）的理论。她将社会性别定义为“一种由社会强加”的两性区分，是性别的社会关系的产物。她在其著名的《女人交易：性的“政治经济学”初探》（1975）一文中指出，社会性别制度是建立在男性统治女性基础之上的父权制，是以男性为核心的体制，这种体制制约着两性关系，控制着人类的社会生活和文化生活。她认为：“性别/社会性别制度并不是脱离历史的、人类幻想出来的东西，它们是人类历史的产物。”每一个社会除了经济活动的组织形式之外，还有一个性别/社会性别制度，这种制度是制造和规范性别的一整套社会组织。

美国历史学家琼·瓦拉赫·斯科特（Joan Wallach Scott）在其论文《社会性别：历史分析中的一个有效范畴》（1988）中，对“社会性别”做了最为全面的论述。文中提到，社会性别是组成以性别差异为基础的社会关系的成分，是代表权力关系的主要方式之一，它不只是权力的来源和形成方式，也是维持权力关系的一种工具。也就是说，社会性别是男性和女性之间权力关系的反映：男性处于统治、支配地位，而女性处于被统治、被支配的地位；男性占据着主体地位，女性屈居客体地位。

《联合国计划开发署社会性别与发展培训手册》中给社会性别下的定义是：泛指社会对两性及两性关系的期待、要求和评价。社会性别常常在社会制度（如文化、资源分配、经济体制等）中以及个人社会化的过程中得到传递、巩固。《英汉妇女与法律词汇释义》中给社会性别下的定义是：社会性别一词用来指社会文化形成的对男女差异的理解，以及在社会文化中形成的属于女性或男性的群体特征和行为方式。

（二）社会性别理论的主要内容

社会性别理论起源于20世纪60年代的美国，是随着女权主义运动的兴起而提出和发展的，该理论对西方女权主义运动起到了重要的指导作用。社会性别理论是女权主义理论的核心概念，该理论在提出时尚不完善，它经历了一个不断被丰富的过程。

社会性别理论认为性别有两层含义：生理性别与社会性别，并强调在分析问题时应该将人的生理性别与社会性别加以区分，重视社会性别对人的影响与作用。社会性别理论认为男性和女性的角色和行为的差异是由制度和文化因素造成的。社会性别理论既是一种科学方法，也是一种观察社会问题的视角。该理论主要以社会性别为出发点来看待社会问题，并诠释政治、经济、文化等一系列客观的事物和情形，重新考察和解析“男人”与“女人”的角色、行为以及社会关系等。社会性别视角的价值观不仅体现了“关注女性”，更深刻地体现了“以人为本”的思想，其积极意义在于通过提高大家的性别敏感意识，促使人们能从社会性别视角观察与分析社会现象。

社会性别理论包含的内容主要有三个方面。

第一，社会性别差异。它着重探讨的是社会文化中所包含的对男女差异、两性群体特征及行为方式的理解。对此，社会性别理论强调的是两性差异的社会文化建构性、非自然性、非生理性。

第二，社会性别角色。探讨的是个体或群体通过学习特定社会文化中规定的一整套两性价值规范来获得自己的性别身份，也就是两性从社会中学来的行为和所从事的活动。

第三，社会性别制度。探讨的是两性之间存在着权力关系：男性处于统治地位，女性处于被统治的地位，两性间的等级关系实际上就是父权制的体现。

这三方面内容是相互联系、相互作用的，共同构成了一整套影响性别分化的社会性别机制。

二、马克思主义妇女观

在当今时代，妇女问题仍存在于许多国家中，并没有得到真正的解决。《共产党宣言》里指出，每个人的自由发展是一切人的自由发展的条件。因此，作为能够顶起半边天，推动社会发展的妇女群体，应该得到足够的关注，以推动人类历史的发展，最终获得人类的自由解放。进入新时代后，仍需要利用马克思主义妇女观作为指导，来解决妇女发展的种种问题，以推动妇女更好地发展。

（一）马克思主义妇女观的含义

马克思主义妇女观是由马克思、恩格斯一同创建的，并在无产阶级革命运动中由马克思主义者继承且逐步发展起来的思想体系，是马克思主义理论体系的重要组成部分。马克思主义妇女观是伟大的马克思主义思想在妇女领域中的运用，它运用了科学的世界观和方法论以及辩证唯物主义和历史唯物主义思想，对妇女的社会地位、权利、作用以及妇女解放作出了科学的分析，并随着实践的发展而发展，不断更新、与时俱进。

（二）马克思主义妇女观的主要内容

1. 妇女受压迫是一个历史范畴

妇女受压迫是人类历史发展到一定阶段的必然产物，与生产力的发展水平息息相关。它经历了从原始社会早期的男女平等关系，到原始社会末期的男女不平等关系，再到阶级社会的女性受压迫这样一个漫长的历史进程。

原始社会早期生产力发展水平极其低下，加之恶劣的自然条件，为了生存下去，无论男女都必须通过劳动以获得食物。男女两性根据自己的性别特征进行劳动分工，男性凭借体力上的优势通过狩猎来获得食物，女性依靠灵活性的优势通过采集来获得食物，获得的食物进行平均分发。在这样简单原始的人类发展阶段，男女两性的地位与关系处于一种平衡状态，是一种天然平等的关系。

原始社会末期逐渐出现了驯养和繁殖牲畜的劳动形式，这种劳动的主要承担者是家庭中的男性成员，他们掌握了更多的劳动工具和生产资料，在劳动中越来越占据主要的位置。妇女在劳动生产中的主导地位逐步被男子所替代，女子所从事的劳动仅仅是社会生产的辅助性劳动和家务事项。随着父系氏族社会的形成，出现了一种新的家庭形式，即家长制家庭，家庭中的妇女落在了男性的绝对权力之下，这时就出现了原始社会末期的男女不平等状况。

随着社会生产力发展，私有财产的积累，原始社会走向解体，人类社会进入了阶级社会。阶级社会中，生产力水平提高，社会分工细化，由于生理构造等原因，男性在生产领域的优势逐渐凸显，掌握越来越多的财富资源，在经济生活和社会生活中占据着主导地位，而女性则处于从属地位并开始受到奴役和压迫。

2. 私有制是妇女受压迫的根源

私有制是一种经济体制，在私有制下，生产资料是私有的。马克思主义理论体系认为，私有制改变了社会形态与社会结构，是一切压迫与剥削的根源。在社会劳动方面，私有制使得社会生产的基本单位不再是集体，而是家庭，这一变化使得妇女的劳动性质发生了改变。家务劳动与人类种族繁衍的劳动不再属于公共劳动，而是家庭领域的私人劳动，这种劳动被认为是不重要的，甚至是无偿的。当妇女失去了应有的经济地位后，妇女在家庭、社会等多个领域也就失去了话语权，只能处于被支配的地位。

3. 解决妇女问题的途径

马克思主义妇女观从消灭私有制、家务社会化、参与社会劳动、自主选择婚姻4个方面给出了解决妇女问题的办法，这些办法具有全面性与逻辑性，既针对妇女群体提出了努力的方向，也对整个社会提出了要求。

消灭私有制。私有制出现后，剥削和压迫随之产生，生产资料为男性所独有，妇女们被迫丧失工作机会，沦为丈夫的附庸。因此要想真正实现妇女解放，将妇女从被剥削状态中解救出来，必须消除私有制，建立生产资料公有制制度。

家务社会化。家务劳动社会化能够使妇女摆脱烦琐的家务劳动，使妇女有更多的时间与精力参与到社会劳动中，为妇女争取合情合理的经济地位、社会地位提供时间与空间。

参与社会劳动。妇女们只有走出家庭去参加社会劳动，拥有了收入，经济上不再单纯的依附男性，才有机会改变在家庭当中被支配的情况。而且妇女走出家庭不仅仅在经济上能够独立，对自身而言意味着在社会上拥有属于自己的人际关系，有助于提高自己的能力，培养自己的自信心，对妇女自身的发展和解放具有重要意义。

自主选择婚姻。马克思主义妇女观认为，男女之间相互的爱慕应该是婚姻的基础，妇女应该在婚姻中有自主独立的地位与权利。

4. 妇女解放的最终目标

马克思与恩格斯关注妇女群体、解决妇女问题，从短期来看，是希望妇女群体能够摆脱不平等的处境，实现男女平等，获得应有的权力与地位。从长远来看，是希望能够通过妇女问题的解决，实现妇女自由全面的发展，进而推动整个人类群体的自由、平等、全面的发展。

（三）马克思主义妇女观的重要地位

马克思主义妇女观是研究妇女问题的困境与出路的重要理论，更是指导人类妇女运动的重要理论武器，无论是在马克思主义理论体系方面，还是在人类妇女理论方面，都具有举足轻重的地位。

马克思主义妇女观是马克思主义理论体系的重要组成部分。马克思主义妇女观作为马克思主义在妇女领域的重要成果，表现了马克思主义者们对妇女问题的关注。同时马克思主义妇女观里蕴含的消灭私有制、解放女性、鼓励女性参与社会劳动等观点也契合了马克思主义理论的内容，符合马克思主义理论体系的目标追求。因此，马克思主义妇女观从属于马克思主义理论体系，并且是其中的重要内容。

马克思主义妇女观是人类妇女理论的重要组成部分。人类妇女理论是关于妇女突破压迫、束缚与歧视，追求与男性平等的社会权利与社会地位的理论体系。该理论的目的是为妇女群体争取合法权益，实现男女平等。马克思主义用唯物史观和唯物辩证法的方法探讨妇女问题，关注性别的劳动分工。马克思主义妇女观的产生丰富了人类妇女理论的宝库，继承了为妇女发声、谋幸福的责任与使命，同时也成为探讨妇女地位、作用和贡献的重要理论工具。

（四）马克思主义妇女观在中国的实践

马克思主义妇女观是马克思主义理论的重要组成部分，对中国女性解放及妇女发展有着极其重要的指导价值。要充分认识马克思主义妇女观的深刻内涵，并将其理论同我国女性现实状况相结合，是实现女性解放和发展的必由之路。同时，要始终拥护中国共产党的领导，不断推进男女平等基本国策的实现，发挥妇联组织紧密联系妇女群众的作用，实现女性的全面解放和发展。

马克思主义妇女观是我国女性运动的行动指南。我国一直坚持理论联系实际，把妇女运动和马克思主义妇女观相结合，并根据我国具体情况，为妇女解放运动做出了一系列贡献。一是基于男女平等的大前提，完善了保障女性权益的法律体系，形成了以宪法为中心，衍生的一系列涉及女性的维权法，建立了维护女性合法权益的法律体系；二是确立了男女平等的基本国策，为促进我国社会和谐发展提供了前提保障。

马克思主义妇女观是解决我国女性问题的理论武器。新时代我国妇女地位得到了极大提高，妇女群体所应享有的权利在法律层面上被保护，妇女的重要地位也被大多数人所理解与尊重。但是，妇女仍然面临着很多新的挑战，妇女日益增长的美好生活需要同妇女事业不平衡发展之间存在着矛盾。随着我国政治、经济、文化的发展与繁荣，以及妇女事业的发展与繁荣，妇女也对所在群体的发展与地位表现出了更高的期许与要求。在这样的社会环境下，解决女性问题，推进两性平等，更需要把马克思主义妇女观作为行动的指南。面对顽固问题与新型挑战，以习近平同志为核心的党中央高度重视，牢牢把握马克思主义妇女观的核心精神，结合我国国情与妇女群体的现状，不断巩固并更新我国的妇女理论成果，并对妇女问题以及妇女发展给予了极大的关注。

马克思主义妇女观是中国妇女事业发展的指导原则。我国的国体决定了在妇女问题上，马克思主义妇女观是我国解决妇女问题、发展妇女事业的理论武器。20 世纪初，马克思主义妇女观传入中国，成为中国妇女事业发展的指导原则。马克思主义妇女观对我国妇女理论的重要影响体现在：一方面，该理论指导了我国妇女事业的发展。在马克思主义妇女观的指导下，在中国共产党的领导下，我国的妇女事业取得了丰硕的成果。另一方面，我国的妇女理论也是对马克思主义妇女观的重要继承，反映出马克思主义妇女理论的精神，许多内容都与马克思主义妇女观一脉相承。

中国共产党始终重视妇女问题，从建党之初便将“实现妇女解放与男女平等”当作目标并为之奋斗。中国始终坚持将男女平等宪法原则和贯彻落实男女平等基本国策贯穿于国民经济和社会发展的各个领域。1995 年首次提出把男女平等作为促进我国社会发展的一项基本国策。男女平等基本国策是中国共产党在马克思主义妇女理论指导下，将男女平等与经济社会发展相结合，以国家根本政策的形式推动我国男女平等事业发展的伟大创举，彰显了贯彻落实男女平等基本国策是中国共产党治国理政的重要内容，也体现了履行国际承诺的中国担当。2005 年把“实行男女平等是国家的基本国策”写入《中华人民共和国妇女权益保障法》，明确规定：“实行男女平等是国家的基本国策，国家采取必要的措施，逐步完善保障妇女权益的各项制度，消除对妇女一切形式的歧视。”2012 年党的十八大报告强调要“坚持男女平等基本国策，保障妇女儿童合法权益”。2017 年党的十九大报告重申要“坚持男女平等基本国策，保障妇女儿童合法权益”。2019 年十九届四中全会要求“坚持和完善促进男女平等、妇女全面发展的制度机制”。2020 年十九届五中全会再次强调要“坚持男女平等基本国策，保障妇女儿童合法权益”。2020 年 10 月 1 日国家主席习近平在联合国大会纪念北京世界妇女大会 25 周年高级别会议上的讲话中提到“保障妇女权益必须上升为国家意志”，“要消除针对妇女的偏见、歧视、暴力，让性别平等真正成为全社会共同遵循的行为规范和价值标准”。这些无一不体现党和政府对解决妇女问题、促进妇女发展的重视和努力。2022 年，党的二十大报告再次强调要坚持男女平等基本国策，保障妇女儿童合法权益。

【本章小结】

领导是在社会共同活动中，具有影响力的个人或者集体，在特定的组织结构中，通过指挥、引导和激励下属为实现组织目标而开展的一系列活动的过程。自从人类社会产生之后，领导现象就出现了。领导本质上是一种影响力。领导具有权威性、综合性、超脱性与全局性、超前性与战略性、服务性、间接性等特点。领导与管理相互依赖、相互渗透，存在着紧密而广泛的联系。

领导力是领导者在特定的组织情境中，吸引、影响、激发追随者以实现组织目标的一种综合性能力。领导力理论的探索经历了四个不同的阶段，分别是特质理论、行为理论、权变理论和新领导力理论。

自学自测　扫描此码

1. 什么是领导？什么是领导力？
2. 领导活动具有哪些基本特征？
3. 领导与管理有哪些联系与区别？
4. 简述领导力理论的发展阶段，并阐述每一阶段的代表理论有哪些？

王华是一家信息技术公司技术开发部的一名技术专员，在技术方面有着丰富的经验，同一部门的每位同事都认为她的技术水平非常高，工作非常出色，十分佩服她。不久前，前任经理调职后，王华被总经理提升为技术开发部经理。

王华上任后，下定决心要把技术开发部管理好，一定要高标准、严要求。一个月之内部门同事就领教了她的“新官上任三把火”。在王华升任部门经理的第二天，同事小张由于堵车迟到了三分钟，王华狠狠地批评了他，并说：“技术开发最重要的就是时间，不需要没有时间观念的人。”一个星期后，同事小刘因为忙着招待客户，把一份技术改革方案晚交了一天，王华又大发雷霆，批评小刘之后，还公开表示如果再发生这样的事情就把小刘辞退。一次遇到紧急工作，王华需要迅速整理一份材料，同事大李帮忙用了两个通宵把资料改了出来交给她，她连一句表扬的话都没有。在月底的月度总结会上还指出大李的技术水平不过硬，建议把他调任到其他部门工作。

很快，总经理发现技术开发部的工作效率明显降低，员工的工作热情不高，缺勤现象严重，还有很多员工跳槽或主动要求调到其他部门工作，整个部门完全没有和谐的工作氛围，总经理决定要改变这种现状。

讨论问题：

1. 结合案例，试分析王华的领导行为特点。
2. 如果你是技术开发部经理，你将如何领导技术开发部的工作？

第二章

女性领导力

【学习目标】

1. 辨认女性领导面临的特殊环境，以及指明女性领导力的作用。
2. 描述、比较女性领导力提升的发展历程。
3. 释义、辨析女性领导的内涵，女性领导力的内涵与特质。

柔性的力量：新时代的女性领导力

最近几年，经济全球化和新经济发展为女性创业提供了良好的机遇。随着中国社会转型和经济结构调整的加快，以及女性受教育程度的提高，中国女性企业家群体发展迅速。女性企业家数量显著提升，特别是在中小微企业中，女性企业家成绩斐然。交银—复旦中国中小微企业发展研究课题组目前最新的调研发现，男女企业家的绩效无明显差异，而发达地区的女性企业家更善于处理政治关系。

实际上，随着企业管理多元化及差异化的不断发展，越来越多的女性开始走上企业的管理岗位，并成为推动企业实现跨越式发展的重要力量。比如，格力电器总裁董明珠，海尔集团公司总裁杨绵绵等。阿里巴巴集团的34名合伙人中，女性合伙人有11人，分别在小微金服、客户服务、菜鸟网络等关键领域担任重要的领导职务。在全球的知名企业中，女性领导者的比例也非常高，如谷歌、雅虎、推特等公司中女性高管的比例一般为35%～40%。由此可见，女性领导力在这个时代，越来越重要。

随着知识经济时代的到来，以各类企业等为代表的各种机构的管理方式都发生了深刻的变化，传统的刚性管理正逐渐被柔性管理所取代。新的管理方式更加提倡对人的尊重和理解，注重个体能力的发挥及其在团体中价值的提升，重视员工的成长和工作体验；而且这种管理方式抛弃了以命令、约束、控制为主的沟通方式，转而采用更具人性化的引导、激励和协调措施。在这样的管理理念下，女性领导者的优势得到显现，成为柔性管理的代言人。

资料来源：根据网络资料整理。

在研究性别与领导力的众多文献中，性别角色为大多数学者所关注。由于传统的性别刻板印象的束缚，拥有女性化特质的个体被认为不适合充当领导者的角色，而拥有男性化特质对于个体成为领导者至关重要。但是，伴随着女权运动的兴起，女性要求工作平等的呼声日益高涨，无论是国外还是国内，在政府部门、大型公司、非营利性机构等组织中，女性领导所占比例也在逐渐上升，并且社会大众对于性别角色的认知也在逐步发生变化，早期的性别角色定位正在发生颠覆性的改变。在女权崛起的今天，女性比之前任何时候都具备了更多男性化的特质，职场中出现了大量的"女汉子""女强人"，就是显而易见的佐证。那么何为女性领导？何为女性领导力？与男性相比，女性领导力有什么特性？通过本章学习，希望能找到这些问题的答案。

第一节 女性领导

新民主主义革命时期，面对帝国主义、封建主义、官僚资本主义三座大山，中国共产党把民族解放与妇女解放紧密融合在一起，自觉承担起领导妇女运动的历史重任。社会主义革命和建设时期，党为实现男女平等和促进妇女发展提供了坚强有力的制度保障，中国妇女踏上了创造幸福美好生活的新征程。改革开放和社会主义现代化建设新时期，中国特色社会主义迎来了从创立、发展到完善的伟大飞跃，极大地激发了妇女投身改革开放伟大实践的积极性、主动性和创造性。中国特色社会主义进入新时代，以习近平同志为核心的党中央对妇女事业的重视程度前所未有、推动力度之大前所未有，中国妇女事业翻开了历史新篇章。

一、女性领导内涵

随着我国经济社会的快速发展和女性社会地位的不断提高，越来越多的女性走上了领导岗位。相对于男性领导而言，女性领导以其独有的性格特质、女性魅力，在领导岗位上发挥着重要作用，为领导活动创造了无限的可能性。

目前学术界并没有形成对女性领导的确切定义。从词源上来看，女性领导既是一个名词，也是一个动词。作为名词的女性领导指的是女性领导者；作为动词的女性领导则可以看作是由女性担任领导者角色所开展的领导活动。在女性领导活动中，女性有两个身份：女性身份和领导者身份，特殊的双重身份使女性领导具有特殊的意义。

二、女性领导环境

任何一种领导活动都是在特定的领导环境中产生、形成和发展的，领导环境是关乎领导活动成败的重要方面，它直接、间接地影响着领导活动和领导过程。良好的领导环境有助于激发领导者及其追随者的工作创造力，有助于领导效能的提升，更好地实现组织目标；而消极的领导环境则会制约领导活动的有序进行，阻碍领导效能的有效发挥。因此领导者只有正确认识和适应环境，才能全面、准确地把握整个领导过程和发展方向。

（一）领导环境的内涵

所谓领导环境是指制约和推动领导活动开展的各种自然要素和社会要素的组合，包括政治、经济、文化和自然要素等影响领导行为模式的社会氛围和外在条件。这些外在条件是在领导主体周围已存在或即将发生，并能影响其领导活动及其结果的一切现实因素。

领导活动总是在一定的环境下进行，脱离这个环境就无法发生或存在。领导活动的成败得失总是在受到领导环境制约、影响之后发生的，也就是说领导过程必须依托领导环境。当然领导活动也总是对一定的环境起作用，或者是影响它、引导它，或者是利用它、改变它，但这时的领导环境已经变成领导对象和领导客体了。事实上领导环境既是领导主体的基本载体，也是领导活动的基本平台；既是领导资源和领导能量的出处，也是领导资源和领导能量的作用处、回归处；既是诸如得失成败等领导结果的最重要前提和原因之一，也是领导活动所影响的对象和所创作的作品。

领导环境与一般环境既有联系又有区别。一般环境可以理解为整个客观世界，包括自然界和人类社会。而这里所说的领导环境只是指整个客观环境中介入领导过程、与其具体活动和结果紧密相关的那部分，是一种具有相对于领导而言的专门性或者特别适应性的特定环境。这部分环境虽然并非整个客观环境，但却比管理活动乃至其他活动的相应环境更有指向性。

总之，领导环境是领导主体的总依托、总渊源和总舞台。脱离领导环境，就无法想象还能有领导的存在、作用与价值。

（二）领导环境的特征

认识和把握领导环境的基本特征，有助于领导者全面和准确地实施科学领导。领导环境既有一般环境的特点，也有自身独具的特征。

1. 客观性

客观性是领导环境的基本特征。领导环境是独立于领导主体之外客观存在的，不以领导者的主观意志为转移。领导环境中的自然条件、社会条件和文化条件等都有其各自的存在方式和运行规律，都不会因主观意志而改变。领导环境的这种客观性要求领导者要充分认识到：必须时时刻刻从实际出发，确保客观、切实和科学，确保主观见之于客观，进而确保领导活动和组织目标的顺利实现。这是领导环境对于领导成败所划定的最基本界限。

2. 复杂性

领导环境的复杂性体现在三个方面：首先，领导环境的构成要素复杂多样，而且常常相互交叉，难以区别。比如，政治环境、经济环境与文化环境相互交叉，内部环境和外部环境同时作用，导致环境情况错综复杂。其次，领导环境是发展变化的，在一定的条件下，有利环境与不利环境可以相互转化，这也增加了它的复杂性。最后，领导者与领导环境相结合的状态是错综复杂的。即使客观环境相同，不同的领导者也不可能做出相同的事情，甚至可能产生截然相反的领导行为，进而引起不同的领导活动和领导结果。而环境不同，即使领导者相同，也不可能产生相同的领导行为和领导结果。可见领导环境是多么的复杂。

3. 动态性

领导环境总是处于一个动态的不断发展变化的过程中，即使在一定的时间、空间范围内，影响领导活动的客观环境因素也不是固定不变的。这就导致领导环境总是有新情况新问题产生和出现，给领导活动和领导结果带来很大的不确定性，也给领导主体带来了来自环境的极大挑战。这就要求领导者不仅要注意环境的发展趋势，还要及时了解环境的变化，确保与领导环境协调发展，实现领导效能的最大化。

4. 可塑性

领导环境的可塑性说明领导环境是可以被领导者利用和改造的。这种利用和改造并不是随意的，而是通过正确认识领导环境，并发挥主观能动性，深入分析和正确掌握领导环境的发展变化和规律，科学地利用、改造和建设领导环境，使之更适合于领导活动的特征和需要，更有助于领导活动的开展和领导目标的实现。

5. 特定性

领导环境的特定性体现在三个方面：首先，领导环境不同于一般的环境，而是被限定的特定环境。其次，领导环境只围绕和适合于领导这种最重要的社会活动，其他一般意义上的环境并不直接构成领导环境，也不对领导活动产生直接、有效的影响。最后，领导环境对于特定领导主体特别是领导者的特别适应性，即只有当领导者与领导环境相互匹配时，才能实现领导效能的最大化。

6. 系统性

领导环境是由多方面具体环境构成的一个复杂系统，每个具体环境又包括一系列的内容和要素，每个要素又是由更小的子要素组成的子系统。它们不是一个一个孤立地、分别对领导活动产生影响，而是构成一个相互联系、相互作用和影响的环境磁场共同对领导活动产生影响。领导环境的系统性要求领导者在对待领导环境问题上，必须站在系统高度、树立系统观念，努力调整系统中各要素的关系，从而有效发挥系统整体功能，确保领导环境系统为领导系统服务。

领导者要熟悉和掌握领导环境的特征，并针对领导环境的不同特点开展领导活动。只有这样，才能从容应对各种环境状况，把握工作主动权，增强领导活动的适应性和高效性。

（三）女性领导面临的特殊环境

无论是女性领导还是男性领导，他们面临的领导环境基本上是一样的。但由于性别因素影响，女性领导面临的领导环境带有一定的特殊性。下面主要分析女性领导面临的文化环境、传媒环境以及经济环境。

1. 女性领导的文化环境

文化是一个民族深层次的积淀，它影响人的思维定式、处世习惯和交往方式等，进而影响一个民族的风格和特有的某些行为。中国几千年的传统社会性别文化延续到今天形成了一种文化环境，不仅对当时的女性角色塑造产生了深远影响，而且也深刻影响着现代女性。

在传统社会性别文化环境下，女性形成了对家庭分工角色的主导性认知：当工作角色和家庭角色发生冲突时，大部分女性会选择将家庭摆在第一位。这种角色认知影响了女性领导者的职业发展。同时在实践中受“男强女弱”“男主外、女主内”等社会风俗习惯的影响，女性在心理和行动上表现出极强的依赖性和胆怯心理，这种依赖性和胆怯心理影响着女性的日常行为选择。结果导致一些女性虽然各个方面与男性相比毫不逊色，但潜意识中的弱者心态，使她们在事业上缺少拼搏、创新的勇气与精神。

虽然现代女性自信自强，竞争意识和创新意识都在不断增强，对国家、社会的担当意识也在不断发展，但是女性的精神世界仍然受到传统性别文化的禁锢，“贤妻良母”仍然是大多数女性被分配到的人生角色。在两性一同进入劳动力市场时，用人单位不可避免地考虑到女性婚育和家庭责任问题，而降低对她们的雇佣偏好。如此女性为社会、为家庭所做的贡献，反过来却成为自身谋求发展的障碍。而男性因为较少受到上述影响，因此成为劳动力市场中可持续积累和使用的人力资本，因此受到雇主的偏好，他们获得更多的收入和晋升机会。当这种状况成为社会普遍共识时，便形成了固化的社会文化，其先验性地认为女性弱于男性，将两性定位在不同的角色之上，产生刻板印象，并且如果有人想逾越该文化，马上就会发现自身置于角色冲突之中。

总之，这种特殊的社会文化环境对女性领导者的进一步发展形成了一定的制约。对于大多数女性领导者来说，缺乏的不是政治法律的支持，而是文化上的认同和归属感，这成为实际环境中制约女性领导者发展的重要原因之一。

2. 女性领导的传媒环境

我国已经建立了一个由报刊、广播、电视和互联网等构建起来的大众传媒环境。大众传媒以其丰富多彩、直观生动等特点，潜移默化地影响着人们的价值观念、生活方式乃至社会风气、社会文明。女性形象是大众传媒的表现对象之一，女性领导作为女性群体中的佼佼者，也成为媒体的表现对象。但从目前的传媒环境来看，大众传媒对女性领导的总体认知、印象和评价并不利于女性领导的发展。

当前媒体在性别刻板印象的影响下，对女性领导形象塑造的偏差、无意识的性别歧视，以及随之带来的对女性社会价值的贬低，潜在地影响了女性领导的勇气和信心。一是导致女性容易对从事领导工作产生畏惧心理；二是在人为塑造的家庭事业二元悖论下，导致女性放弃职业上的更高追求，当职业角色与家庭角色发生冲突时，不少女性仍选择回归家庭。

另外，大众传媒所传播和解读女性的方式、构建的女性形象，形成了对社会行为的隐性支配，影响了公众对女性领导的正确认知。比如，社会上评价一个女性领导时标准是双重的。男性成功的标准主要是事业，他全心全意投入工作会受到赞美；而女性则不然，必须是事业家庭两不误，甚至是更看重家庭，没有照顾好家庭，工作再出色都不会被认可。这种对女性双重角色并重要求的结果，不仅削弱了女性领导进取的愿望和动机，而且必然带来社会对女性角色期望和女性个人角色能力之间的差距，诱发女性内心的矛盾和冲突，从而导致女性的紧张、焦虑和恐惧，将女性领导推向尴尬的境地。

总之，女性领导面临的传媒环境，既影响女性领导对自身的要求和定位，又使大众在自觉或不自觉中接受媒体对女性的价值判断，影响其对女性领导的认知和评价，进而制约女性领导的发展与进步。

3. 女性领导的经济环境

当今时代是互联网时代、市场经济时代、知识经济时代，这种时代特色给女性领导提供了一种有利的领导环境。

互联网时代的社会经济特征与女性领导特质更加吻合，有利于女性领导大展宏图。在互联网时代，社会组织传统的金字塔式的结构和方式正在被解构，社会组织建构趋于扁平化。社会的组织动员力量不再是强制性的执行，而是呼吁、展示和吸引。在发出邀请、展示魅力以及吸引他人方面，女性更有发言权。在组织资源的分配和获得方面，新的模式是“共享—共赢”，也不同于传统的“分配—竞争”模式。在领导者和组织的关系方面，不同于传统组织中领导者获得并通过职位来实施的“硬权力”，而是要求领导者自身具有“软实力”，同时推动组织创新和发展。互联网时代的这些变化与特征，与女性领导特质更加吻合，女性领导应充分利用有利的经济环境，促进自身领导力的提升。

在市场经济条件下，万众创新成为趋势。只要可以为市场提供更大价值的劳动成果，不论男性、女性都会被家庭和社会认可和接受。我们可以看到在经济发达地区和高收入的家庭中，如果女性贡献大，她是可以超越女性家庭角色的束缚的。随着我国社会转型发展，与世界各国经济文化交流的增多，女性的自身价值将在更大程度上被激发出来，这将更加有利于女性领导的发展。

在知识经济时代，领导活动中的领导者和被领导者之间的界限将变得模糊。随着被领导者素质水平的提高、自主意识的增强，他们会在领导活动中扮演更积极、更主动的角色，发挥更重要的作用。传统领导特质与男性特征相一致的观点抹去了性别色彩，这为女性领导的发展扫除了一大障碍。现实中女性在教育、医疗、计算机及语言等专业技术领域的比例越来越多，尤其在服务业和公益领域，女性更是占据了主体地位，发挥了重要作用。在知识经济时代，职业是不分性别的，女性的潜力将得到开发与认可，女性领导将大有可为。

总之，新的时代特色为女性领导提供了有利的经济环境，她们将抓住时代机遇、利用环境优势，在社会各个领域中大展宏图。

第二节　女性领导力

当今社会，女性政治领袖、女性企业家、女性首席执行官、女性创业者比例不断增加，许多杰出的女性以其独特的领导魅力和卓越的工作成就在政治、经济、文化等各个领域发挥着越来越重要的作用。相应地对女性领导力的研究逐渐引起人们的关注，成为领导力研究的一个新兴领域。

一、女性领导力内涵

目前理论界对女性领导力的研究较少，还没有形成有关女性领导力的确切定义及系统的理论体系。

2004 年童兆颖在《女性领导力与柔性化管理》一文中，首次使用了女性领导力这一提法。童兆颖认为，女性领导力主要表现在核心专业技术能力、敏锐性、进取心、组织力以及创造环境的能力五个方面。之后学者们从不同角度对女性领导力进行了定义。

蒋莱认为，女性领导力是女性领导者实施有效领导的能力，女性领导者具有善于利用直觉、大胆创新和特殊的社交技巧三个人格心理特征，具有在“关心人”中觅得机遇、在危机中寻找转机的领导风格特征。

周敏等将女性领导力看作是与女性特征联系比较紧密的一些领导风格如柔性领导等在领导过程中展现出来的效果。

苏·海华德在《女性领导力》一书中认为，女性领导力是指女性领导者群体的能力，女性领导既具有领导者应有的风格与基本素质，又体现出女性特有的性格魅力。

本尼斯认为，女性领导力是指注重远见、创新、战略，把握方向、变化，做正确的事情的能力，包括形成组织远景的能力，制定战略规划和目标的能力，建立组织文化的能力，建立制度和系统的能力等。

朱斯琴认为，女性领导力主要表现为较强的亲和力、较强的协调能力、较高的忍耐力、较强的责任感、善于进行共情式领导以及刚柔相济的领导风格六个方面。

就目前观点来看，对女性领导力有两种解释：一种是狭义的理解，认为女性领导力是指女性领导者的领导力，其领导主体特指女性；另一种是广义的理解，认为女性领导力是具有女性化性格和特质的领导者的领导力，其领导主体既可以是女性也可以是男性。本教材采用狭义的理解，认为女性领导力是指女性领导者在特定的组织情境下，充分运用自身特质与潜能，吸引、影响、激发追随者以实现组织目标的一种综合性能力，这种能力能够激发出组织中成员的潜能并使组织取得卓越成就。

二、女性领导力作用

伟大领袖毛泽东指出，妇女能顶半边天。德国著名教育家福禄贝尔曾说，推动摇篮的手，也能推动整个世界。女性是改变世界的温柔力量，人类社会的发展离不开女性创造力和女性领导力。如果把人类比喻成一艘双擎驱动的航船，那么男性与女性就是航船的两个引擎，需要均衡发力、协同发挥作用，人类社会这艘航船才会行得更稳，走得更远。可见女性领导力是社会发展不可或缺的一支重要力量。

（一）女性领导力是推动社会发展的重要力量

中华全国妇女联合会原主席陈至立在 2013 年 6 月 15 日“北大—维斯理女性领导力”第一届论坛上的致辞中说：大力开发和充分发挥女性领导力是时代潮流和人类文明进步的必然趋势。

近年来，随着社会的发展以及组织的变革，女性地位得到了巨大的提升。越来越多的女性被纳入工作场所中，她们在政界、商界、文化、科技、教育等社会各个领域发挥着重要作用，这些女性所承载的女性领导力也正迅速成为推动社会和组织发展，尤其是领导力水平革新与进步的重要力量。女性领导力的民主性、人性化、互动性、亲和性等美好特质无疑迎合了时代发展的需求，这也注定了 21 世纪将是女性领导力大开发的时代。事实上，从女性领导力出现的时代背景来看，女性领导力必然会成为一种趋势。

在当代社会，女性领导正成为一股全球浪潮。一些身处权力巅峰的女性给所有女性树立了榜样，宣告了女性发展的极大可能性。这一现象也意味着女性领导力的开发是大势所趋，或者是女性魅力的展示——用女性的力量去吸引、感染和影响越来越多的人。正是随着当代女性主体形象的转变，越来越多女性领导的领导力得到重视，女性自我觉醒、自我实现的可能性变成确定性。

领导力不应因性别差异而有高低优劣之分，在新的时代条件下，社会给女性提供了更大的舞台。女性领导力应得到充分的尊重，并对其进行积极培养，支持女性在社会各个领域发挥其领导作用，这对于实现全人类的性别平等和社会公正具有重要战略意义。

（二）开发女性领导力有助于提升领导效能

科学地认识、有效地开发女性领导力有助于实现领导效用的最大化。对女性领导者而言，全面、系统、深入地认识女性领导力，有助于她们形成自己独特的领导风格，增强其领导魅力，提高其领导效能；对男性领导者而言，透彻理解女性领导力，有助于他们超越一般性别差异来看待女性领导者在组织和工作中的价值，借鉴女性领导力的优势与长处，学会与女性领导者平等相处，通力合作，在组织中营造和谐的性别环境，最终全面地提高组织和社会的领导力发展水平。

（三）提升女性领导力有助于实现女性自身和谐发展

和谐社会是指在促进人的全面发展基础上的社会和谐。人的全面发展是指每一个人的能力、社会本质、个性等方面都得到充分、和谐发展。女性领导力提升是女性个性发展、社会性发展的基础。广大女性只有实现了自身能力的全面、充分发展，提升自己的领导力，才能更广泛地参与社会活动，形成独立的个性。但是社会上仍存在着某种偏见：认为女性不适合当领导，女性领导者在决策上“优柔寡断，不够理性”。其实女性天生具备了男性所没有的领导特质，这种独有的特质可以形成独特的领导力，通过对女性领导力的运用实现女性自身的和谐发展。

综上，重视女性领导力、提升女性领导力、充分发挥女性领导力不仅是时代的要求，也是人类社会发展的要求。

三、女性领导力特质

随着经济社会的发展以及女性自身素质的提高，越来越多的女性走上领导者岗位，承担领导者的职责。在领导活动过程中，女性领导者自身有一种影响和改变他人心理状态和行为特征的影响力。研究发现女性领导者与男性领导者相比，其优势体现在沟通、语言表达、协调、亲和力、情感、财务等各个方面。另外她们注重细节、擅长团队组建、有较好的韧性、信用度高且善解人意。这些无疑有助于形成女性领导力的独特优势，具体体现在以下几个方面。

（一）民主决策力

学者们通过对领导者行为方式的研究，得出个人在决策过程中，与男性领导者相比，女性领导者更倾向于民主决策，而较少采用独断型行为方式。这种民主方式增强了组织成员的主人翁意识，充分调动了全体成员的积极性，使得组织成员敢于提出不同意见和建议，有利于全体成员创新力的培养，更有利于减少领导者在决策过程中的失误，从而强化女性领导者的决断力。同时也只有当组织成员真正以主人翁的态度接受领导者的领导时，他们才会全力以赴地执行领导者的决策，才能实现领导者、被领导者与领导环境的良性互动，确保领导目标的实现，达到领导效能最大化，最终提升女性领导力。

（二）非权力影响力

非权力性影响力在女性领导力中具有突出的优势。女性领导者开展领导活动时不是单纯地依靠权力、命令、控制、约束、管理等刚性、显性的手段，而是特别重视对非权力性影响力的运用。她们通过激励、沟通、协调、引导、认同等柔性、隐性的手段来创造良好的工作氛围和环境，激发员工的工作热情，推动工作任务的高效完成和组织目标的顺利实现。女性领导者之所以重视对非权力性影响力的运用，是因为：①女性领导者身兼多重身份，她们具有坚强的意志力、极大的耐受力、强烈的进取精神，这些优秀品德使非权力性影响力大大增强；②女性领导者独特的领导方式使人产生信赖感，从而使非权力性影响力增强。心理学的心理换位原理证明：女性情感的突出点是富有同情心和理解力。她们在工作中表现出的平易近人的领导作风、善解人意的工作态度以及耐心、博爱、宽容的品质使她们更容易赢得追随者的尊重与敬佩，无形中增强了员工的凝聚力和感召力，从而激励追随者为实现组织目标而努力奋斗。

（三）情感感召力

感召力是实现成功领导的一个核心要素，是领导者感染和改变被领导者心理与行为、吸引其追随自己的一种能力，是一种能感化他人、被他人效仿的内在吸引力，感召力源自于领导者的人格魅力和行为感染。一个领导者是否具有感召力，是领导有效性和事业成败的关键。

女性领导者感情细腻、善解人意、尊重他人，有着天然的、博爱的慈母情怀。女性天生对情感的执着和对人际关系的敏感使她们待人和蔼可亲、时时体贴关怀下属，这些女性领导者特有的优势极大地提升了她们的情感感召力。这种力量是女性领导者高尚人格的展示，是使追随者信从的力量和威望，有助于创造和谐的工作氛围，形成集体凝聚力，从而使决策目标顺利完成，实现领导效能的最大化。

（四）敏锐直觉力

直觉是人们在思维中直观、笼统地把握或洞察客体的能力，不经过逻辑思维，就可以直接达到对真理的认识。女性的直觉是女性的第六感觉，是女性特有的功能。人们普遍认为女性的直觉性要比男性强，这已得到人们一致的认同。女性领导力也有直觉性，它以女性领导者的人格心理特征为基础。在领导行为中，女性领导者表现出较男性领导者更敏锐的直觉性，并更经常地运用直觉。领导工作是一种需要不断作出判断和决策的过程，特别是在一些紧急情况下，要求有决断力、不拖泥带水，这种情况下直觉往往能起到很大的作用。但是这一现象也同时成为打击女性的武器，认为她们不具有领导力，因为直觉性被认为领导决策没有建立在理性思考和判断的基础上。女性领导者运用直觉作用开展领导工作，是男性所不及的地方，主要是因为她们通过多年的经验积累，学习、培养出更加敏锐的直觉力。成功的女性领导者总能够运用敏锐的直觉力，在危机时刻，抓住机遇，规避风险。

第三节 女性领导力提升的发展过程

一、女性领导力的历史考察

女性领导力的历史演进经历了一个曲折发展的过程，大致分为女性领导力萌芽、女性领导力在夹缝中生存、女性领导力崛起三个阶段。

（一）女性领导力萌芽

女性领导力萌芽始于原始社会人们对公共事务的管理活动，这时的女性领导行为是一种天然的、原始的、本能的、未被意识到的行为。萌芽阶段女性领导力的演变主要体现在以下方面。

1. 原始的女性领导力

原始社会，生产力水平极其落后，人们认识自然和改造自然的能力非常低下，落后的生产力水平决定了生产关系中的性别平等。男女成员都是生产的主人，他们共同参加生产劳动，男女分工纯粹是自然产生的，是为了生存的需要：男子狩猎、捕鱼、防御野兽，获得食物的原料；妇女采集野生果实、种子，挖取植物的根茎，制作和分配食物。此时的女性领导行为是一种接近于自然的、本能的行为，与之相应的女性领导力是一种原始的、未被意识到的领导力。

2. 女性领导力开始占主导地位

随着人类进入母系氏族社会，女性成为原始农业的主要劳动者、领导者，她们承担了大量的农业劳动，开发了氏族中重要的经济部门。正是基于女性在物质资料生产和人口生产中的重要地位，妇女在管理公共事务中占据了主导地位。由于此时女性的经济和社会地位均高于男性，相应地女性领导力在母权社会下也得以充分体现，开始居于主导地位。这个时期女性领导力所倡导的是一种平等、和谐的相处模式，这种领导力模式的存在：一方面与原始社会简单、朴实的生产方式有关；另一方面可能也受到女性特质的影响，天然的母性和以照料生活为主的劳动分工模式使女性具备更多宽容平和的心理，善于营造宽松、平等、友好的社会生活氛围。

3. 女性领导力逐渐衰落

随着母权制向父权制的变迁，男性在经济生活中的地位与作用逐渐提高，取代了女性在氏族中的领导地位，母系氏族社会逐渐过渡到父系氏族社会。在父系氏族社会，歧视女性的文化开始形成。与之相应，男性领导力占据了公共活动的主体，女性领导力逐渐走向衰落，远离了领导行为，同时也完全失去了独立的行为能力和与男性相匹配的社会地位，沦为家庭中的奴隶。

（二）女性领导力在夹缝中生存

随着生产力发展、私有制产生，人类进入专制社会，男性主流文化逐渐形成，父权政治文明建立并不断得到完善、巩固和发展。这一时期，女性领导力在夹缝中艰难生存着，具体表现为以下方面。

1. 女性领导力受到压抑

伴随着人类进入奴隶社会和封建社会，也形成了以男性为中心，压迫、剥削、歧视女性的不平等的社会性别制度。两性不平等的社会性别制度构建了经济和政治领域中男尊女卑的社会结构。女性完全丧失了对生产和生活资料的所有权，在生产关系中，处于依附于男性的地位，而且在家庭中也成为男性的私有财产和家庭奴隶。家庭奴隶制的存在完全剥夺了女性参与社会、管理国家的政治权利。在这样的处境下，女性连基本的独立人格和行为能力都不具备，更谈不上女性领导力的价值和实现。

2. 女性领导力的抗争

尽管在专制社会中，男尊女卑的社会性别文化和不平等的社会性别制度，导致女性领导力处于被压抑状态。但由于古代专制社会的重要标志是以农业为主、以家庭为生产单位，社会生产与家庭事务、公共领域与私人领域，亦即“外”与“内”，从来都很难截然分开。这就导致女性既不可能完全脱离社会生产劳动，也不可能完全囿于家庭之中，这为女性领导力从家庭向社会延伸提供了合适的土壤，只不过她们身上所展现的女性领导力只能在夹缝中顽强地生存。比如，历史上著名的中国女皇帝武则天和俄罗斯的凯瑟琳大帝都出现在这个时期，她们不仅颠覆了依附男性的弱势地位，更展示出杰出的政治才能和出色的执政业绩，从而让人们看到专制社会中独特的女性领导力。

总之，在专制社会时代，男尊女卑的社会性别制度压抑了女性领导力的发展，女性领导力沦落为社会文明的边缘。而少部分在男权社会的夹缝中顽强生存下来的女性领导力则反映了女性对父权制的抗争和挑战。但是，这个时期女性领导者的作为并不能算是真正意义上的女性领导力。

（三）女性领导力崛起

伴随着人类进入工业经济社会，社会生产力得到极大解放，劳动生产率大幅度提高，相应地需要越来越多的劳动者。女性作为重要的人力资源，越来越多地进入劳动力市场，成为劳动力大军中的重要组成部分，这为她们参与社会生活提供了客观条件，也为她们从“私人领域”进入“公共领域”奠定了物质基础。于是男主外女主内的不合理社会分工开始改变，女性活动空间从家庭拓展到了社会。女性领导力开始成为真正意义上的女性领导力，不是个别的，而是女性作为整体觉醒的领导行为。具体表现为以下几个方面。

1. 女性领导力在意识上觉醒

近现代社会女性领导力的发端首先是人们意识层面的变化，尤其是女性对自身生命价值和社会责任意识的觉醒，催生了女性在社会各个领域要求与男性平权的意识和为社会变革发展贡献才智的志气，为女性领导力的产生提供了精神动力。

2. 女性领导力在制度上得到保障

平等教育权的获得为女性经济独立、男女职业平等、女性领导力正规和体系化养成创造了条件。参政权的突破性获得标志着女性已成为政治文明发展中一支不可或缺的新生力量，它保障了妇女整体回归社会、参与社会管理和公共事务、在政治管理活动中维护自身利益的权利。正是这个开端，引发了当代社会女性领导力全面崛起的浪潮。除了最有影响力的受教育权和参政权外，近现代社会中各种法律权利的获得使女性生活发生了质的变化，女性领导力的发展也发生了质的变化。

3. 女性领导力在实践中不断提升

近现代女性领导力在获得精神支持和制度保障的基础上，从幕后走到台前，在当时变革动荡的社会变迁中，通过积极参与妇女运动，分享公共权力，参与社会改革和管理，重构社会性别制度和文化，推动社会文明的进步。在这个时代大潮中，女性发挥了重要的领导作用，女性领导力也得到了极大的锻炼和提升。

4. 女性领导力全面崛起

知识经济时代的到来，极大地改变了人们的价值观念，为女性领导力的发展提供了文化观念上的基础和保证。知识经济时代也为妇女大规模就业和从事管理工作提供了机会，提高了妇女的经济地位，为性别平等文化的产生奠定了物质基础，性别平等文化初步建立，为女性领导力的发展提供了理论支撑。总之知识经济时代为女性领导力的发展提供了良好的契机。女性在政治、经济等社会活动中，发挥着越来越重要的作用，在社会各个领域获得了全新发展，女性领导力开始全面崛起。

二、女性领导力现状

（一）女性领导力作用凸显

随着男女平等观念深入人心，女性的社会地位得到极大提高，改革开放更是极大地推进了男女平等的进程。无论是在政府、企业，还是在其他组织中，女性领导者的队伍都在不断壮大，她们发挥着越来越重要的作用，“她力量”成为不可小觑的一部分力量。

女性参政人数增加。当代世界女性参政已被视为提高妇女地位的重要内容，成为衡量一个国家政治民主化程度的重要标志。女性参政是女性意识的觉醒，女性地位提升的象征，也是妇女解放的重要标志。女性参政的意义并非只是针对传统官场男性独大的状况进行简单改观，其更为深远的意义在于给予女性尊严，使女性拥有捍卫自身合法权益的权利和平台。女性进行政治参与，既可以体现国家和谐公正，社会文明进步，而且有利于优化领导组成结构，促进决策的民主化和科学化。自党的十七大以来，全国人民代表大会的人大代表中女性占比逐步提升就是一个很好的例证。

企业女性领导者人数上升。2017 年贝恩公司与领英中国智库合作，开展了一项围绕中国当代企业领导者的研究，在其《中国商界领导力洞察报告》中显示：有 40%的女性领导者分布在各行各业中，在 35 岁以下的领导者中，男女数量几乎相等。各年龄群体中的女性领导者在本土和跨国企业中的各个职能部门均有涉足，担任服务型职位如人力资源、法务、行政者略多，担任运营和工程技术职位者略少一些。销售、产品管理和市场营销职位中，两性比例大致相等。

1995年第四次世界妇女大会《北京宣言》指出："赋予妇女权力和能力以及她们在平等基础上充分参加社会所有领域，包括参加决策进程和掌握权力的机会，是实现平等、发展与和平的基础。"当代社会为女性的成长和成功创造了良好基础和环境，作为社会两性组成部分的另一半，女性参与社会管理的深度与广度在不断扩大，不断加强。工业、农业、教育、科技、文化、卫生等各个领域的领导核心层都有女性领导的身影。正是她们通过对女性领导力的充分利用，使我们的社会变得更美好、更和谐。

（二）女性领导力发展障碍

社会经济发展给女性领导带来了前所未有的发展机遇，然而由于种种因素制约，女性领导力发展却障碍重重，可以概括为三种障碍因素。

1. 社会环境因素

社会环境对女性领导者的受教育机会及教育程度、理想信念、价值观念、心理品质的形成和变化过程起着极其重要的作用。从"三纲五常，三从四德"成为压迫女性的伦理道德的理论核心，再到"女子无才便是德""男尊女卑""男主外，女主内"的角色定位，在这样的传统社会环境之下，除了少数人之外，大多数女性都被排除在掌握政治、经济、军事等社会权利，以及受教育的权利之外。家庭早期的性别差异，在学校得到了强化，使女性无意识地认同和内化自身的行为方式。社会性别化的文化教育形成了男性与女性气质与角色的差异，因而也造成男性与女性在经济与社会文化中的作用和机会上的差异。

同时在我国大众传媒中，存在着过度渲染女性性别特征、对女性社会价值关注不够的现象，导致女性领导者有较低的公众知晓率和相对柔弱的公众影响，这样使她们对自己的能力不自信和对成功的信念不足，想取得成就的动机不强，坦然接受在职位晋升上的不公平待遇，这严重阻碍了女性潜能的发挥，制约了女性领导者领导力的发挥。

2. 组织环境因素

组织环境对女性领导者发挥其领导力具有重要影响作用。在一个组织中，诸如年龄歧视、职位歧视、晋升歧视以及性别歧视等现象普遍存在，尤其是性别歧视导致女性在高层领导职位上的比例远远低于男性。女性领导者在组织中面临的障碍主要有：歧视性的组织文化、被男性领导者的忽视、被男性同事认同与支持不足、缺乏确定性的发展机遇等。

同时，由于女性领导者作为女性和领导者的双重身份以及双重角色，导致在组织中存在对女性领导者的双重评判标准。一方面，人们希望女性表现出女性的温和善良、热情包容、谦逊无私、关怀他人，希望女性具有自我牺牲精神，乐于助人的特点。同时人们又觉得这种女性不具备领导能力。这些特点可以使女性领导者得到人们的喜爱，但赢不来尊重。另一方面，人们要求女性作为领导者表现出刚毅果断、强势的能力。人们认为领导者应该果断自信，能够影响他人，同时人们又不喜欢看到女性身上出现这种行为。

这种对女性领导者的双重要求使女性无所适从。即当女性领导者面临组织对她们作为一名领导者的角色期待和作为一名女性的角色期待存在分裂时，她们自身往往会陷入困境，这种困境影响了她们领导力的有效发挥和提升。

3. 个人因素

男女性别差异主要体现在生理结构、心理活动以及思维方式上。一方面，女性体能不如男性。男性强壮，在很多方面更具有竞争性，而女性由于受雌性荷尔蒙影响，与男性相比，性情较温和，更具有韧性和耐心。另一方面，由于生理特点，女性承担繁衍生命的重要职责，这一点对她们影响很大。女性会将精力转移到照顾家庭、养育孩子上，接受技能和岗位培训的机会相应减少，从而影响其知识更新以及综合素质与能力的提升，导致其思维的活跃性减弱以及创新力下降。这会限制女性向更高职位晋升和领导力的发挥。男性的思维方式是线性的、理性的，讲究目标明确和有的放矢；而女性的思维方式是网状的、发散的，比较随心所欲、行为常难以预测。由于受“男主外，女主内”“干得好不如嫁得好”等意识和传统旧观念的影响，女性变得不自信，并慢慢地成为女性的一种深层次的自卑心理意识，这是女性领导者成长过程中最大的心理障碍。她们不愿意也不敢给自己更高的定位，从而使得自己所具有的女性领导力优势难以展现，一定程度上阻碍了女性领导力的发展和提升。

除此之外，女性领导力在发展过程中还面临着诸多其他障碍。“水泥墙—玻璃天花板—迷宫”就是对阻碍女性领导力发展变迁历程的形象比喻。

水泥墙：在人类历史的大部分阶段，女性领导力的发展障碍是由明确的规则和规范形成的。从社会性别视角来看，水泥墙时代是根据自然秩序而做出男女劳动分工，这成为压制女性领导力的绝对障碍。尽管始终有个别女性抗拒这道墙，但大多数人对此是简单地接受。

玻璃天花板：1986 年 3 月 24 日《华尔街日报》记者希莫威茨和谢尔哈特（Hymowitz and Schellhardt）首次用“玻璃天花板”（glass ceiling）描述了女性在职位晋升过程中遭受的某些障碍，这些障碍“透明、不易察觉”，就像无色的玻璃天花板一样，这使得“玻璃天花板”首次成为一种公开的术语。主要指女性晋升到高层次领导职位时所面临的障碍。

希莫威茨和谢尔哈特在《华尔街日报》撰文指出：尽管那些女人在队列中平稳地上升，但最终会撞上一道看不见的壁垒。行政套房看似近在眼前，不过她们不可能冲破玻璃天花板。根据美国国会曾专门成立的一个委员会进行的调查，这样一种形式的歧视来源于限制女性获得高层领导机会的意识，该意识的中心思想是投资女性有很大的风险，因为她们随时可能中止工作回归家庭。所以尽管女性在低层职位上人数增加很快，但她们依旧难以进入高层领导里的大多数职位。

迷宫：2004 年希莫威茨以“穿过玻璃天花板”为主题描述了女性正以非常快的速度上升或者已达到组织的顶层，新兴的女性领导者正在企业前线留下她们自己的标志。这家媒体传达出强烈的信号表明这种形式的障碍已成为过去，“玻璃天花板”已被打碎了。这意味着通往顶层的道路已存在，有些女性已找到了，但是成功的路线图可能很难被发现，于是这条迂回的道路被定义为迷宫。迷宫中隐藏着数不清的障碍，有些很微妙，有些则显而易见，只是再没有明确的法律、规范和广泛认可的排斥准则。譬如，随着新兴产业的涌现，它们没有被传统的规范约束，阻碍女性进入高级职位。尽管女性领导者仍然比男性受到更多的排斥，不过造成这个结果的原因是多种多样的。随着女性获得更多的平等发展的机会，目前女性遇到的障碍不再以绝对的墙壁或是某一特定层次僵硬的天花板的形式出现，代替它们的是女性能够到达高层，但发现这条路径需要相当强的能力和一些运气。

综上所述，“水泥墙—玻璃天花板—迷宫”的变化路线，揭示了女性领导力发展的曲折轨迹。在女性领导力面临巨大发展机遇的今天，挑战与障碍也更加扑朔迷离，这需要女性练就更强大的智慧与意志力一一化解。

三、女性领导力发展趋势

当今时代是全球化的时代，在全球化时代下，不论是经济、政治、军事还是文化都受到全球化的影响。世界要想发展，国家要想壮大，组织要想持续发展，就必须适应全球化时代发展的潮流，领导力更是如此。

女性领导力作为社会发展不可缺少的一支重要力量，已经在政治、经济、科技、教育、创新和资本等社会各个领域显现出巨大作用。在全球发展的新形势下，女性领导力应与全球化紧密结合，大力开发与提升具有全球化特色的女性领导力，从而更好地发挥女性领导在全球各行业的重要价值。全球化特色的女性领导力是女性领导者能够在不受地理和文化等因素影响的全球化环境中，运用国际思维、全球领导技能和全球社交技能等手段，勇于承担责任，通过有效沟通帮助组织或者国家适应全球变化浪潮，激励和授权被领导者，促进组织或者国家合作共享，并且在实现共同愿景的过程中形成的一种领导能力和力量，这种领导力更能适应全球化发展的需求。通过提升具有全球化特色的女性领导力，进而推动全球杰出女性在政治、经济、科技、教育、文化传承等各个领域发挥更加积极的作用，让更多的全球杰出女性担当社会责任、发挥独特作用，推动女性参与全球化进程并作出卓越的努力和贡献。

【本章小结】

女性领导既是一个名词，也是一个动词。作为名词的女性领导指的是女性领导者；作为动词的女性领导则可以看作是由女性担任领导者角色所开展的领导活动。领导活动总是在一定的环境下进行，脱离这个环境就无法发生或存在。领导环境是指制约和推动领导活动开展的各种自然要素和社会要素的组合，包括政治、经济、文化和自然要素等影响领导行为模式的社会氛围和外在条件。女性面临着特殊的领导环境。

女性领导力是指女性领导者在特定的组织情境下，充分运用自身特质与潜能，吸引、影响、激发追随者以实现组织目标的一种综合性能力，这种能力能够激发出组织成员的潜能并使组织取得卓越成就。女性领导力具有独特的优势，是社会发展不可或缺的一支重要力量。女性领导力提升是一个不断发展的历史过程，大力开发与提升女性领导力将成为时代潮流和人类社会文明进步的必然趋势。

自学自测　扫描此码

1. 什么是女性领导？什么是女性领导力？
2. 女性领导力有哪些特质与作用？
3. 女性领导面临着怎样的领导环境？
4. 女性领导力提升经历了怎样的发展历程？

老干妈“陶华碧”的传奇人生

贵州有两个“瓶子”，一个叫茅台，一个叫老干妈。老干妈的创始人陶华碧，一手顾家一手创业，从摆地摊到被评为改革开放 40 年百名杰出民营企业家之一，身家财富高达 90 亿。陶华碧身上有着怎样的传奇故事呢？

1947 年，陶华碧出生在贵州省一个偏僻的小山村里，她的童年是在做家务中度过的，在母亲和姐姐们的言传身教中，她学到了“勤俭持家，忠贞善良，老实不屈”的品德。婚后的陶华碧，家境并不富裕，因为住在工程队附近，陶华碧常常会去讨一些活儿做。那儿都是些“男人活”，如砸石块、搬运泥块之类的，但陶华碧二话不说抡起“八磅锤”就是一顿猛砸，效率一点也不比男子差。生活慢慢有了起色，但命运和她开了一个大大的玩笑。1984 年她的丈夫患上重病，为了支付高昂的医疗费用，还有一家老小的生活开支，她毅然南下广东打工，每天靠着自制的辣椒酱度日。没想到在遥远的将来，就是这么一瓶聊以慰藉乡愁的辣椒酱，改变了陶华碧的命运。不幸的是丈夫还是因重病不治告别了人世。丈夫去世后，为了生存，她什么都干过，摆过地摊、卖过苦力，90 多斤的瘦小身材背起 100 斤的黄泥巴一点都不含糊，苦啊累啊都往心里咽。1989 年，陶华碧用省吃俭用积攒下来的一点钱，在贵阳市南明区龙洞堡的一条街边，开了个简陋的餐厅，专卖凉粉和凉面。当时，她精心制作了辣椒酱，作为专门拌凉粉的一种佐料。小店附近有一所学校，常常有学生过来帮衬。陶华碧对待这些小客人，好像对待亲生的孩子一样。学生们的衣服破了，她帮忙补上。学生偶尔一顿两顿地给不起饭钱，她也不催人家要。久而久之娃娃们也对陶华碧有了个爱称——“老干妈”。

当时到店的很多顾客并不是喜欢吃凉粉，而是喜欢吃她做的辣椒酱。机敏的她一下子就看准了辣椒酱的潜力，从此潜心钻研起来。经过几年的反复试制，她制作的辣椒酱风味更加独特。之后有人还半开玩笑地说："既然能做出这么好的辣椒酱，还卖什么凉粉？干脆开家辣椒酱工厂算了！"这话触动了陶华碧，她想：是呀，有这么多人爱吃我的辣椒酱，我还卖什么凉粉？1996 年 7 月，陶华碧借南明区云关村委会的两间房子，招聘了 40 多名工人，办起了食品加工厂，专门生产辣椒酱，这是她真正意义上创业的开始。

1998 年，老干妈辣椒酱的年产值已突破了 5000 万元，1999 年更是突破了一亿元。此时，品牌成立也不过两年，把一间小小辣椒酱厂做到如此规模，充分展现了陶华碧独特的领导力。小山村走出来的她靠着近乎本能的"母性"，硬是在现代企业发展中，开辟出了一项属于她独一无二的的企业管理奇迹。在老干妈的员工里，陶华碧不叫老板也不叫董事长，而是被叫作"老干妈"。公司上上下下千号人陶华碧几乎都记得他们名字；有员工过生日，陶华碧会准备上生日礼物；有员工结婚，陶华碧会去做证婚人，员工的家里，经常会出现陶华碧串门的身影，整个老干妈公司，其实更像是一个最原始的生产大家庭一样，而陶华碧就靠着她最纯粹的母性将所有人凝聚在了一起。陶华碧声称，老干妈成立至今，每一分钱都是靠工人们手工剁出来的，从原材料采购到销货都是现款现货。公司的账上没有应收账款也没有应付账款，没有负债，没有贷款，更没有偷税漏税等小聪明之举。老干妈一直秉承着真材实料和实惠的原则，踏踏实实，本本分分，一步一个脚印，只为一心把产品做好。

资料来源：根据网络资料整理。

讨论问题：

1. 结合案例，分析陶华碧身上体现了哪些领导力特质？
2. 如何培养自己的女性领导力？

第三章

女性领导特质

【学习目标】

1. 释义、辨析价值观、能力、性格及胜任素质的概念。

2. 描述、区分，并能对比女性领导的生理及人口统计学特征。

3. 识别、运用女性领导的价值观特征、能力特征、性格特征，构建女性领导胜任素质模型。

孙亚芳，华为前董事长。她在1992年加入华为，1999年当选为华为董事长，2018年卸任。2011年11月16日，《财富》中文版发布的“中国最具影响力的商界女性”榜单，列出了中国25位女性商界领袖，华为董事长孙亚芳登顶榜首。《财富》杂志评出的这个“中国最具影响力的商界女性”，不仅仅因为她做了华为的董事长，更多是因为孙亚芳的领导才能和思想理念。

坚毅果敢、敢想敢为。在华为最初的几年，孙亚芳任劳任怨，因为其务实的作风，这位女干将深得华为创始人任正非的器重，在公司内一路高升。1999年，孙亚芳被任正非任命为华为第一任董事长。任正非给了孙亚芳巨大的权力，同时也给了她沉重的负担。当时的华为用任正非的话讲就是“已经到了生死存亡的关头”：从外部市场来看，华为还没有真正投入智能手机的研发，其手机终端产品一直在市场的中低端徘徊，处境非常尴尬；从内部来看，华为的大部分高管都已经赚到了第一桶金，忘了初心，开始安于现状，宁愿企业画地为牢，也不愿承担相应风险。可以这么说，如果照此趋势发展，按照今天的眼光，华为迟早要被淘汰。

孙亚芳“受任于即将败军之际”，当即召开全体华为股东及高管会议，提议投入巨额资金进行通讯终端的自主研发，然而这一提议几乎遭到了当时华为全体高管的集体反对。孙亚芳杀伐果断，任何人都不能阻挡华为的改良之路，任正非也表示了自己“疑人不用，用人不疑”的支持态度。就这样，孙亚芳一咬牙，换掉了当时华为的大部分高管，大胆启用大量有能力的年轻人，这才有了日后任正非常常提起并为之洋洋自得的“华为少壮派”。

华为最初的自主研发之路也可谓是困难重重，科研人才不足、研发方向不明晰与资金不足等问题都摆在孙亚芳面前。任正非面对此困境不禁怅然，“当时我也会怀疑研发的大量投入是否会加速华为的死亡”，他在后来的采访中说道。相比之下，孙亚芳反而更加坚毅，为了华为，也为了不辜负任正非的信任，她以个人名义开始贷款，替华为发放科研人员不菲的工资。果然孙亚芳关于“华为必须依靠自主研发才能真正强大”的观点在日后得到了印证，现在华为5G技术领跑业界，年营收超6000亿就是最好的证明。生死时刻力挽狂澜，存亡之际决策果断，此大丈夫事也。任正非昔日的左膀右臂，孙亚芳无愧“华为女丈夫”的称号。

对外协调能力强。20世纪90年代中后期，任正非深感自己不善于对外交际沟通，为此，竞争对手掀起的舆论公关战差点让华为吃大亏，关键时候孙亚芳的亲和力让她在对外联络与沟通方面游刃有余，最终任正非争取到了高层的一句话，“技术要创新，经营要稳健”，后来与思科鏖战，找媒体发挥舆论支持也是孙亚芳亲自指挥。

行事严厉且果断。了解过华为的人都知道，华为一直被定义为狼性管理。任正非的责骂十分不给人面子，也不顾及人格，就算是面对公司高层干部也如此。而身为女性的孙亚芳，却并不亚于任正非，她对于员工的严厉程度甚至超过了任正非。

如此严厉的一个人，若没有真正的水平支撑，自然是难以服众。1992年，华为资金运转出现了问题，导致全体员工的工资被拖欠了好几个月。应得的报酬没法拿到，自然让部分员工起了辞职的心。庆幸的是，华为在这时回收了一笔货款。这笔货款对于公司的运转也许会起着决定性的作用，公司高层久经讨论仍然无法确定这笔资金的使用方向。这时，刚入公司不久的孙亚芳站了出来，说出自己的想法，认为这笔资金应该要先作为员工的工资。孙亚芳的观点得到了采纳，被拖欠好几个月工资的员工得偿所愿，拿到了应得的报酬。公司内部士气大增，每个人都极其认真地投入工作，华为所面对的问题也因此迎刃而解。在华为高层反复思考资金的使用方向时，孙亚芳用其敏锐的决断力，一下子就提供了最适合的方案，这份果断与智慧，正是日后她被称为“华为二当家”的原因之一。

她能力出众，构建了华为的市场营销体系，思想一针见血，受到任正非的欣赏，因此仅用了7年时间便当上华为董事长。她认为个人的利益与公司的发展无法相提并论，以身作则，为公司未来的发展谋求最好的道路。2018年，孙亚芳卸任华为董事长之职，离开了她奋斗了26年的公司。虽然她已不再是华为员工的一分子，但是她的思想与事迹却仍然在华为流传，影响着华为。

资料来源：根据网络资料整理。

最初的女性领导研究是建立在传统的性别刻板印象基础上的，一般认为男女性别存在差异，女性不适合担当领导角色。随着社会学、领导学和女性学研究的高度发展，以及性别多元化管理实践和理论研究的深入，20世纪90年代早期，女性领导的研究逐渐受到研究者的关注，成为领导学研究领域的一个重要组成部分。

女性领导力也被定义为：女性运用独有的人格魅力和风格影响他人和组织情景对自身的作用效果，使领导职位发挥作用的能力与力量（戴馨霆，2015）。女性领导力与转型时代未来组织发展趋势不谋而合，相得益彰。正如现代管理学大师德鲁克的预言：“时代的转变正好符合女性的特质。”女性领导力可以从女性领导特质和女性领导风格两个视角进行分析。女性领导风格理论讨论的出发点在于女性特质，女性特质是女性领导的独特之处，女性的特质包括生理和心理的两个方面，这些特质对于女性领导风格的体现具有重要作用。

第一节　女性领导的生理与人口统计学特征

一、女性领导的生理特征

人类的生活环境随时随地都在发生变化，人类必须首先感知到内外部环境的变化，才能通过行为的调整来适应环境。因此，人类的行为是人与环境交互作用，维持个体内在环境稳态的复杂过程。所以，要深入地研究人的行为必须了解人类行为的生理学基础。女性在生理方面具备的一些特征有利于其从事领导活动。

（一）专注

与男性大脑的专门化不同，女性的左右半脑连在一起，大脑结构是多轨的。这就决定了女性认真、细腻、直觉敏锐、洞察力强等特点。女性具有把整个大脑的注意力集中到一个问题上的能力，这使得她们能专注地对待事情。女性细致的观察力和细腻的感悟力能更好地体察他人情感上的细微差别，更能理解他人所说与所想之间的差别。女性敏锐的直觉判断力让她们更会注意细节，更能全面周到地考虑从全局到细微的问题，更好地感知下属的需要，等等，这些特征都是女性领导者所具备的素质。

（二）语言

科学研究表明，女性的大脑以程序为主导，这使得女性在语言功能方面优于男性。女性的语言沟通和语言推理能力较强，阅读能力和记忆力好。因而女性领导者一般会委婉表达自己的观点，并恰到好处地运用模糊语言，易于他人接受，这样在组织中能与被领导者更好地沟通，营造融洽的氛围。

（三）韧性

女性比男性总能量代谢少30%～40%，同时雌性激素的作用也使女性具有男性无法比拟的忍耐力，因此女性通常很有韧性。领导活动不可能一帆风顺，不可避免地要遇到各种困难。领导过程实质上是不断克服困难的过程，达到目标则是坚持克服困难的结果。女性领导所具有的韧性可以使其不断克服组织管理过程中的困难与问题，通过一步步的努力，凭借对事业的执着追求，靠着坚韧不拔的工作态度实施领导行为，最终达到组织目标。

（四）共情

女性比男性对他人的情绪更加敏感，有更强烈的共情体验，并能够做出更多和更准确的共情反应。大量研究指出：男性和女性在内分泌、脑电和皮层功能等多方面的数据都存在差异，这些差异可能是共情性别差异的生理基础（苏彦捷，2014）。

共情的发生和维持都和激素有着密切的关系。研究发现，睾丸酮和催产素这两种激素和共情有着密切的联系，且在个体体内的水平有显著的性别差异。由于男性的睾丸酮水平显著高于女性，很可能会导致男性在很多和共情有关任务的表现上不如女性。催产素在动物和人类的情感联结、母性行为和其他社会性行为中具有重要的作用，已有研究发现女性的催产素水平显著地高于男性，这也会导致女性相比男性会有更强的共情反应。

共情的性别差异与男女性的大脑情绪加工的差异也有着密切关系。镜像神经系统在共情中发挥着重要的作用。人类镜像神经系统的神经解剖学技术上存在性别差异，镜像神经系统为共情等社会认知活动提供了神经机制层面的解释。镜像神经元系统的基本工作原理是知觉—行动机制，也就是说，无论是亲自体验还是观察他人情绪体验，都会激活相似的脑区。因此，通过知觉—行动机制，人们就能感知到他人的动作、情绪等内部心理状态。当看见他人处于疼痛状态的时候，女性的镜像神经系统有更大的激活。当面对他人的情绪的时候，女性的右外侧前额皮层（人类镜像神经系统的组成皮层之一）有更加强烈的激活。而男性的左侧颞顶联合区激活程度更强，这表明男性能够更好地区分自我和他人，从而阻止他人情绪对自己的影响。

另外研究还发现变革型领导风格的生理特征。巴瑟扎德（Balthazard et al.，2012）通过脑电波验证了神经成像技术在区分变革型领导与非变革型领导应用上的可操作性与精准性，实验结论为：大脑前额叶神经的活跃性和活跃时长能够较好地区分领导者与非领导者。大脑右半球越发达，变革型领导的水平也就越高，这在一定程度上解决了女性领导更适宜变革型领导风格的观点。总的来说，脑电图和神经成像技术在鉴定是否为变革型领导上具有较强的应用性（张蕾，2017）。

二、女性领导的人口统计学特征

（一）年龄

自 20 世纪 60 年代起出现了女性职业生涯的阶段论，女性领导根据年龄特点可以分为不同的职业发展阶段。怀特认为女性要经历探索期、成长期、稳定期、成熟期、维持期等职业发展阶段。成功的女性生命周期是一个稳定—反思—变化—稳定的不断循环过程。奥尼尔等人探索女性职业发展阶段的发展规律时，将女性职业生涯划分为探索阶段、理想主义发展阶段、注重实际的维持阶段和重造性贡献阶段，认为女性的职业和生活责任也随着生命周期的阶段性变化而变化。

女性领导职业发展具有一定的周期性。根据时间周期可以把组织中的女性职业生涯分为五个阶段。第一阶段，18～22 岁，是职业生涯缓慢上升阶段，作为新手不断摸索和熟悉已有工作，并对自己做出合理定位；第二阶段，23～30 岁，职业生涯初期直到第一个小高峰出现，是职业生涯上升的重要时期；第三阶段，31～36 岁，女性职业生涯最低谷期，因为要经历孕期、产期和哺乳期；第四阶段，37～46 岁，度过低谷期，女性处于第二个职业生涯的小高峰，但是这段时间应谨防“玻璃天花板”的影响；第五阶段，47～55 岁，稳定期，基本维持现有成就直至退休。职业生涯期间，职业女性出现了两个高峰和一个低谷。两个高峰：一是女性就业后 6～8 年，这期间女性就业但没有生育；二是 36 岁以后的十余年间，孩子基本长大，自身经历和阅历增长，处于事业的辉煌期。一个低谷则在两个高峰之间，通常为生育和抚养孩子的 8 年左右时间。女性职业生涯发展容易中断，女性职业生涯发展模式呈 M 形，而不是男性的倒 U 形，这与女性心理、生理等因素有关。女性领导的发展期往往在女性职业生涯发展的两个高峰期，即 23～30 岁和 37～46 岁两个时期。

女性在不同的职业发展阶段，会遇到不同类型的玻璃天花板，如表 3-1 所示。其中女性领导生涯发展阶段中更有可能遇到的是 25～30 岁的角色天花板和 31～34 岁、35～44 岁的组织天花板。女性领导需要在不同阶段根据玻璃天花板的特点，采用不同的解决方式克服障碍。

表 3-1 女性领导生涯发展阶段中的三重玻璃天花板

<table>
<tr><th>时期</th><th>年龄段</th><th>天花板类型</th><th>特 征</th><th>突破因素</th></tr>
<tr><td>过渡期</td><td>18～21 岁</td><td>心理天花板</td><td>自我认知（主动规划），社会现实（被动规划），时代背景（机遇）</td><td>高度自我实现需求，家人朋友支持和标杆人物的引导</td></tr>
<tr><td>试验期</td><td>22～24 岁</td><td>角色天花板</td><td>岗位需求，性别角色态度</td><td rowspan="2">家人支持（精神、行动），家政服务支持（家务、育儿），公司政策支持，缩减产假，在家工作等</td></tr>
<tr><td>调节期</td><td>25～30 岁</td><td>角色天花板</td><td>角色调节（家庭角色与工作角色），时间调节</td></tr>
<tr><td>建立期</td><td>31～34 岁</td><td>组织天花板</td><td>职业价值观为家庭导向，职业等级为基层和中层，组织对女性支持度较低</td><td rowspan="2">组织公平性，同事认可，机遇</td></tr>
<tr><td>高峰期</td><td>35～44 岁</td><td>组织天花板</td><td>职业价值观为事业导向及事业—家庭导向，职业等级为高层，组织对女性支持度较高</td></tr>
</table>

资料来源：张丽琍，张瑞娟. 女性领导力[M]. 北京：北京师范大学出版社，2018.

随着年龄的增长，女性领导的责任心越来越强。研究发现（孙倩，2010），在责任心方面，女性领导的年龄段“31～35 岁”与“41～45 岁”存在显著差异，随着年龄的增长，责任心会越来越强；“36～40 岁”年龄阶段时，女性领导对工作及同事、下属表现得最为细致周全。

女性领导工作年限较长，有丰富的工作经验。一项针对女性企业家领导力的实证研究发现，女性企业家的工作年限在 10 年以上的人数占到总人数的 61%，女性企业家基本都是工作年限较长，非常有经验的一部分人群。工作年限在 6 年以上的甚至达到 87%，女性企业家任职年限一般较长（胡剑影等，2008；孙倩，2010）。

女性领导工作年限越长，责任心越强。研究发现（孙倩，2010），在责任心方面，女性领导的工作年限“6～10 年”与“11～20 年”有显著差异，工作年限“6～10 年”和“20 年以上”存在显著差异。这表明随着工作时间延长，责任心不断提高。

随着年龄以及在本职位上工作时间的增长，责任心在不断增长。这说明，年龄和工作年限都可以提高女性领导对工作的热爱和积极性。这是女性领导在工作环境中培养出来的对工作的一种感情，是刚进入工作岗位的人员所需要学习的。

（二）教育水平

女性领导的学历水平较高。一项针对女性企业家领导力的实证研究发现（胡剑影等，2008），女性企业家大学本科学历以上的比例达到 85.7%，研究生学历的比例是 35.7%，说明女性企业家学历水平普遍较高，在整个社会中属于高端水平。

女性领导的学历越高，工作积极性越强。研究发现（孙倩，2010），在工作积极性方面，大专学历和硕士及以上学历的女性领导有显著差异，本科学历与硕士及以上学历的女性领导有显著差异，这说明女性领导学历越高，工作越积极热情。虽然学历的高低并不能说明能力的高低，但是长期的学习潜移默化地培养了女性领导对事对人的一种态度。当学历达到一定层次的时候，女性领导在工作中的表现欲也随之加强，对工作的积极性也越高。

女性领导的学历越高，领导职级越高。研究发现，从总体来看，样本中的科级以上女性领导的教育程度，有大专、本科和硕士及以上学历的占 97.2%，而处级以上女性领导学历为本科和硕士的占处级干部的 89.47%，硕士及以上的占处级干部的 21.05%（孙倩，2010）。从这里我们也可以得到一个信息，教育程度的高低也决定着女性领导的发展，所以学历已经成为女性参政的一个硬件条件。

女性领导的发展存在玻璃天花板效应。对女性领导的调查研究还发现（孙倩，2010），女性领导年龄偏大，41 岁以上的占总人数的 73.3%；参加工作的年限长，但职位普遍偏低；在本职位上工作年限长，升职慢；虽然学历都较高，但是并没有得到较好的安排和利用。这也说明我国女性领导晋升存在着“玻璃天花板效应”现象，这也是最能解释女性领导偏少的原因。虽然女性领导具备升职的条件或者说是能力，但是高层的职位对女性来说却无法真正接近。这其中有女性自身的原因，也有家庭因素的影响，但更多的是社会大环境中对女性的偏见与歧视，以及上级领导对女性领导干部的重视和支持程度不够。

第二节 女性领导的价值观特征

人格又称个性，是指经常影响个体行为稳定的心理特征的总和。人格使个体区别于其他个体，与我们日常生活中谈到的性格是不同的，性格只是人格的一部分。人格是个体在先天生理基础上，经过长期的生活实践形成的。人格对行为具有重要的作用，可以塑造行为。

人格的心理结构由个性心理特征和个性倾向性两部分组成。个性心理特征主要包括气质、能力、性格等，个性倾向性主要包括需要、动机、兴趣、态度、理想、信念、价值观等。在此主要探讨女性领导个性倾向性中的价值观、个性心理特征中的能力和性格成分。

一、价值观定义

价值观是一个人对周围事物的是非、善恶和重要性的评价、看法，是个人对某种特定的行为方式或存在状态的一种持久信念。价值观表示个体最基本的信念，包括内容和强度两种属性，内容属性指的是某种行为模式或存在状态是重要的，强度属性界定的是价值的重要性程度。可以根据内容和强度来对一个人的价值观进行排序，得出个体的价值系统。所有人的价值观都是有层级性的，这构成了人们的价值系统，如我们可以将自由、快乐、自尊、诚实、服从、公平等价值观按相对重要性进行排序就可以了解个体的价值系统。

价值观是了解个体的态度和动机的基础，也会影响到个体的知觉和行为。在进入一个组织之前，个体就形成了自己的思维模式和对某种行为或结果的偏爱。价值观会淡化客观性和理性，在总体上影响一个人的态度和行为。

二、女性领导的价值观特征

20 世纪 80 年代初，组织行为学领域研究者开始探索女性价值观与组织的关系。研究者发现女性偏爱重视人际关系和人际交往的组织。女性的价值观是由女性的社会化方式决定的。女性的社会角色主要是家庭主妇的角色，在家庭中女性要支持别人、照顾别人，要维系长期的家庭关系，要让家庭中每个成员都有成就感，并尽可能使个人的利益与大家的利益协调起来，这一社会化角色任务形成了女性化的价值观。女性参与的组织结构可以更和谐舒适，更有利于组织结构的完善和目标的实现，这也会在女性领导行为中表现出来（肖薇，罗瑾琏，2015）。

有研究者归纳总结了体现女性化价值观的组织特点，具体可以体现为以下方面。

①重视组织成员的个人价值。将组织成员看作一个独立的个体，认为他们有自己的价值和需要，而不是把他们看作组织角色的扮演者。

②非投机性。将组织成员的关系看作是成员自身价值的体现与维持，而不仅仅是实现组织目标的手段。

③衡量事业成功的标志是为他人提供服务。在传统的组织中，成员事业成功的标志是晋升，获得权力，增加薪水；而在女性化组织中，则以为他人提供多少服务来判断一个人的成功与否，女性领导具有公共服务意识。

④重视员工的成长。女性化组织为成员提供广泛的个人成长机会，不强调培养专家或开发狭隘的专业技能，而重视提升成员的综合技能，拓宽员工的多种能力，组织可以不断地为员工提供新的学习机会。

⑤创造相互关心的组织氛围。女性领导善于领会与把握爱的强大力量，女性化组织成员的集体感很强，彼此关系较密切，且相互信任并彼此照顾。

⑥分享权力。在传统的官僚组织中，信息和决策权是大家都渴望拥有的，但是要通过一定的秩序进行分配。而在女性化组织中，可以共享信息资源，所有可能受决策影响的员工都有机会参与决策。

董明珠在格力电器 2018 年度干部会议上的讲话摘要

一个企业发展必须要有精神，没有精神，逐利而行，是不可能长久的，集体共赢才是我们的梦想。

在格力未来的发展中，不再是一个简单的多少千亿的目标，而是希望通过这个目标让大家更加幸福美满，在精神上有收获，在物质上有收获，这就是我们的价值观。在未来 5 年中，要树立格力的价值观，更加坚定斗志，这也是格力的精神。

格力追求的是实力，要成为百年企业，必须树立一个好的文化。格力有一种创新精神，这也是格力的文化。在发展中，要不断地改变自己来适应市场的需要，这才是最好的模式。

资料来源：根据网络资料整理。

第三节　女性领导的能力特征

一、能力内涵

能力是顺利实现某种活动所必需的，并直接影响活动效率的个性心理特征。能力表现在活动中，并在活动中得到发展。能力的产生和发展与社会生活分不开。能力可以分为一般能力和特殊能力，一般能力是能力构成的重要组成部分，一般能力（即智力）是在完成不同种类的活动中都表现出来的能力，如观察力、记忆力、注意力、想象力、思维力等，其核心是逻辑思维能力；特殊能力是在特定领域完成各种活动所表现出来的能力，如管理领域中表现出来的语言沟通能力、组织能力、社交能力、专业技术能力、组织环境的创设力等。

二、女性领导的能力特征

（一）一般能力

1. 感知力

女性的知觉速度优于男性，这就使女性领导者能够在知识的海洋中准确、迅速地把握知识细节，并根据工作需要把注意力从一事物迅速转移到另一事物之上（孙凌云，2010）。

女性有对事物的敏锐感知力。关于女性往往存在的一种认知偏差，认为女性没有足够的胆识，不敢去冒险；女性领导对员工疏于管理，很容易出现问题等。然而实际中并非如此。很多女性非常注重自身的发展和提高，她们拥有很强的适应能力和学习能力，执行力高且不乏胆识，视野广阔，有明确的发展计划，对于发展过程中存在的问题能够及时察觉，根据发展的最终目标进行有效的调整和处理。女性能够凭借自己对事物的敏锐感知能力察觉到事物的发展变化，这是成功的女性领导者所具备的能力。在多数人看来，女性的多愁善感并不是优点，但这些特征在领导中体现为感知的敏锐度，是一种优势。

女性领导具有较强的人际情景敏感性（苏彦捷，2014）。在情绪和社会性刺激方面，女性也表现出对自我和他人刺激的双重敏感性。很多研究都指出女性具有更高的人际敏感性，如女性在由面部表情、肢体动作和声音所表达的非言语线索判断任务上具有比男性更高的准确性。其次，女性有更高的情绪敏感性，能够更加敏锐地觉察到他人的情绪，在判断由视觉和听觉传递的情绪时准确性更高。与此同时，女性自身的情绪体验更加复杂，而且能够更加清晰地分辨自己的不同情绪状态。和男性相比，女性认为自己经历了更多的快乐和悲伤情绪。尤其是对于消极的情绪事件，女性具有更强的易感性。此外，女性对于自己和他人发出的侵犯行为也更加敏感。女性对于他人这些情绪和社会信息的敏感性可能导致女性对他人的情绪和社会线索产生更加强烈的体验，这些可能是心理层面上共情性别差异的原因之一。女性能够感受和同情其他人的想法。

2. 观察力

女性细致的观察力和细腻的感悟力能更好地体察他人情感上的细微差别，更能理解他人所说与所想之间的差别，原因在于女性领导者观察能力强、分辨能力强。女性较之于男性感觉细致、观察入微、反应灵敏，这就使女性领导者在一些决策问题和重大转折问题上，能运用这种能力体察被领导者的心理变化和复杂事物的发展变化，进而对比、分析、辨别，提高解决这一问题的准确度（孙凌云，2010）。

3. 记忆力

女性机械记忆能力强，能在短时间内观察到和长久记忆某一事物，这就为女性领导者在刻苦学习专业知识方面提供了方便。女性强大的机械记忆能力使其快速记忆、理解、吸收各类知识，这对全面提高女性领导者自身素质十分有利（孙凌云，2010）。女性领导的情景记忆力更好（孙天义，2018），尤其是基于独特时空背景编码的个人经历自传体记忆，跨越人生的长时记忆。通常情况下，当加工的刺激材料与言语相关时，女性比男性成绩更好。相反，当要记住的材料涉及视觉空间成分时，则是男性更好。当材料是非言语的，像抽象的图片，女性也被报告略比男性成绩好。女性在识别先前呈现过的物体和图片上比男性成绩更高，在回忆他人非言语行为和外表的任务上准确性也更高（苏彦捷，2014）。

4. 判断直觉

非理性的思考与判断直觉是人们在思维中直观、笼统地把握或洞察客体的能力，不经过逻辑思维，就可以直接达到对真理的认识。敏锐的直觉是女性最显著的特征之一，人们普遍认为女性的直觉性要比男性强，这已得到人们的一致认同。女性领导力也有直觉性，它以女性领导者的人格心理特征为基础。在领导行为中，女性领导者敏锐的直觉判断力让她们更加注意细节，更能全面周到地考虑问题，更好地感知下属的需要等。女性领导者表现出比男性领导者更敏锐的直觉性，特别是在一些紧急情况下，女性领导者更经常运用直觉做出判断和进行决策。但是这同时也成为打击女性的武器，认为她们不具有领导力，因为直觉性被认为领导决策没有建立在理性思考和判断的基础之上。

5. 思维

女性形象思维能力优于男性。形象思维是理解和创造的前提，这就使得女性领导者能够具体勾画出自己的工作目标和工作规划，并把所学的专业知识和对领导规律的认识融会贯通地运用于实践之中（孙凌云，2010）。

（二）管理能力

1. 沟通能力

男女性的沟通风格存在差异，女性在管理沟通中具有独特风格（肖薇，罗瑾琏，2015）。沟通是一种持续稳定的活动，需要熟练的技巧才能解决亲密性和独立性之间的冲突，亲密性强调融洽和共性，独立性则强调不同和差异。女性通过沟通发生联系，交谈是寻求亲密关系的谈判。每个人在谈判中都付出承诺与支持，男性的交谈主要是保护独立性和维护自己在社会格局中等级地位的手段；女性使用的语言是建立联系和亲密性的语言，男性使用的语言是建立地位和独立性的语言；女性善于委婉地表达自己的观点和看法，容易让人接受，男性在沟通中往往过于直截了当，让人无法接受。

女性领导者具有卓越的口才和出色的演讲能力。雄辩之风历来都是受关注的领导特质，出色的演讲才能更是领导能力与领导艺术的体现。相对于男性领导者来说，几乎每个领域的女性领导者都有卓越的口才和出色的演讲能力。这可能与男性占主要地位的背景有关，男性天生与领导联系在一起，有众多的物力、人力、权力资源，因此女性需要以非凡的口才赢得追随者的认可和信任。女性领导者的社交才能不局限于演讲上，在强烈的目标驱动下，她们高效的沟通能力会产生神奇的魔力，她们的行动效率会超乎想象。

2. 社交能力

女性领导更擅长于人际沟通，实现组织互动，比男性更具备集体协作工作的素质，这些素质在管理中具有越来越重要的价值。美国管理学会的研究报告《管理走向黄金时代》中提出，未来管理者应该具备的基本心理素质是：灵活性和适应性、专注精神、精力充沛、对组织变革的敏感性。所有这些都是女性领导的主要特点，因为她们善于处理社会、工作和家庭各方面的变化。雅内尔等的研究结果表明，一个组织在实现既定的目标方面将更加依赖集体协同工作，这正是女性领导的特点，她们更能以身作则，尤其善于建立高效率、有成效的集体，她们的目标是确保在工作场合进行合作而不是竞争。

3. 专业技术能力

女性对核心专业技术的掌握程度往往更好，她们在工作中可以充分发挥这个优势来提高工作业绩。对于所有企业或者自己工作的部门的发展走向和未来的发展状况，女性领导者都有独到的见解。她们能够抓住机遇，充分利用企业拥有的资源，依靠自己掌握的核心专业技术来制订科学的发展规划，这无疑能够促进企业的发展，让企业在竞争中获得优势（曾敏，2017）。

4. 组织环境创设力

良好的组织环境是促进企业发展的动力。拥有良好环境的企业能够促使员工不断掌握新的知识和技能，使其进行自身的完善。员工拥有明确的目标，并在其驱动下不断奋发向上，追求人生价值的实现；员工之间乐于共享资源，为了共同的目标相互包容，共同努力。这样才能使企业具备发展的活力，也不容易出现团队分散的问题。

女性领导善于为企业创造良好的发展环境。与男性相比，女性更愿意在领导的过程中照顾员工，有时会为了大局考虑而放弃自己的利益，这一点使女性在创设环境时更容易取得良好的效果。受到领导者的影响，企业员工也会更加团结，进而促使企业在发展中能够不断取得进步。

5. 团队组织能力

女性领导擅长进行团队的组织和人员的安排。女性在思考问题的过程中能够顾及方方面面的影响因素，相对于男性而言，她们更擅长进行组织协调。一个好的团队要使各成员的优势得到充分发挥，就需要在组织的过程中进行充分的考量。科学的组织和良好的协调能力能够整合个人的优势来增强团队的运营能力、提高成员之间的团结性。

女性领导擅长对团队成员的组织和激励。每个成员都有自己要实现的目标，领导者需要将个人目标同团队的共同愿景结合起来，让每个成员认识到他们所做的事情是值得的，这样才能让他们愿意付出自己的时间和精力去为之努力和奋斗。如果能达到这样的效果，团队中的成员就能热爱自己的工作，并以积极的态度去对待它，整个团队在这样的氛围影响下才能够取得良好的业绩。而女性领导则更擅长对团队成员的组织和激励。

第四节　女性领导的性格特征

一、性格含义

性格指一个人在生活过程中形成的对现实稳定的态度以及与之相应的习惯性的行为方式。性格的构成包括理智、态度、情绪及意志。

①理智特征指性格在人的感觉、知觉、抽象和思维的认识过程中所表现出来的个性差异。从感知活动看，有主动感知与被动感知，分析型与综合型；从想象活动看，有幻想家与冷静的现实主义者；从思维活动看，有主动思维与被动思维，肤浅型与深刻型。

②态度特征指一个人在处理各种社会关系方面所表现出来的个体差异，如对社会、集体、自己、他人、学习、工作、劳动及劳动成果的态度等。有的人善于交际、主持正义、不畏强暴、诚实、正直、富于同情心，或相反；有的人不卑不亢、严于律己、自信、自尊、谦虚，或相反；有的人工作勤奋、认真、细心、节俭、有创造性，或相反。

③情绪特征指人们在情绪的强度、持续性、稳定性及主导心境等方面所表现出来的个体差异。比如，有的人热情奔放、乐观开朗、振奋昂扬，有的人冷漠消极、多愁善感、郁郁寡欢。可以从强度、稳定性、持久性及主导心境等角度加以衡量个体的情绪特征。

④意志特征指个体为了达到既定目的，自觉地调节自己的行为，千方百计地克服前进道路上的困难时，所表现出来的意志方面的个体差异。表现在个人行为的目的性、对自己行为的控制、面对紧急和困难情景的表现、对工作的坚持性等方面。表现为意志的自觉性、坚定性、果断性和自制力。

良好的性格特征对女性领导起着重要作用。它是女性领导从事领导活动必不可少的因素。不同的性格特征往往对女性领导绩效有不同的作用。当然，领导活动是否成功不仅仅取决于性格，但在一定条件下，性格特征对女性领导活动确实起着重要的保证作用，尤其是性格的某些优良特征所起的作用更大。

二、女性领导的性格结构

（一）理智特征

女性领导在决策过程更加理性。女性领导善于倾听他人意见，在决策中更尊重他人，更重视倾听并善于采纳各方意见，并善于冷静理智地分析判断、得出结论，而较少主观武断，在领导活动中更具人性化、个性化特色。

（二）态度特征

女性领导性情温和，平易近人。女性领导善于理解人、体贴人、关心人，较少浮夸和摆“官架”，这些特点使她们在对人、对事物的态度和方式上，易于联系群众，沟通上下级关系，处理复杂的人际关系。在实际工作环境中，女性领导温文尔雅的外在风度，庄重质朴的独特气质，谦逊诚恳的工作态度，平易近人的自然魅力，都会给周围的人留下深刻的印象。女性领导把自然影响力与权力影响力融合为一体，做到刚柔并济，取长补短，从而具有较强的感召力（孙凌云，2010）。

女性领导善于激励与鼓舞人心，着眼长远效果。一般而言，女性领导更关注群体和人际关系，更注重团队建设。较于男性领导者，女性领导往往更善于言辞，更善解人意。她们善于鼓励下属，为整个团队打气，从而更有效地实现组织目标。她们的领导作风往往更加平易近人、贴近下属，从而更有凝聚力、感召力和亲和力。

女性领导具有奉献精神。女性具有无私、勇于奉献、勇于牺牲的精神，同时，女性具有包容、谅解、和平、温柔、会替他人着想等特点。这种特点一旦运用到领导工作中，对于净化社会风气，端正领导班子的工作作风具有重要作用。

女性领导具有较强的自尊心和荣辱感，对事认真负责。这一特点使得女性在工作中尽量避免工作的失误，努力赢得别人的尊重和认可，从而表现出很高的工作热情。女性具有较强的原则性和纪律性，这使得大多数女性领导在工作中严肃认真、严于律己、作风正派。

（三）情绪特征

女性领导对情绪具有较好的调适能力，持续激励自己追求自我，不断进步，具有对事业的进取心。数据分析显示，相对于男性，女性没有那么在乎工作中获得的报酬，而是更倾向于在事业发展过程中取得的成就感。拥有进取心能够促使人们不断前进，也能感受到竞争的压力。一个拥有进取心的人，在面对对手取得的成绩时能够不甘落后，奋勇直追，利用自己目前拥有的资源，及时制定策略并执行。所以拥有更多进取心的女性比男性更可能促进企业的发展和进步（曾敏，2017）。

（四）意志特征

女性领导具有坚强的意志力（孙凌云，2010）。由于现实生活中女性在创业、机遇等方面的现实情况不如男性乐观，因此，女性更加意识到只有靠自己的拼搏才能得到社会的承认。她们承担着社会、工作、家庭的多重角色，当她们一旦被推到领导的风口浪尖上，就会迸发出极强的创业意识和进取精神。有句名言说：决不要因为是女人，登上了梯子就不往顶点爬去。女性领导正是凭着这种顽强的意志力，击败了强者如林的竞争对手。

女性领导具有非凡的耐受力。女性在社会的艰难、家庭的重负、工作的曲折中都表现出极大的耐受力。当女性走上领导岗位之后更具有这种耐受力，要忍受一些人的评头论足，平衡家庭和工作的关系，在坚持不懈的忍耐面前，困难、挫折迎刃而解。

上述种种女性领导的特征为形成女性领导风格奠定了很好的基础，女性领导风格的开发亟须这些人格特质。

第五节　女性领导的胜任素质模型

一、胜任素质

“其身正，不令而行；其身不正，虽令不从”，领导者欲“正人”先“正己”，欲“安人”先“修己”，领导者的胜任力至关重要，作为女性领导者，需要具备胜任素质。关于胜任素质的研究最早可以追溯到 19 世纪 20 年代“科学管理之父”泰勒对“科学管理的研究”，即“管理胜任特征运动”。泰勒认为，完全可以按照物理学原理对管理进行科学研究，他所进行的时间—动作研究就是对胜任素质进行的分析和探索。

胜任素质的应用起源于 20 世纪 50 年代初。当时，美国国务院选拔外交官是以智力因素为基础的，但这种效果并不理想。许多用这种方法选拔的人才，表面上看似很优秀，但是在实际的工作中表现平平，令人非常失望。为了改变这种状况，美国国务院邀请著名的心理学家、国际上公认的胜任素质方法的创始人、哈佛大学教授麦克里兰博士，设计了以后总能有效地预测现实工作业绩的人才甄选方法。在这个过程中，麦克里兰博士应用了一些奠定胜任素质方法的关键性理论和技术。1973 年，麦克里兰在《美国心理学家》杂志上发表了一篇题为《测量胜任力而不是智力》的论文，掀起了对胜任素质研究的热潮。

研究者们对胜任素质的含义进行了界定。胜任素质指的是在工作或工作绩效和生活中，与重要成就相联系的知识、能力、特质或者动机等（McClelland，1973）。知识、技能、自我概念、特质和动机这五个层面是一个人出色工作绩效的潜在特征（Spencer，1993）。胜任素质是一个混合体，它包括知识、技能、能力、动机、信仰、价值观和兴趣（Fleishman et al.，1995），是取得本职位的高绩效所需具备的知识、特质、能力或技能（Mirabile，1997）。以上关于胜任素质的定义有的侧重特质，有的侧重行为。麦克里兰（1993）认为，通常人们所说的胜任素质的定义是指绩效执行者所具备的知识、技能、能力和特质。

赵曙明（2008）认为，胜任素质是指能够将工作或组织、日常活动中表现优异者与表现平平者区分开来的个人潜在的、深层次的特征，它可以是动机、特质、自我形象、态度或价值观、某领域的知识、认知或行为技能——任何可以被可靠测量或计数的，并且能显著区分优秀绩效与一般绩效的个体特征。胜任素质应该包括两个基本成分：一是工作所需具备的典型行为表现，对工作的实际绩效必须是有显著贡献的；二是取得这种绩效所需具备的个性特征，不仅仅是表面特征，还应该包括深层次的一些人格特质，如价值观、态度等。

二、胜任素质模型

胜任素质模型是指驱动组织内员工完成某项工作，达到优秀工作绩效的一系列不同素质要素的集合。它反映的是组织员工通过不同的方式所表现出来的知识、动机、信仰、价值观、技能等，是胜任素质的总和。

著名的、被管理界普遍认可的胜任素质冰山模型说明，人的素质能力结构就像浮在海面上的一座冰山，在海面以上的部分是个体的某领域知识、认知、行为、技能等一些外在的、可观察到的特征，但这不过仅仅是人的素质能力的部分呈现；而在海面以下的冰山的另外部分是素质能力的另一部分，包括态度、价值观、特质、自我概念、动机等。决定个体能否在工作中有突出绩效的，并不是知识和行为技能等表象因素，而是海面下潜在的个人特质。

胜任素质模型构成要素包括以下 6 个。

①动机，指决定个体外显行为的自然而稳定的内驱力。动机总是指导和推动个体的行为方式选择朝着有利于目标实现的方向前行，并防止偏离。

②品质，指个体身体特征及对环境与各种信息所表现出来的典型的行为方式。品质与动机可以预测个体在长期无人监督下的工作状态。

③态度、自我概念与价值观，指个体自我认知的结果。

④社会角色，指个体对社会规范的认知与理解。

⑤知识，指个体对于某一职业或知识领域有用信息的组织及利用。

⑥技能，指个体能够掌握和运用某一项具体技术的能力。

三、女性领导胜任素质模型

研究者（孙倩，2010）通过结构式访谈、开放式问卷和问卷调查等方法收集数据，并用统计方法分析数据，建立女性领导胜任素质模型。研究结果表明，女性领导胜任素质模型包括 3 个维度，13 个因子。

第一个维度：领导、沟通和协作能力。包括协调平衡能力、沟通能力、领导能力、决策能力、组织能力和团队合作能力。

第二个维度：工作态度。包括责任心、工作踏实、细致心。

第三个维度：学习和表达能力。包括学习能力和语言表达能力。

研究者（孙倩，2010）将王登峰等（2006）开发的通用领导胜任素质模型与女性领导胜任素质模型进行对比，结果见表 3-2。

表 3-2 通用领导胜任素质模型与女性领导胜任素质模型对比

研究对象	胜任特征	共同特征	女性领导特征
科级及其以上党政领导干部	7 个维度构成，包括21 个因子	忠诚可靠、守法责任、开拓创新、指挥控制、激励带动、民主宽容、坚定亲和、耐心细致、统筹协调、应变能力、利他周到、自律信任、坚持原则、慎重严谨、学习钻研、依法行政、思路清晰、合作沟通、热情敬业、主动务实、策划宣传	
科级及以上女性领导干部	13 个因子	协调平衡能力、沟通能力、领导能力、决策能力、组织能力、团队合作能力、学习能力、语言表达能力、责任心、工作踏实、细致（心）、较高的成就动机、人格特质（有恒性、敏感性和真诚）	语言表达能力、工作踏实、人格特质（有恒性、敏感性和真诚）

资料来源：孙倩. 女性领导干部胜任素质模型的研究探析[D]. 西安. 西北大学，2010.

对两个胜任素质模型比较后发现两个模型之间有 12 个胜任素质是相同的，但语言表达能力、工作踏实、人格特质（有恒性、敏感性和真诚），则是女性领导胜任素质模型中所特有的。在管理过程中，女性领导更多的是关心和理解下属，设身处地的从他人角度考虑问题，为他人提供方便。所以，作为一位女性领导，较好的人际关系、团队合作以及积极乐观的人格特征是必备的素质。

女性个性特征和能力既有与男性相同的一面，又有不同的一面。在相同的岗位要求下，女性领导和男性领导都具有某些特定的优势和长处。但是，男性领导具有的优势并不是女性领导都能具有的，而女性领导具有的优势可能也是男性领导所或缺的一些能力。在长期的实践证明下，女性领导的作用是男性领导所不能替代的。

另外，还有一些研究者对女性领导的胜任特征进行了理论概括总结。丹尼斯和库克尔（Dennis，Kunkel，2004）将女性领导特征归结为 5 个方面：工作场所互动、组织关系呈包容性的蛛网状、全面而多元的思考方式、授权与团队建立、重视员工的教育成长。童兆颖（2004）认为女性领导主要表现为核心专业技术能力、敏锐性、进取心、组织力和创造环境能力等几个方面；同时女性领导也往往拥有更高的人际交往和沟通能力。聂志毅（2010）认为女性具有敏锐的直觉力、合作天赋、客观务实、关心他人、善于随机应变和精打细算的职业优势。通常女性领导具有较强的倾听和沟通能力，女性特有的亲和力能够给予追随者尊重和认可，善于化繁为简的简约领导能力能够满足追随者自我领导的需求。费什曼（Fishman，1978）在管理文献综述中提出，女性领导相关的品质特征，如分享权利和信息，帮助和培养他人，创建一个彼此联系的关系网络，这些都是提高组织有效性的方式。

对女性领导胜任素质及模型的探究可以揭示女性领导者必备的胜任素质，为以后女性领导的培养、选拔和聘用提供科学的指导和借鉴，具有一定的实践指导意义。

【本章小结】

本章首先介绍了女性领导的生理与人口统计学特征，其次分析了女性领导的价值观特征，再次基于能力类型对女性领导的能力特征进行了阐述，其后介绍了女性领导的性格特征，最后在女性领导的价值观、能力及性格特征的基础上，介绍了女性领导的胜任素质模型。

自学自测

扫描此码

1. 女性领导的生理特征有哪些？对其从事领导工作有何作用？
2. 女性领导的人口统计学特征有哪些？对其从事领导工作有何影响？
3. 女性领导的价值观特征有哪些？对其从事领导工作有何作用？
4. 女性领导的能力特征有哪些？对其从事领导工作有何作用？
5. 女性领导的性格特征有哪些？对其从事领导工作有何作用？
6. 胜任素质模型的含义是什么？

董明珠的创业成功经历

董明珠现任珠海格力电器股份有限公司董事长、总裁，她是一位人称“铁娘子”的女性经济风云人物，曾入选“世界十大最具影响力的华人女企业家”“全球商界女强人50强、全球100位最佳CEO”。在2013年12月12日央视举行的第十四届CCTV中国经济年度人物颁奖晚会上，董明珠荣获2013中国经济年度人物奖。

提起董明珠，竞争对手们是这样形容她的：“董姐走过的路，都长不出草来。”可见这位铁娘子的厉害之处。而格力内部的员工这样评价自己的女上司：“说话铿锵有力，做事雷厉风行，即便不化妆，她也比实际年龄看起来年轻许多。”媒体则说：“这个女子，虽然36岁前的人生平淡无奇，但36岁后的她，却用自己的坚韧和执着走出了一条别人无法复制的路。”她36岁才从基层业务员做起，用了15年时间，她通过自己超乎普通女性的能力，升任格力集团CEO。

一、大器晚成不失天分

董明珠跟那个年代很多人一样，出身平平。1954年，她出生于江苏南京一个普通人家，1975年参加工作，当时在南京一家化工研究所做行政管理工作。36岁以前，她的生活也是平淡无奇，没有人会想到，36岁以后的董明珠，却用自己的坚韧和执着创造了让人无不佩服的职场传奇。

1990年，董明珠毅然辞去工作，南下打工。当时已经36岁的她，到了格力公司，要从一名基层业务员做起。不知营销为何物的董明珠却凭借坚毅，40天追讨回前任职员留下的42万元债款，令当时的总经理朱江洪刮目相看，成为营销界茶余饭后的经典励志故事。这位女强人的职业传奇就是从这里开始。靠着勤奋和诚恳，董明珠不断创造着格力公司的销售神话，她的个人销售额，曾经飙升至3650万元。

二、职场女人的励志奋斗精神

董明珠年轻的时候每天只睡5个小时，据说现在董明珠也是经常在睡眠或打盹时想问题，一有什么想法，立刻拿起本子就记下来，甚至半夜打电话给下属。

1995年，董明珠发明了“淡季返利”，即依据经销商淡季投入资金数量，给予相应利益返还。这样把“钱—货”关系，变成“钱—利”关系，既解决了制造商淡季生产资金短缺，又缓解了旺季供货压力。1995年格力淡季回款比上年增加3.4倍，达11亿元，为1996年与春兰总决战做好了市场准备。

1995年，格力又发明“年终返利”，将7000万元利润还给经销商。

1996年，空调淡季，格力靠淡季返利拿回了15亿元回款。在淡季价格战中，各个品牌只得纷纷降价，甚至零售价低于批发价，批发价低于出厂价，大伤元气。董明珠规定格力1分钱也不能降。到了8月31号，格力却宣布拿出1亿元利润的2%按销售额比例补贴给每个经销商。这样在空调业最困难的1996年，格力销售额增长17%，第一次超过春兰。

格力不仅把缩小营销队伍省下的钱补给了经销商，1997年还拿出2.5亿元返还经销商。

董明珠认为，只有经销格力赚钱，才能长治久安。她不仅将紧俏空调品种平均分配，避免大经销商垄断货源，扰乱市场，还推出了空调机身份证，使每台空调在营销部备案。

一般来说，每年9月到3月是空调的销售淡季，4月到8月是销售旺季，淡季价格比旺季价格低。一般厂家都在挖空心思想把旺季从4月提前到3月，以获得更大利润。

1998年，董明珠却突发奇想，把淡季延长一个月。4月继续实行3月淡季价。等其他厂回过神来，众多大经销商已纷纷划款给格力抢买格力产品。有厂家长叹：“董明珠也真狠——这么多年，我们从没想到过这一招。”

资料来源：根据网络资料整理。

讨论问题：

1. 董明珠的人格特点有哪些？
2. 董明珠的人格特点对她的成功有何帮助？

第四章

女性领导风格

【学习目标】

1. 描述领导风格的起源及发展历史，识别领导风格的类型。

2. 释义、辨析领导风格的概念、女性领导风格的内涵及女性领导风格的形成背景，释义、辨析关系导向型、参与型或民主型、变革型、柔性领导的内涵。

3. 分析、比较偏好关系导向型、参与型或民主型、变革型、柔性领导的女性领导风格的特征及影响因素。

某国际旅行社拥有很高的知名度，曾创造过“淡季不淡，旺季更旺”的奇迹，经营业绩与口碑更一直保持在业界前列。赵懿是该旅行社的董事长，搞财务出身。创办该旅行社之初，她针对当时的市场实际情况明确提出：“从我做起，为顾客创造一个更加健康的旅游环境，一个更加舒心愉悦的旅程。”并在完善特色服务的同时不断挖掘新的旅游项目。

要想创业成功，就必须有一支强大的专业团队。赵懿认为，打造专业团队不能只靠引进人才，重点还要加强内部培养。她不惜花重金聘请专门的培训机构来对员工进行培训，并将培训渗透到日常的管理活动中，在各种场合用多种方式关注企业的价值观与团队的使命感，鼓励员工与企业共同进步。就这样，旅行社平稳度过了创业的起始阶段，经营业绩越来越好。

赵懿在企业管理方面注重“法理”，更注重“人性化”。旅行社每月都要举行一次星级员工评比，星级员工照片“上墙”；员工手写的心得体会更让人倍感亲切。就这样，在宽松的环境中，“制度大于总经理，结果第一、过程第二，用家庭式的温馨关怀员工，用学校式的教育培养员工，用军队式的纪律管理员工”的管理文化理念，日渐深入人心。

资料来源：刘福军，赵懿. 坚持是一种信仰[J]. 现代企业文化，2015（16）.

在领导研究领域，性别作为一个重要的因素已日益凸显其重要性。与此同时，一种新的理论——女性领导风格理论开始出现，即认为女性具有独特的性格特征，如合作、关怀、有教养和魅力，这些特质符合领导发展的要求，可以成为有效领导的重要因素，从而使女性领导具有男性领导无法比拟的优势。目前这一理论正在政治领域、新闻媒体、商业管理领域以及日常生活中被人们所熟知。

第一节　女性领导风格理论概述

一、领导风格理论

（一）领导风格的内涵

领导风格是指领导者在领导活动中的思维与行为方式，主要侧重于对下属的领导方式。领导风格是领导者在长期的领导实践中逐渐形成的，是个体经验的积累，具有较强的个性色彩，对领导活动具有较为稳定的影响作用，是影响组织绩效的重要因素。在实际管理过程中，每个领导者都会展现出与工作环境、个性特征及自身经历相联系的风格特征，这种风格特征使其与其他领导者相区别。

（二）领导风格理论研究的起源与发展

20 世纪 40 年代，在对领导特质理论的反思和评判基础上，产生了对领导风格较为系统的研究。

1. 领导特质理论

20 世纪早期，领导特质理论受到学者们的关注，也是早期对领导进行系统研究的尝试之一。

领导特质理论主要关注的是有效的领导者应该具有什么样的特征，侧重于领导者与非领导者之间个体特征方面的差异。研究者们力图探讨有效领导与无效领导、高层领导与基层领导之间存在的个体特质差异，但是经过多年的研究，仍然没有发现有效领导者所应具备的才能、个性等方面的共同特质。领导特质理论经历了传统领导特质理论与现代领导特质理论两个阶段。

（1）传统领导特质理论

传统领导特质理论认为，领导者天生具有领导的特质，不具备这种特质的人不能成为领导者。这一时期的研究对象主要集中在社会政治、经济以及军事等方面的领导者，主要研究的是哪些与生俱来的特质使他们成为领导者。不同的研究者提出了不同的领导者特质。

（2）现代领导特质理论

现代领导特质理论认为，领导者的特质是在实践中形成的，可以通过训练和培养加以造就。该阶段的研究者结合领导实践，从动态角度深入研究领导者的特质。

2. 领导风格理论

研究者发现，领导活动的有效性与领导者在领导过程中所采用的领导行为有密切的关系，而领导特质理论没有把环境因素考虑进去。领导特质理论受研究者主观决定性影响较大，不同的研究者对领导关键特质的认知存在很大的差异。另外领导特质理论主要关注领导的特质和能力，并没有关注领导者的特质和能力究竟是如何对群体成员以及对他们的工作产生影响的。

从20世纪40年代开始，领导有效性的研究转向行为理论，关注领导者的工作作风和行为对领导有效性的影响，即从领导者的行为方式来探索成功的领导模式。按照领导行为的基本倾向，提出了不同的领导方式和领导风格理论。

（三）领导风格的类型

在领导风格理论中，比较有代表性的是俄亥俄州立大学的两维理论、勒温的领导类型理论、费德勒的领导权变理论以及伯恩斯的交易型领导和变革型领导理论等。

领导风格理论是美国学者勒温及其同事首先提出的，他们着眼于三种不同类型的领导风格，分别为专制型、民主型和放任型领导风格。后来的研究者对领导风格的研究不断拓展，变革型、家长式、交易型、辱虐型、魅力型、破坏型、柔性领导等多样的领导风格得到不同程度的关注，并且强调情境因素在领导风格有效性中的作用。

二、女性领导风格理论

（一）女性领导风格内涵

女性领导风格指的是女性领导者在领导活动中的思维与行为方式，主要侧重于对下属的领导方式。最初对女性领导风格的研究主要探讨任务行为风格和人际行为风格的区别，民主型或参与型和专制型或命令型领导风格的区别。后来随着领导力理论的发展，对女性领导风格的研究逐渐扩展为对变革型、交易型、自由放任型领导风格和柔性领导的探讨。

尽管部分针对女性领导风格的研究认为，男性和女性的领导风格在很多方面是相似的，但大部分研究还是对男女两性领导风格及其模式存在差异表示一致认同。与男性领导相比，女性领导更偏好关系导向而非任务导向的领导风格；她们的领导风格更具参与型和民主型，而非专制型和控制型；更偏好变革型而非交易型领导风格；更具柔性，而非刚性。

（二）女性领导风格理论的形成背景

与过去相比，女性领导风格理论之所以在当前受到关注，与目前社会性别观念、领导理论、领导管理方式、组织结构及信息技术的变化有密切的关系。

1. 社会性别观念的变化

现代社会的发展使人们的生活方式和价值观发生了巨大的变化。社会生活方式和社会实践的变化也促进了社会性别观念的改变，从而改变了企业的组织文化，带来组织人事制度的变化。随着女性受教育程度的提高，促进女性平等参与公共政策的推进，越来越多的女性参与到社会政治和经济领域中，并开始担任重要的角色。这种变化自然会带来女性在家庭与社会中地位的变化，女性不再是家务劳动的承担者，也成为家庭收入的主要承担者，与男性一样拥有协调工作和生活的权利。

2. 领导理念与理论研究的变化

领导理念和理论的改变为女性领导的出现以及对女性领导理论的研究提供了基础

和土壤。从领导理论尤其是领导行为理论的发展趋势可以看出，随着社会的变迁，领导行为和领导风格越来越趋向于柔性化、简约化、隐性化和自主化。领导者效能的发挥由过去主要依靠“硬权力”转变为更多地依靠“软权力”，领导者的角色逐渐从控制者、命令者、发号施令者转变为倾听者、导演、领航员和教练员，传统的专制型领导已经被现代的以人为本的关系型领导所替代。人们将传统的专制型领导称为鲨鱼式领导，将关系导向型的领导称为海豚式领导。海豚式领导风格强调领导者通过处理人际关系和有效的信息沟通，并采取关怀、说服、民主参与、协商等方式来进行的领导。

此外，越来越多的女性领导活跃在各行各业，她们的成功经验和事例也为正在兴起的女性领导风格的研究提供了资源和动力。有一些研究者从女性主义的立场出发，认为女性之所以取得成功是因为女性具有和男性不同的特质和性别优势，这对领导活动的有效性具有重要的影响。女性领导具有与男性领导不同的成长经历，并在此基础上形成了不同于男性领导的特质和风格，这种领导特质和风格更符合当今社会变迁对领导的要求。

3. 领导与管理方式的变化

首先，全球化变革时代，劳动力日益多元化，组织内部的竞争日趋激烈，组织中人与人之间的关系更加复杂，并且员工的工作价值观也发生了一定的变化。在此情境下，传统的领导方式失去已有效能，领导要想取得一定的管理效果，就要改变已有的权力导向型和专制型的领导风格，采用以人为本的人性化领导风格。理解、尊重员工，充分发挥员工的积极主动性，关注员工的自我成长与发展、自我成就感的实现与满足、强调团队合作精神等，这些领导行为体现的是偏好人际关系的关系导向型领导风格。

其次，知识密集型产业在重视柔性化领导的同时，还特别强调用敏锐的感性与直觉的方式解决问题。感性与直觉方式指的是在信息非常有限的情况下，能够快速做出判断的行为。这种感性与直觉不仅仅依赖观察和实际数据，还需要直观、自由地思考，并能根据预感来解决问题。具有这种感性与直觉思维能力的个体能够处理高度复杂的事务，与采用分析思考的个体相比更具竞争力。此外，具有敏锐的感性和直觉的领导者会更关注员工的认识和态度，并能敏锐地觉察到隐藏在组织氛围内部不能用语言表达的一些问题，找到组织结构可能存在的隐患，因此，可以在团队建设方面发挥更好的作用。

最后，组织环境的剧烈变化，组织的快速成长，这些剧烈的领导环境变化使得新的领导方式逐渐被下属所接受，而女性在人际关系处理上的突出能力会给组织注入新的活力（Rosener，1990）。

4. 组织结构和员工的变化

由于现代社会竞争日益激烈，为了适应快速变化的社会，组织结构由过去纵向垂直的形式向横向扁平化方向发展。纵向垂直的组织结构采用的是自上而下的沟通方式，扁平化组织结构是以团队为中心的柔性组织结构，采用的是自由、开放的沟通方式，能够共享资源，从而有效解决复杂问题（石庆华，2008）。同时，这种组织结构打破了组织原有的论资排辈现象，其管理方式更加注重沟通协调、合作共享，强调以人为本，注重人际关系的和谐。

组织内部明确的绩效评价体系对领导的评价标准主要是业绩和能力，人们不再以传统的性别观念和陈腐的思想对领导的业绩进行评价，因而女性领导在这种明确的业绩评价体系中具有明显的优势（Rosener，1990）。

另外，在知识经济和全球化时代。员工的工作价值观也在发生变化。尤其是对有创造力的知识工作者来说，需要在自主性高、有进修机会的工作环境中才能发挥自身潜能。员工的工作价值观所产生的变化，需要企业领导者改变自身领导风格来适应员工的需求。沃伦·本尼斯在其著作《成为领袖的领袖》中就曾提到，21 世纪的领导者面临的主要挑战是如何释放本组织的智力资本，这种挑战与 20 世纪完全不同……而这首先要求领导者要有足够的自信和自尊，能够知道什么时候需要什么样的能力，领导者需要不断地学习，不断地重塑自己，不断地调整自己的领导风格。

5. 信息技术影响下的组织环境变化

20 世纪后期，由于信息技术的快速发展以及全球化的影响，组织环境发生了剧烈的变化。产业结构的变化，即经济社会的部门分散化、制造业的柔性化及知识产业的扩大化，使企业经营方式以及获得竞争力的战略发生了根本性的变化。在此背景下，知识和信息的创造与扩大将成为企业和个人竞争力的源泉，劳动的形态不再凭借体力，而是头脑和智慧。相对于劳动力的性别因素，个人所具有的专业知识和技术能力更为重要。这种变化有利于具有情感性与人性化竞争优势的女性。

在社会领域，由于信息技术的快速发展，民主化进程加快，政府的治理理念也在发生变化。在组织中，无论技术如何发达，左右组织成败的关键仍然是人，是引领该组织的领导团队。过去以制造业为中心，上传下达、命令式的领导方式和体制已经不能适应全球化时代的要求，而与创造性、感性、艺术性等相关的女性领导风格更适合这个新时代的变化需求。

许多研究者都发现女性领导风格符合信息化时代组织发展的需求。领导学大师明茨伯格（Mintzberg）在《关于管理的十个冥想》中提出，组织需要培育，需要照顾和关爱，需要持续稳定的关怀。关爱是一种女性化的管理方式，虽然很多优秀的男性领导正在逐步采用这种方式，但是，女性还是更有优势。德鲁克也认为，在信息化时代，成功的关键不仅要拥有知识和技术，而且要具有独到的眼光和组织知识、人才的超强能力。他曾明确指出，“这种时代转变，正好符合女性的特征”，高度肯定了女性领导者的价值。未来学家阿伯丹和奈斯比特（Aburdene，Naisbitt，1992）也提出，女性在劳动力市场上居于弱势的年代即将过去，随着教育程度的提高、社会转型以及企业的需求，女性在职业生涯方面的发展，将使女性掌握更多的选择权，具备更强的自主能力，女性领导者是未来组织发展最需要的力量。

基于以上的分析，女性领导风格理论逐渐受到研究者的关注，并成为女性在领导实践中所体现和倡导的领导方式。

第二节　偏好关系导向型的女性领导风格

一、关系导向型领导风格的内涵

关系导向型领导风格是指领导者与其下属的工作关系以相互信任、尊重下属意见和重视下属情感为特征的行为。具体可以表现为，帮助和照顾下属、关心下属的福利、友善待人以及乐于助人。与关系导向型领导风格相对应的是任务导向型领导风格，任务导向型领导风格指的是领导为了实现组织目标而对自己与下属的角色进行界定和建构的行为。任务导向型领导风格具体可以表现为，要求下属遵守规则和程序、设置很高的业绩标准，以及明确划分领导和下属的职责。

贝尔斯（Bales，1950）在 20 世纪 40 年代对小型团体进行的研究中介绍了任务导向型和关系导向型的领导风格。后来的研究者，如亨普希尔和孔斯（Hemphill，Coons，1957）将任务导向型的行为称为结构，将关系导向型的行为称为关怀。还有一些类似的划分方法，利克特（Likert，1961）和其他研究者将领导风格划分为以员工为中心的领导风格和以生产为中心的领导风格。此外，费德勒（Fiedler，1967）区分了任务导向型的领导者和关系导向型的领导者，他认为这两种类型是领导者的两种极端例子，大多数领导介于两者之间。研究表明，任务导向型和关系导向型领导风格都是有效的领导方式，而关系导向型领导方式能够很好地提高下属对团队领导者的满意度。

二、偏好关系导向型女性领导风格的特征

多项研究一致表明，较男性领导而言，女性领导更倾向于关系导向。也就是说，女性领导倾向于采取关系导向型的领导风格，男性领导倾向于采取任务导向型的领导风格。但一般领导工作往往要求领导同时注重这两种领导风格。

20 世纪 90 年代初，美国女性职业顾问赫格森（Helgesen，1990）通过对多名成功创业女性的观察和访谈，完成了《女性的优势：女性的领导风格》一书，书中首次提出女性领导风格理论，在该书中她提出，由于男女性具有不同的社会经验，女性比男性会有更好的人际交往技能、教养和敏感性，这些优势可以使女性成为很好的领导者，女性的领导方式比男性更有效、更具人性化。同时她还提出，当女性领导将自身的柔性气质运用到领导实践中的，会使员工体验到一种柔性的关怀，这与男性的刚性领导和对权力欲望的追求相比，员工更容易接受这种人性化的领导。这种风格不仅使得领导者和下属之间保持较为密切的联系，还可以加深组织和各成员的亲密关系，同时有利于组织团结合作精神的培养。因此，女性领导风格在一定程度上比男性的领导风格更有效。爱泼斯坦和奥利瓦雷斯（Epstein，Olivares，1991）将女性领导风格概括为关系型领导风格，这种风格影响下的一切活动对于员工和组织本身都是有益的，从而营造一种适合的工作环境和组织文化氛围，最终达到“双赢”的结果。女性更注重个人关系、说服管理、信息沟通和魅力管理等关系型的领导风格，注重沟通、协调、良好的人际关系以及集体的

成功；男性偏好指令式的领导风格（监控组织及组织环境、使用组织赋予的职位权力管理下属）（忻依娅，梁巧转，2004）。采用构念驱动法（construct-driven approach）的研究也表明，女性在反映人际关系导向的领导力模式结构上的得分较高（如口头表达能力、人际交往能力）。

三、偏好关系导向型女性领导风格的影响因素

首先，男女比例会影响女性领导对关系导向型领导风格的偏好。男性和女性领导同样喜欢使用任务导向型领导风格，但女性领导对关系导向型领导风格的青睐程度略高于男性（Eagley，Johnson，1990），男性领导者明显偏重于目标设定，女性领导者更偏重于关系协调（Gibson，1995）。担任同样管理职务的男性和女性领导都会采用类似的领导方式，只有在男女比例相当的职务上，女性领导者对关系导向型领导风格的青睐程度才略高于男性领导者。在女性占主导地位的行业中，女性比男性具有更强的关系导向；在男性主导程度比较高的职务上，男女性领导采用的领导风格没有差异，在此情境下如果女性领导采用女性化领导方式，可能会丧失权威。所以，在女性势单力薄的领域，最有效的领导方式可能就是男性常采用的领导方式。

其次，员工的性别偏见会影响女性领导对关系导向型领导风格的偏好。在担任比较适合自己性别的领导职务时，男性和女性领导都喜欢使用任务导向型的领导风格，但在担任不太符合自己性别的领导职务（如女体育主任或男护理主管）时，领导的任务导向就没有这么明显，因为员工很难认可他们在职务方面的胜任力（Eagley，Johnson，1990）。这一规律可以解释为什么担任非传统性别角色的领导会使其处于劣势地位。

人们所期待的女性性别角色和典型的领导角色之间不一致会导致两种偏见（Eagley，Karau，1990）。第一，对于女性领导潜力的偏见。人们认为领导能力更加符合男性特质而不是女性特质，人们对于女性领导潜力的评估会比对男性低。第二，对于女性实际领导力的偏见。人们认为领导行为更加适合男性而非女性，他们对于女性的实际领导行为的评价比对于男性的低。由于第一种偏见，女性可能需要达到更为严格的要求才能获得并保持领导地位。由于第二种偏见，当女性的领导行为和男性一样时，往往得到更为不利的评价。这束缚了女性领导力的发挥。女性领导如果表现出明显的“自主型”行为，可能会遇到消极回应；当女性领导想要控制和支配其他人时，情况尤其如此。如果女性领导不能够充分地显示女性特点，以“关系型”行为来缓和领导角色所要求的“自主型”行为时，她们就会遭到抵制，从而失去聘用和晋升的机会。因此，基于这些压力，许多女性在管理岗位上所展示的语言和沟通风格基本符合女性性别角色所期待的“关系型”行为。元分析的研究也表明，与男性领导相比，女性领导较少以命令和控制的方式来施加权威（Eagley et al.，1990）。

最后，领导的文化背景会影响女性领导对关系导向型领导风格的偏好。妮娜和艾莉森（Nina，Alison，1997）针对美国、日本、澳大利亚、以色列和意大利管理人员进行了问卷调查，发现国别因素对于领导者风格的影响非常显著。在美国的样本中，女性明

显偏好关系型的领导模式，而男性明显偏好任务型领导模式；而在日本的样本中，情况则恰恰相反，男性领导者偏好关系型领导模式，女性领导偏好任务型领导模式。

第三节　偏好民主型的女性领导风格

一、民主型领导的内涵

民主型领导风格源于勒温的领导风格类型理论（1939）。勒温是美国著名心理学家，他研究领导风格和团队气氛之间的关系。勒温发现，不同的领导风格对团队成员的工作绩效和工作满意度有着不同的影响。勒温将领导风格分为专制型、民主型和放任型，他认为这三种不同的领导风格，会造成三种不同的团队氛围和工作效率。

民主型领导在制定决策时会考虑他人的观点，而专制型领导则很少考虑他人观点。民主型和专制型的领导风格各有其自身特点，这两种领导风格是否有效取决于所处的环境。民主型领导者注重对团队成员的工作加以鼓励和协助，关心并满足团队成员的需要，营造一种民主与平等的氛围。在这种团队中，领导者与被领导者之间的社会心理距离比较近，团队成员有较强的工作动机，责任心也比较强，工作效率比较高。专制型领导者只注重工作的目标，仅仅关心工作任务和工作效率，对团队成员不够关心。在这种团队中，被领导者与领导者之间的社会心理距离比较大，领导者对被领导者缺少敏感性，被领导者对领导者存有戒心和敌意，容易使团队成员产生挫折感和机械化的行为倾向，会招来下属的不满，破坏他们的士气，甚至导致下属离开团队或组织。但专制型的领导风格能够高效地制定决策，当需要快速制定决策或下属没有能力或兴趣帮助制定决策时，这种领导风格更有效。在这种情况下，不能发号施令的领导者处境会非常被动。女性领导更偏好民主型领导风格，而缺少形成专制型或放任型领导风格。

放任型领导者将组织的权利下放到每个人的手中，既不参与决策，也不对决策进行监督。下属虽然没有来自领导方面的压力，却也因为这种放任式的工作而缺乏满足感，也缺乏目标、工作技巧和办事方法，导致员工工作效率降低。

二、偏好民主型女性领导风格的特征

组织中男女性领导风格的差异较小，男性和女性领导风格的唯一差别是女性比男性采用领导方式的民主程度或者参与程度要高，而专制程度或者命令程度要低。研究一致表明，较男性领导而言，女性领导更为民主化。女性的协作性与参与性比男性强，女性领导会鼓励下属积极参与，与下属共享信息，并努力提高下属的自我价值和自尊。她们通过自身的领导魅力、专业知识和人际关系与下属沟通协调，较少采用专制型风格，将下属的自身利益和组织目标有效融合，通过使用授权和关怀鼓励他人。女性比男性具有更多的社会沟通和人际关系处理能力，因而女性更适合担任中层领导。男性更倾向于使用指导型、命令加控制型的领导风格，根据所在岗位所赋予的正式权力作为影响下属的基础，通过奖励优异工作、惩罚不良行为执行领导职能。

三、偏好民主型女性领导风格的影响因素

首先，组织环境的改变会使女性领导更倾向于采用民主型领导风格。过去评价女性领导主要是依据男性领导的评价标准，女性领导为了取得成功，不得不以男性领导的评价标准从事各种领导行为。随着全球化及竞争性的加剧以及信息技术的冲击，组织自身的快速发展、组织成员价值观念的变化以及领导与下属之间互动方式的改变，为女性领导风格的展现提供了有利的环境。一方面，组织内外部环境的急剧变化和组织的快速发展，使得传统意义上依靠权力和权威获取信息、使下属服从的领导情境发生了变化，组织要想健康发展，必须从各个层面获取准确及时的信息，而女性领导鼓励下属参与、注重提高下属的自我价值，有利于组织获取准确及时的信息。另外一方面，组织环境的剧烈变化和组织结构的重组，使得工作岗位的稳定性降低，领导与下属之间稳定性和长期性的关系受到了冲击，下属有了更多的自主性和自由选择的机会，对组织的忠诚度降低，组织逐渐失去了原有的聚合力。女性领导倾向于使用参与式领导风格，可以满足下属的自我需要，使组织成员具有自我实现的机会。并且女性领导还会关怀和鼓励下属，从而使下属对组织的忠诚度得到提升。在此背景下，女性领导可以展现女性自身民主型领导风格，而不用再模仿男性领导的风格。

其次，人们传统的性别观念对女性领导采取民主型领导风格有一定影响。女性更倾向于采用民主型的领导风格，人们尤其讨厌专断的女性领导者，认为专断的女性领导者行事过于男性化，所以，对专断的女性领导者的厌恶程度比对专断的男性领导者更深。因此女性可以通过让别人参与决策的方式来软化自己的领导方式，获得他人的认可。

最后，组织中女性化支持氛围对女性采用民主型领导风格有一定影响。一般女性同伴的支持有利于女性领导采用民主型领导风格，在女性成员较多的团队中，人与人之间的关系更平等。尽管女性倾向于使用民主型的领导风格，但在女性势单力薄的情况下，她们会放弃这种领导风格。当组织中没有众多女性同伴对参与型领导风格的肯定，女性领导往往会选择男性经常使用的专制型领导风格。很多国家的第一位女性国家领导人，如玛格丽特·撒切尔、果尔达·梅厄和英迪拉·甘地，她们在领导过程中和男性一样发号施令，甚至有时候比男性更厉害。高度男性化的环境要求男性和女性领导都要采取自上而下的领导风格。

总之，女性领导会采用容易让大家接受的包含协作成分的领导风格，更愿意与下属分享权力。在某些情况下，女性领导还会公开宣扬自己的民主、协作的领导风格。但是，男性和女性领导的领导风格经常会有很多相似的地方，两者的差异并不太明显。在担任很少由女性担任的职务时很多女性领导者和她们的男同事一样专断。

第四节　偏好变革型的女性领导风格

一、变革型领导的内涵

变革型领导理论的出现对领导风格的性别研究带来了新的转机。变革型领导是 20

世纪 80 年代以来现代领导理论的焦点。20 世纪 80 年代中期，巴斯（Bass，1985）在伯恩斯（Burns，1978）和豪斯（House，1976）的研究基础上提出了一个新的领导模型，将三种领导方式，即变革型领导、交易型领导和放任型领导整合在同一个领导方式连续体上。

变革型领导指的是鼓舞下属将个人利益升华为组织利益，并对下属产生超乎寻常的深远影响的领导模式。具体表现为关注员工个体的利益和需求；帮助下属用新视角看待老问题，从而改变下属对问题的看法；能够激励、调动和鼓舞下属为实现群体目标付出更大的努力。交易型领导指的是领导者通过明确工作角色与任务要求来指导下属实现既定目标。具体表现为领导会对下属承诺论功行赏、按劳给酬；也会适时地采取一些措施规范下属的言行并纠正其工作中的失误，从而确保所有的努力都指向实现组织整体和员工个人利益的双赢目标。放任型领导指领导者采取不干涉，任其自然的做法。

巴斯提出的领导模型包括七个不同的领导因素，其中变革型领导包括理想化影响、鼓舞干劲、智力激发和个别指导等四个因素；交易型领导包括权变奖励和例外管理等两个因素。表 4-1 更加具体地介绍了这七个因素。

表 4-1　变革型领导、交易型领导和放任型领导的各个因素

变革型领导	理想化影响因素：也称作个人魅力，包括领导者所具备的能让员工尊重和信赖的个性特征
	鼓舞干劲因素：领导者利用信念和情绪感染力来凝聚组织成员
	智力激发因素：领导者支持追随者采用革新的方法来解决问题和完成工作
	个别指导因素：领导者花时间发展和指导追随者，关心他们的个人需要
交易型领导	权变奖励因素：领导者奖励追随者令人满意的表现
	例外管理因素：包括矫正批评、负反馈和负强化，有主动例外管理和被动例外管理两种形式。前者仔细寻找追随者的错误和失败原因并加以纠正；后者等到问题发生才进行干预
放任型领导	指领导者采取不干涉，任其自然的做法，代表着领导作用的缺失

资料来源：李六珍，张磊. 女性性别角色和领导角色冲突及其应对策略[J]. 兰州学刊，2009，（3）：154-156.

变革型领导的理论强调有效地领导激励追随者，发展他们的能力，促使他们为组织做贡献。研究者都认为变革型领导有助于组织的成功。洛威等（Lowe et al.，1996）的元分析研究也表明，变革型领导的所有因素都和领导有效性呈正相关。该研究也表明，交易型领导中的权变奖励因素也和领导有效性呈正相关。其他因素如例外管理、放任风格的领导有效性差。所以，如果男性和女性在变革型领导风格上存在差异，就可以推论出他们在领导有效性上的差异。

二、偏好变革型的女性领导风格的特征

研究发现，较男性领导而言，女性领导更具有变革型倾向。持有该观点比较有代表性的研究者是罗森娜（Rosener，1990）。1990 年，罗森娜在《哈佛商业评论》上发表了一篇关于女性领导方式的文章。她在这篇文章中指出，那些突破玻璃天花板的成功的女性领导者具备一种不同于男性的领导风格，这种领导风格是基于女性的体验与经历发展

起来的。当女性具备这种领导风格时，可以对在不确定性环境中生存发展的组织具有重要促进作用。借助调查和统计分析手段，罗森娜发现了女性领导的风格特点。她发现，男性领导多数采用交易式领导风格，他们更倾向于使用组织所赋予的职位权力和权威，采用的是控制型和命令式的领导方式；与之相反，女性领导更多采用的是变革型领导风格，在设置组织目标时能够将下属的个人兴趣融合到组织发展目标中，在实现组织目标的同时实现下属的个人目标。女性领导更倾向于认为自己的权力来自于个人魅力、勤奋工作以及与下属之间的个人关系，而不是来源于在组织中的地位。女性领导通常会采用授权式、激励式和互动式的领导方式，运用鼓励下属参与、提高下属自尊、激励下属实现自我价值和抱负等策略影响下属，这与交易型领导方式有明显的差异。

元分析结果发现，女性领导与变革型领导风格相关性较高，男性领导与交易型领导风格相关性较高（李鲜苗等，2012）。元分析结果还发现，男女两性在变革型、交易型和放任型等领导风格上的大多数方面存在显著的性别差异，女性比男性更倾向于展现出变革型领导行为；在和领导有效性呈正相关的方面，如理想化影响、鼓舞干劲、智力激发、个别指导等因素上，女性比男性做得更出色（Eagley et al.，2003）；在理想化影响（行为）因素上，女性得分并不显著高于男性；在和领导有效性不相关或者负相关的方面，如主动例外管理、被动例外管理和放任领导风格上，男性和女性在这些方面表现得都不典型，但男性得分高于女性。

三、偏好变革型女性领导风格的影响因素

第一，社会对女性角色的期望会使女性领导更倾向于变革型领导。社会往往期待女性具有善良宽容和关怀他人的品质，在这种社会期待中成长的女性会逐渐形成“如果取得成功就需要依赖他人的力量，需要协作和互助”的认识（罗森娜，1990）。遵循领导角色阻碍女性领导达到性别角色的要求，而遵循性别角色阻碍她们达到领导角色的要求。变革型领导可以使女性领导避免采用给人留下男性化印象的领导行为，如上级控制下级以及任务导向为主的工作行为（Yoder，2001）。变革型领导包含了一些和女性性别角色要求中关心、支持和体贴等相一致的行为（Chesler，2001）。变革型领导中的个别指导行为（如发展和指导员工，关心他们的个人需要）是特别有代表性的“关系型”行为。变革型领导中的其他方面，如能让员工尊重和信赖的个性特征，并不只和男性相联系。可以说，很少有变革型领导行为是特别男性化的。与这些认识相一致的研究表明，下属认为领导的女性化个性特征和她们的变革型领导风格在总体上更相匹配。变革型领导风格的某些方面和女性性别角色之间存在的一致性有助于女性领导者发展并表现这些行为。这可以通过女性性别角色规范泛化到组织中来实现，也可能通过女性领导将这些变革型领导准则作为自己个人的行为标准来实现。

变革型领导风格之所以适合女性领导，不仅因为它至少有某些方面相对是“关系型”的，而且因为这些“关系型”行为可能有助于女性领导解决她们所面临的比男性领导缺少权威性和合理性的问题（Eagley et al.，2003）。许多研究表明人们可能不喜欢也不相信女性领导，当她们对男性施加权威，表现出很强的能力，或者采用一种居高临下的沟

通方式时，尤其如此。如果女性领导在实施领导行为时能表现出热情、无私、赞同、微笑、支持，明确表达对于帮助他人实现目标的兴趣，员工和同事的消极回应就可以减少。由此看来，变革型领导为女性发挥领导力提供了特别合适的方法。它对男女性领导都有效，但女性领导表现出这些风格可能会尤其重要。

因此，为了避免角色冲突，弥补比男性领导缺少权威性和合理性的问题，女性可能倾向于变革型领导，因为它有助于她们克服角色冲突的困境（Eagley et al.，2003）。

第二，组织所处外部环境会对女性领导的变革型领导倾向有一定影响。随着时代的变迁，两性领导风格具有时代效应，不同情境下领导行为的选择会有所差异。李鲜苗等（2012）通过横断历史元分析法得出与基于西方文化情境的研究结果（House et al.，1991）相一致的结论，即在充满危机、焦虑和高风险的环境中，员工更容易接受变革型领导，女性领导更偏向于变革型的领导风格，因而会受到员工的接纳；而当外部环境相对稳定，经济运行平稳、企业面临的不确定性越弱的情况下，女性领导偏向的变革型领导风格的魅力可能会失去功效，男性领导所偏好的交易型领导风格更容易受到员工接纳。

第三，组织机构特征会对女性领导的变革型领导倾向有一定影响。在现代机构中，变革型领导成为新型而有效的领导模型。传统的女性性别角色期待和领导角色期待之间的不一致使得女性领导面临角色偏见，影响她们领导力的发挥。而现代机构中的变革型领导风格与女性角色期待有很高的一致性，这为女性在领导领域获得更多机会奠定了基础。女性领导有望在现代机构的领导和管理领域获得更大成就。

第四，领导的职级会对女性领导的变革型领导倾向有一定影响。鲍恩等（2000）在元分析中发现领导者本人的职位层次也有助于诠释领导行为的有效性。弗格森的研究表明（Fagenson，1990，1993），在组织的同一层级水平上，男性要比女性更倾向于交易型的领导方式，但在不同层级上，情况会发生变化。处在较高领导职位上的女性比处在较低管理职位上的女性，更容易表现出男性化的特征。高层领导职位上的女性在男性化特征方面和男性管理者没有明显的区别。赖德特的研究（Ledet，2000）认为，处在高级领导岗位上的女性具有在同样岗位上的男性一样的男性化特征，和处在低级领导职位上的女性相比，其男性化特征表现得更强烈，而且应用权力的风格也不存在性别差异。李鲜苗等（2012）通过横断历史元分析法发现，在中层领导者中，女性领导变革型领导风格显著高于男性领导，随着领导层级的提高，两性特征与领导风格无显著差异。

第五，文化情境对女性领导的变革型领导倾向有一定影响。李鲜苗等（2012）发现，东方文化情境下，性别特征在变革型领导风格方面有显著差异，在交易型领导风格方面无显著差异。在集体主义倾向较明显、高权力距离及高风险回避的东方文化情境下，员工更为看重责任、道德标准和愿景激励，女性领导的变革型领导风格作用更为突出。

另外，女性领导也会表现出混合型领导风格。胡剑影等（2008）对中国背景下的女性企业家领导力模式进行探索性和验证性分析，发现女性企业家领导力模式主要包括人本型领导模式、变革型领导模式、转换型领导模式、和谐型领导模式和交易型领导模式，如表 4-2 所示。

表 4-2　女性领导的混合型领导风格特征

领导风格	具体行为特征表现
人本型领导模式	注重考核、提拔和任用出色的下属；当员工表现优秀的时候，总是给予肯定的回应；能够听进并合理采纳员工的建议和意见；告诫下属客户是我们的上帝；能和上级保持良好的沟通
变革型领导模式	重视规章制度，并且告诉大家要严格遵守规章制度；抓住机会在各种场合、会议讲解；经常检查员工的工作进展情况；对下属的需求表现出体贴的态度；鼓励下属重新思考目前的做事方式
转换型领导模式	与大家一起为同一目标奋斗；自己有很多想法，仔细考虑工作的问题；利用未来发展信念鼓励员工；培养大家的团队精神；设定较高且能够实现的组织发展目标
和谐型领导模式	告诉下属如何去做并以身作则；为下属提供挑战性工作，重新思考问题的处理方式；站在员工工作中的立场和处境征求员工的意见；善于应用实例来启发下属
交易型领导模式	在变革中会自信地处理利益相关者之间的关系；重视从实践中吸取教训，使变革持续发展下去；有勇气敢负责任，大胆引进并使用合适的人选；鼓励员工向同行学习；领导的坚毅和自信等性格使员工深受感染

资料来源：胡剑影，蒋勤峰，王重鸣. 女性企业家领导力模式实证研究[J]. 上海交通大学学报（哲学社会科学版），2008, 16（6）: 69-74.

基于以上分析，男女两性的领导风格是有所偏好的，针对不同情境，女性领导选择哪种领导风格会有所侧重；女性领导选择运用变革型还是民主型，或是关系型，也需要符合不同的情境。领导能力强的女性会根据情境的要求采用更有效的领导风格，而避免采用效果较差的领导风格。

四、偏好变革型女性领导风格的有效性

偏好变革型女性领导风格的有效性较男性领导更好（杨静，2015）。一些实证研究结果显示，具有变革型领导特征的女性领导在提高下属的满意度和承诺度，以及获得下属对其领导有效性的评价等方面都显著高于男性领导（Eagley et al.，2003；Burke et al.，2001；Yammarino et al.，1997）。女性变革型领导者相比男性变革型领导者会得到更有利的评价，尤其是评价者为女性时（Powell et al.，2008）。变革型领导特征的女性领导比男性领导会获得更高的领导有效性评价，因为女性领导比男性领导更善于建立良好的领导成员关系，从而获得更高的评价（Douglas，2012）。

第五节　偏好柔性领导的女性领导风格

一、柔性领导的内涵

《道德经》中提出，上善若水，至柔则刚。柔性（flexibility）是指主体能够通过变化适应新的情况和环境，并兼有容易弯曲不会折断的含义（许一，2007）。柔性是领导的一项基本属性。柔性有两项基本释义：一是能够应变和适应组织环境和情形的复杂变化；二是容易弯曲不会折断。领导学中的柔性是指组织柔性与领导者柔性的综合，即组织能够适应不断变化的外部环境，领导者都能秉承以人为本的理念，以弹性化的领导方法影响下属，引领他们锲而不舍地实现组织目标。在领导实践中，柔性领导表现出比传

统领导更高的弹性和人性（戴馨霆，2015）。

柔性领导与传统领导是相对应的，是现代领导理论在知识经济时代的发展，是现代组织领导理论的组成部分。以知识经济理论、现代组织结构理论、后现代人本主义理论作为其思想源泉，主张以复杂性、动态性、网络化的特征重新认识和定位组织领导，实现组织领导使命、角色、领导方式的根本性转变。柔性领导以动态整合的观念指导领导实践，以资本有机整合代替僵化、对立；以平等沟通和温暖的关爱代替枯燥的说教和指责；以组织网络代替层级；以感召力代替计谋。柔性领导以人性、弹性、应变性、平等、关爱、互动为核心（戴馨霆，2015）。

因此，柔性领导是指通过建立开放、平等、信任、动态的关系网络和组织氛围，以网络化组织本身柔性为基础，以对环境和情形的高度适应性和韧性为特征，运用非强制的领导方式，实现组织目标和影响力网络的拓展和升级的领导理论（戴馨霆，2015）。

二、偏好柔性领导的女性领导风格特征

（一）女性领导更倾向于民主决策，体现人性化色彩

柔性领导的特征之一是带有人性化色彩。尊重人，坚持以人为核心的理念。在领导过程中不仅关注于领导目标的实现，还关注人的价值取向。在尊重人，信任人的基础上，使下属有归属感和追随领导者的内在自觉性。能够重视下属的心理需要，慎重考虑下属意见与之共同探讨实现组织目标的方案。同样，女性领导力倾向于关爱、平等、信任关系的建立，女性领导者在决策中更尊重他人，更重视倾听并善于采纳各方意见，并善于冷静理智地分析判断、作出结论，而较少采用独断式的决策行为，更多的是在协商一致、共同探讨的基础上为实现组织目标做出共同的努力。在潜移默化的影响过程中把自愿追随的意愿根植于每个下属的心中。二者都彰显了以人为本即“人性”的价值取向，倡导每个人都有自身的价值和意义，需要领导者发挥领导才能，实现个人价值的最大化。

（二）女性领导更擅长于人际沟通，实现组织互动

柔性领导倡导建立平等信任的关系，并且这种关系建立于双方互动的基础之上，领导行为不再是领导者单方面进行计划、组织、协调和控制，还包括被领导者对领导行为的反馈过程。柔性领导应该是沟通、理解、互动三者的统一，其特点包括领导方法上的互动性，即不再倡导以权力或权威实施领导行为，而是以启发、引导的方式实施领导行为。在与被领导者互动的过程中，了解被领导者心理状况和影响组织的多种因素，关注领导活动中多方群体的需求。同样，女性领导所具有的社交技巧与热情，强调在领导过程中注重双方的沟通并与之建立关系网络，常采用的激励、沟通、关爱的领导方式更适应知识经济时代的发展要求，其中的领导优势似乎也更容易被现代领导力研究者所认可，并完美地与柔性领导契合。

（三）女性领导更善于激励与鼓舞人心，着眼长远效果

柔性领导的高度适应性，快速应变能力都促使它具有持续的有效性，更深的领导意

义在于立足于更长远的领导境界。柔性领导的长远眼光在关注人的发展的同时，把组织发展的长远性考虑在内，力求使组织、人和领导活动有机融合起来，形成协调一致地向前发展的状态。同样，女性领导者更关注群体和人际关系，更注重团队建设。较男性领导者，女性领导者往往更善于言辞，更善解人意。她们善于鼓励下属，为整个团队打气，从而更有效地实现组织目标。她们的领导作风往往更加平易近人、贴近下属，从而更有凝聚力、感召力和亲和力。女性领导力的内容强调发掘人的潜能，强调人的价值，着眼于对追随者长远的培养，使之自觉自愿地追随领导者，积极发挥主动性和创造性，共同为组织的长远发展做出努力。可见，柔性领导与女性领导力在可持续方面同样具有共性。因此，在柔性领导与女性领导力高度契合的状态下，女性领导力的发展是顺应柔性领导发展的客观需要，是柔性领导发展的实际践行者。

三、偏好柔性领导的女性领导风格的影响因素

（一）女性领导自身性格特征

女性自身人格特质偏向柔性领导的女性领导风格。女性领导力中的柔性更多的是从女性自身的特质出发，受性别角色影响，女性领导者自身的柔性特质更易与柔性领导力相契合。例如，关爱是柔性领导的一方面，可以在女性领导者身上得以体现，也可以在男性领导者身上得到彰显，但进行对比会发现，像关爱这样的柔性因子更容易在女性领导者细腻的情感和温婉的性格土壤中发芽生长。

（二）时代发展与行业特征

知识经济时代更偏向柔性领导的女性领导风格。传统社会和工业经济时代，组织结构是金字塔式直线式的层级结构，强调职能分工，强调上级对下级的监督和控制，员工和上司之间等级森严，员工与员工之间界限分明，在此情境下更多采用刚性的领导风格。在知识经济时代，组织结构扁平化，信息传递速度加快，决策和行动之间的时间缩短，对外界环境的变化反应灵敏，能够通过自身调整来适应外部环境的不同要求。这种组织结构为组织内部成员提供了自我完善的发展空间和支持条件，成员的主动性和积极性得到了极大的提高，组织的运行成本也大大降低，在此情境下，更适合偏向柔性领导的女性领导风格。

知识型企业更偏向柔性领导的女性领导风格。不同行业、不同的部门适合选择不同的领导风格。比如，一些生产制造型企业或者大型企业更适合刚性领导风格，而一些中小型企业或高科技技术企业中的员工更多是知识型员工，这种情况下更适合采用柔性领导风格。因此，劳动密集型的企业更适合刚性领导风格，偏向柔性领导风格的女性领导更适合知识型企业。

（三）组织文化

女性化组织文化更偏向柔性领导的女性领导风格。组织文化要求领导自身特质与其相契合。如果偏柔性领导风格的女性领导，处于一个男性化的公司文化中，那么就会面

临角色不符的情况，领导行为有效性就会受到影响，因此，偏向柔性领导风格的女性领导需要了解所在组织的文化，选择符合组织文化特点的领导风格。

（四）组织发展阶段

成熟阶段的组织更偏向柔性领导的女性领导风格。组织发展是有周期性的，在组织不同的发展阶段，领导方式也会呈现出差异。根据格林纳的成长阶段理论，组织发展要经历五个阶段，即创造阶段、指令阶段、授权阶段、协调和监督阶段以及协作阶段。在不同阶段需要有不同的组织战略、领导方式和组织结构与之相适应。创造阶段是组织诞生初期，这一阶段的组织规模小、人心齐、关系简单，一切由创业者决策指挥，领导者主要依靠自己的个人专长和人格魅力感染和影响组织成员；指令阶段是组织的青年期，也是持续成长期，随着组织结构和制度的完善，组织变得更加多样化和复杂化，人员迅速增多，组织不断扩大，为了防止组织陷入混乱，领导者必须明确发展目标，以铁腕的作风和集权的刚性领导风格来管理该阶段的组织；协调和监督阶段是组织的成熟阶段，该阶段已建立起正式的管理系统，规章制度和工作程序已经完善，但与此同时，会产生官僚主义现象；协作阶段也叫成熟后阶段，组织的发展前景既可以通过组织变革和组织创新获得再发展，更趋向成熟稳定，也可能因不适应环境的变化而走向衰退。培养领导者与各部门之间的合作精神，通过团队合作与自我控制达到协调配合的目的，增加组织的弹性等都是成熟阶段领导需要关注的问题，而该阶段偏向柔性领导的女性领导风格更加符合组织的需要。

（五）领导层次

高层领导职位更偏向柔性领导的女性领导风格。不同级别的领导者采取的领导方式也可能不同。高层领导一般注重战略思维和领导艺术的修炼，多采用柔性领导的方式，而中层领导和基层领导面对的是具体的部门和组织成员，需要在专业技术能力和沟通协调上提升自己，需要建章立制，刚性的领导风格会更多一些。

（六）组织成员

偏向柔性领导的女性领导风格更适合管理高素质的组织成员。组织成员的素质也会影响到领导所采用的领导风格。对于自控力差、文化程度低、精神境界不高的组织成员，如果采用柔性领导风格容易使其工作懈怠，所以更适合采用刚性领导风格。偏向柔性领导风格的女性领导更适合管理有较高文化素质和较高精神追求的组织成员。

在学术研究和领导实践领域中，女性领导风格理论的支持者并非都是女性。他们对领导风格的研究更多是基于对领导特性以及领导过程复杂性的认识，是对现代社会组织领导转型中领导创新的新探索。

【本章小结】

本章首先介绍了领导风格理论的内涵、起源与发展以及领导风格的类型划分，在此基础上重点介绍了女性领导风格的内涵及理论形成背景，其次分别对偏好关系导向型、参与型或民主型、变革型、柔性领导的女性领导风格的内涵、特征及影响因素进行了具体阐述。

1. 女性领导风格的内涵是什么？
2. 女性领导风格理论是在何种背景下形成的？
3. 偏好关系导向型的女性领导风格有何特点？具体的影响因素有哪些？
4. 偏好参与型或民主型的女性领导风格有何特点？具体的影响因素有哪些？
5. 偏好变革型的女性领导风格有何特点？具体的影响因素有哪些？
6. 偏好柔性领导的女性领导风格有何特点？具体的影响因素有哪些？

杨绵绵的领导风格

杨绵绵 1941 年生于江苏无锡，1963 年毕业于山东工学院，1984 年起任青岛电冰箱总厂副厂长，是海尔集团主要创始人之一。作为公司的“二把手”，杨绵绵是个不折不扣的“终端者”。她说：“我比较善于到终端去，只有到终端我才有灵性，才能碰出火花来。只有到现场我才能发现问题。”在海尔的历次市场活动中，杨绵绵每到一个地方，第一件事就是到会议现场看布展情况，热切地与商家交流。有时尽管飞机抵达目的地时已经很晚了，可她的第一个安排仍是赶往会场。杨绵绵几乎每天都巡视整个企业，巡视每一条生产线、每一个岗位。一次，杨绵绵在分厂检查质量工作，在一台冰箱的抽屉里发现了一根头发丝。她立即召开全体相关人员会议。也许你会说，一根头发丝不会影响冰箱的质量，拿掉就是了，有什么大惊小怪的。但杨绵绵斩钉截铁地告诉在场的干部职工：“抓质量就是要连一根头发丝也不放过！”这就是“一根头发丝”的故事。

案例来源：根据网络资料整理。

讨论问题：

1. 杨绵绵的领导风格有何特点？
2. 杨绵绵的领导风格为什么能够对企业发展产生作用？

第五章

女性领导团队建设能力提升

【学习目标】

1. 列举团队建设对领导角色的重要意义。

2. 辨析团队建设有效性目标，解释、评估女性领导在团队建设中的价值。

3. 自我运用女性领导提升团队建设能力的策略和方法；为女性领导制定团队建设能力提升策略。

女性管理者应该怎样管理团队？

刘女士是一位销售部门经理，性格上比较追求完美。平日话语不多，但工作上比较认真，对于下级工作比较严格，如果下级做错了事情，或做得不好，就会当场批评她们。

刘女士的部门下属有6个人，3个是当年应届毕业生（工作经常出错），2个已在公司工作2年（工作偶尔出错），1个在其他公司有4年工作经验，刚来公司3个月（工作能力和表现均很好），都是女性。

久而久之，刘女士发现，只要她在办公室，应届毕业生讲话都很小声，中午吃饭都跑到隔壁去，也没什么交谈，气氛异常安静，但当她不在时，她们都很活跃。

招聘应届毕业生的目的是节省开支和培养对公司有忠诚度的员工。但由于她们经常出错，刘女士感觉对她们的批评已经影响到整个团队的工作气氛。是否以后应避免招这样的员工？（其实，应届毕业生的薪水和期望比有工作经验的员工低不了多少，离职率也非常高）

刘女士很困惑，她也做过下属，也希望有一个融洽的工作氛围，她该怎样调整现有团队结构，改善工作气氛呢？

资料来源：根据网络资料整理。

第一节　团队建设概述

对于领导来说，管理团队的建设至关重要。建设一个高效的管理团队是领导能力的重要体现。

一、团队建设的概念

组织行为学权威、美国圣迭戈大学的管理学教授斯蒂芬·罗宾斯（Stephen P.

Robbins，1994）认为，团队是指一种为了实现某一目标而由相互协作的个体所组成的正式群体。一个高效团队至少应该具备六个基本特征。一是团队成员有强烈的归属感，并为成为团队的一分子感到骄傲，愿意把自己作为这个团队中的一分子看待，跳槽的现象相应较少；二是具备相关的技能，团队成员具备实现目标所需要的基本技能，并能够良好合作；三是相互间信任，彼此关心、相互尊重、每个人对团队内其他人的品行和能力都确信不疑；四是有共同的诺言，这是团队成员对完成目标的奉献精神；五是良好的沟通，团队成员间拥有畅通的信息交流；六是合适的领导，高效团队的领导往往担任的是教练的角色，起着后盾的作用，他们对团队提供指导和支持，而不是试图去控制下属。

冯苏京和王秋宇（2013）从管理学角度对团队进行了新的定义，他们认为团队是指组织的一个单元，它是由两个或两个以上、具有不同专业知识和技能、承担不同责任的成员组成，能够实现单个成员无法实现的目标的人员组合。在进行整体的团队建设前，应当事先了解团队的基本情况，与团队成员进行讨论并树立大家认可并能共同执行的一致目标，完善团队内部的绩效考核制度，注重团队成员的内部激励以及提高团队成员的工作热情等。

甘爱民（2005）将团队建设定义为一种管理模式，即有意识在组织中努力创建或开发各种有效工作小组来完成组织所分配的工作任务，提升组织效能的一种管理模式。他认为：团队建设需要从五个方面来进行开展，即目标设定、任务分解、确定角色、用以明确职责和权限设置等。

斯蒂芬·罗宾斯等（2008）认为，团队是由有共同目标、相同管理层和员工等这些团队成员的职责分工、角色配置、工作能力、沟通环节、相互协作与彼此认同等构成。

很多学者也界定了团队的类型。按目标和自主权划分，Cohen 和 Bailey（1997）将团队分为问题解决型团队、多功能型团队、自我管理型团队以及虚拟团队等。按照职能划分，团队又可分为建议决策型团队、生产服务型团队、项目开发型团队、谈判型团队等。

二、团队建设的有效性目标

坎皮恩（Campion）、帕佩尔（Paper）和梅兹克（Medsker）在《人事心理学》中发表的文章《工作团队特征与有效性的关系：设计有效工作组的意义》，科恩（Cohen）和贝利（Bailey）在《管理学杂志》上发表的文章《团队工作的驱动力：从车间到行政部门的团队效能研究》等相关内容的研究，对如何打造有效的团队提炼出了一个相对集中的模型，如图 5-1 所示。模型显示有效团队的关键因素主要有三类，即外界条件、团队构成、过程变量。

1. 外界条件

（1）充足的资源

包括完善的设施、充足的人员配置、合理恰当的激励、及时准确全面的信息以及行政后勤的支持。

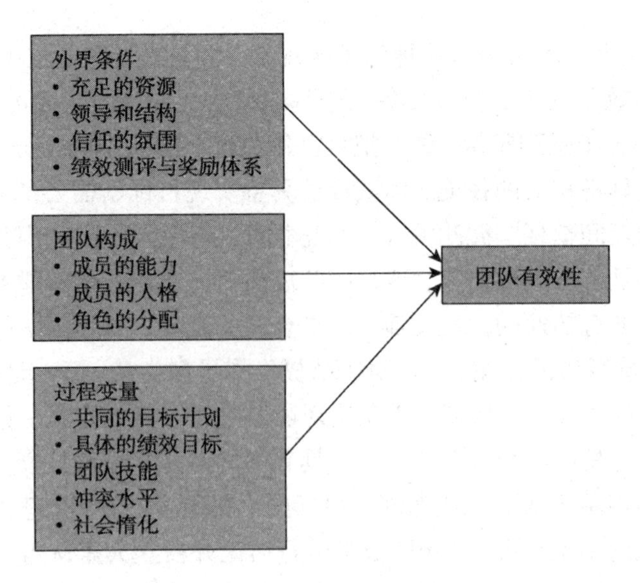

图 5-1 团队有效性模型

（2）领导和结构

团队中需要有效的领导。团队领导者要懂得通过有效地授权建立领导权共享机制，发挥“协调者”的作用，确保不同的部门之间、成员之间能够团结一致、勠力同心、互相补台。

（3）信任的氛围

团队成员之间的相互信任能够促进合作，相信别人不会让自己吃亏，更愿意承担风险，正视自己的弱点并加以改进。

（4）绩效测评与奖励体系

团队要建立健全评估与激励体系，对整体和成员个人的绩效做好测评、公平合理分配利润和收益，兑现团队承诺强化团队努力。

2. 团队构成

（1）成员的能力

团队成员的能力包含知识、技能和经验，与智商相关。成员能力普遍较强就会形成高能力的团队，适应性强、解决问题的能力也强。

（2）成员的人格

除了成员的个人的能力，成员的认知结构、成就取向和耐力也很重要。责任心强的成员善于主动积极支持其他成员。如果团队中有成员责任心不强，会导致责任心强的成员无法最大限度发挥自己，从而拉低整个团队的产出。这点在团队建设的人员组队中需要注意。

（3）角色的分配

团队领导者需要了解每名员工的特点，可以为团队带来的贡献，做到人岗匹配，把最有能力、最有经验且最有责任心的员工放到核心的、重要的岗位上。

3. 过程变量

（1）共同的目标计划

有效的团队有自己的使命，使命的实现靠目标，实现目标靠战略。团队成员需要清楚地认识到自己需要做什么？如何去做？团队就会有效。

（2）具体的绩效目标

把团队目标分解成具体的、可测量绩效的具体目标，团队成员可以专注地完成目标任务，切实提高团队效率。

（3）团队技能

团队技能也称团队效能、团队功效。管理者通过对团队成员进行训练，提高团队成员的技能，增强团队成功的信念。

（4）冲突水平

团队成员在工作上因为意见不一致带来的争论，对问题或者方案的批判性评估有很大的作用，能促进形成最正确的团队决策。

（5）社会惰化

当成员个人的具体贡献长时间无法被准确衡量时，这些成员就会出现“搭便车”行为，即混在群体中滥竽充数，不真正付出。团队要有效，必须让成员承担团队整体和个人的目标责任，为自己的行为承担责任，削弱团队惰化现象。

三、团队建设对领导角色的重要意义

诸多国内外学者在进行高效团队对企业发展的作用研究，他们认为团队建设有利于企业核心目标的实现。本尼斯（1965）认为：企业中领导者的责任不能只考虑员工个人意愿和专业技能，还应根据员工个性特征等对团队成员加以引导和组织，形成团队力量。埃德蒙森（Edmondson，2001）曾归纳过：任何一个企业的成功都离不开企业团队中所有员工的力量，没有群体支撑的企业绝对是一事无成的。并且越来越多的企业已经认识到团队建设对企业的发展深远影响，如何维护团队的创新、稳定、高效以及健康的成长对于任何企业来讲都具有十分重要的意义和作用。卡恩（Kahn，1990）曾经提出一个关于企业团队建设的观点，团队内部的有效沟通以及合理的工作分配有利于提高组织的生产力。在一个充满干劲和凝聚力的优秀团队里，团队成员将会获得更多的发展机会和晋升机会。同时，会从团队中获得更多的自信，增强员工的自我成就感，在工作过程中将会更加积极，为企业创造更大的价值。在企业中团队所提供的力量和经历的事件都是超过团队中每个成员的个人能力的，所以从某种程度上讲，企业进行高效团队建设的过程比个人培养更加重要。

21世纪以来，越来越多的学者开始注重团队建设的研究，尤其是某一类特定团队，如营销团队。麦肯斯特营销顾问公司（2005）研究表明，在当今社会，营销团队所能发挥的积极作用包括促进企业中新产品的终端推广和质量创新，促进产品的竞争优势，从而推动产品改善革新，提高整个团队的经营效率，降低产品的经营成本。

史亚楠（2010）表示，在现代企业的经营管理活动中，企业中一个完善的营销团队的作用是不容忽视的。营销团队承担着产品的宣传工作和销售目标的达成工作，同时也是企业利益实现的重要环节之一，并且关系到企业的生存与发展。另外，我们需要注意的是如何依靠人才激励机制来激发团队中营销人员的工作热情，激发出他们更大的潜能，增强营销团队的整体凝聚力和战斗力。如何研究在团队激励方面的方式和方法，就成为企业管理者所面临的重要经营问题之一。

第二节　女性领导在团队建设中的价值

团队建设是一个系统工程，从宏观上说，它涉及文化、价值观等精神层面的因素，更需要经济体制、社会大环境等制度层面的因素作保障。从微观上说，一个团队中，进行科学的性别搭配，聘用不同性别、年龄和性格特点的高层管理人员也是十分必要的。注重启用合适的女性管理人才，或者充分发挥女性管理方式的优势，将有利于团队的平衡、创新与成长，有利于企业的发展。

女性领导在长期的管理实践中，因为具有不同的思维模式、表达方式和工作风格，从而展现出特定的团队建设价值。

一、利他共赢的思维模式

管理者的思维方式是决定其管理能力强弱、管理效果优劣的重要因素。俗话说，有多大的心胸干多大的事，这里的“心胸”除了指人的理想抱负外，自然也包含思维模式、思维方式。管理团队要求其成员在思维活动方面都要各尽所长，尤其要具有创造性、开放性和立体性思维。思维活动中要考虑事物的多元素。思维作为客体事物在头脑中的反映，忽略了客体事物的多元素和多层次，就会在思维的屏幕上留下“空白”。科学研究证实，在思维活动中，不同性别的人是有不同的方式方法的：在有意见分歧的情况下，双方都想说服对方，这时男性领导者和女性领导者想要达到的目的或者说心中想要的结果是有偏差的。男性领导者会不断游说对方接受自己的意见，如果对方没有接受，他会有挫折感。但女性领导者面对分歧，通常考虑的是群体和潜在的关系，以及各成员的需要。她想要的是寻求一种大家能同心协力去实现目标的方式。大体上，女性更关注群体、关系，而男性更关注目标、策略。这表明，女性领导者的思维方式能够较好地适应管理团队的发展要求，在管理实践中也具有很强的适应性、灵活性。

二、短期与中长期兼顾的战略决策

在日益激烈的市场竞争环境中，企业竞争战略的选择和制定关系着企业参与市场较量的成败。而进行战略决策的过程与决策者，也与企业管理团队的关系十分密切。有经济学家表示，战略决策并不深奥，重要的是企业家的个性和理想。有理想的企业家才会在决策中保持清醒。尽管成功的管理决策并不是那么容易做出的，但管理者的战略决策在绝大多数情况下是基于常识和过去的经验做出的。因此，事实上我们熟悉大多数的决策逻辑。常识是显而易见的，不过，我们却常常在决策中忘记常识，被纷杂的表象和时髦的战略模式所干扰，模糊了自己的理想，看不到自己面临的各种约束。

这说明，一个管理者或者管理团队在进行战略决策时遵循的逻辑并不复杂，但与人的关系很大。有调查显示，女性管理者在制定战略决策时更倾向于短期和长期兼顾，既能够照顾到企业目前发展所必经的路径，也会考虑到企业长远发展所需要的条件。这一点虽然不是某一性别的专利，但大多数男性管理者对长期战略的设计兴趣往往大于按部就班地经营企业。因此，在管理团队进行决策时，听取其中女性管理者的意见是十分重要的。

三、环境扫描与信息获取

获取信息是企业制定有效战略的基础，管理者扫描和获取信息、分析信息的能力决定了他的视野、愿景和变革意愿。调查显示，与男性领导者相比，女性领导对于外部环境的影响更为敏感，尤其对客户、竞争对手的敏感度较高。这一点从社会性别的角度也可以得到证实。女性在长期的性别角色中，承担着照顾子女和家庭的义务，巨大的责任感使她的心灵也十分敏感，使她格外关注周围的环境，善于捕捉有利于自身和家庭的信息。这一特质运用于团队管理中，表现出来的就是女性的灵活性、敏感度较高。

四、风险规避的能力

在市场经济中，每个企业都是在风险中经营的，一般来说，风险越大，预期获利的额度也会越高，但是企业发生危机的可能性也越大。在企业管理中，正视风险、管理风险、有效地规避风险是管理团队的重要任务。按照两性自身的性别特征，女性较男性更倾向于追求稳定和安全的未来，对风险的偏好要小得多，风险规避指数要高得多。现实中的男性领导往往更有挑战性和推陈求新的勇气与魄力，而女性领导则相对安于现状，谋求安稳。这种特点也许会被一些人视为女性领导的弱点，但是按照辩证思维看，求稳是企业生存的基础，一味按照过强的风险偏好激进地决策，往往带来不堪设想的后果。因此，在企业决策中，班子成员进行认真地研究讨论，理性地分析风险、规避风险是必要的。

五、以柔克刚的工作作风

现代柔性管理的一个核心是以人为本，是围绕企业的共同价值和文化理念进行人性化的管理。在这种情况下，更重视员工才能的发挥，也重视与客户的关系和团队的建设。这些过程自然都不是管理制度那些条条框框所能实现的，往往需要四两拨千斤的力量，需要女性领导以柔克刚的工作作风。例如，美国雅芳化妆品公司的第一任女性 CEO，就是利用自己的温柔，应该说是以柔克刚，利用女性的柔情触角打动员工，并且带领雅芳走向全美企业 500 强。海尔集团张瑞敏和总裁杨绵绵的搭档，还有海信集团的管理团队，都是刚柔并济的典型。因此，女性领导把女性色彩及风采融入管理中，会使整个组织更加和谐，而且使企业取得竞争优势。

第三节　女性领导团队建设能力提升策略和方法

团队建设就是把不同背景、不同个性、不同专长和不同经验的人组织在一起，使他们成为一个富有成效的工作团队。在竞争激烈的经济大环境下，女性领导需不断提高自身能力来适应企业发展需求。女性领导要想打造高效团队，助力自身工作成效，必须在团队角色认知、团队学习、团队冲突和团队压力等维度，强化策略和方法，以提升其团队建设能力。

一、提高团队角色认知

剑桥大学亨利管理学院的梅雷迪思·贝尔宾（Meredith Belbin）博士经过多年的研究与实践，发现高绩效的团队不是随随便便抓人就能凑成的，继而揭开了团队角色配置的秘密，提出了著名的贝尔宾团队角色理论（Belbin's theory of team role），即一支结构合理的团队应该由九种角色组成，高效的团队工作有赖于默契协作。团队成员必须清楚各成员所扮演的角色，了解如何相互弥补不足，发挥优势。成功的团队协作可以提高生产力，鼓舞士气，激励创新。换句话说，就是没有完美的个人，但有完美的团队，只有把团队所有成员的行为优势合理整合到一起，才能提升团队绩效。

梅雷迪思·贝尔宾博士将团队角色定义为：个体在群体内的行为、贡献以及人际互动的倾向性。这九种团队角色分别为：智多星、外交家、协调者、鞭策者、监督者、凝聚者、执行者、完成者、专家，如表 5-1 所示。

表 5-1　贝尔宾团队角色分类及定义

类别	角色类型	可容许的弱点	在团队中的贡献
思考型	智多星 PL（plant）	忽略现实琐事，过分沉迷于自我思维而未能有效表达	充满创意，富有想象力，善于解决疑难
	监督者 ME（monitor evaluator）	可能欠缺鼓舞他人的动力和能力，可能过于批评	深思熟虑，识辨力强，周全考虑选项，判断准确
	专家 SP（specialist）	贡献集中于专业领域上，过分专注技术领域	专心致志，能够提供不易掌握的专业知识和技能
行动型	鞭策者 SH（shaper）	动辄触怒别人，不顾他人感受，可能会冒犯他人	善于推动，充满活力，能够承受压力，具备克服障碍的驱动力和勇气
	执行者 IWP（implementer）	不喜欢变化，可能欠缺弹性，面对新机会时反应迟缓	实际、可信、高效。能有组织性的工作，把想法转化为实践行动
	完成者 CF（completer finisher）	倾向过分焦虑，不愿别人介入自己的工作	勤勉苦干，渴求完美，善于发现错漏，能够准时把事情办妥
社交型	外交家 RI（resource investigator）	过分乐观，一旦初期的热忱减退，可能会失去兴趣	外向、热忱，善于沟通。能够探索新机会，开拓对外联系
	协调者 CO（co-ordinator）	或会被视为操纵欲强，玩弄手段，推卸个人职责	冷静、成熟自信、能澄清目标要事优先，善于鼓励他人，能有效授权
	凝聚者 TW（team worker）	紧迫情况下可能优柔寡断，逃避对抗	真诚合作，感觉敏锐，成熟老练，聆听和避免摩擦

认识团队角色理论对建设高绩效团队尤为重要，它能够帮助女性领导者甄别与开发团队角色，将人才选拔出来，知人善任。比如：在招聘中或者岗位选拔中找到合适人选；知道如何让团队成员充分互动、更好地发挥出团队的工作效能。女性领导者应该参照该理论不断发展与修正自我，提高自我认知与发展，知人善任。

对于一个高绩效的团队来说，首先要角色齐全。就像贝尔宾博士说的那样，用团队角色理论不能肯定某个群体一定会成功，但可以预测某个群体一定会失败。只有智多星、外交家、协调者、鞭策者、监督者、凝聚者、执行者、完成者、专家这九种角色综合平衡，才能实现团队的功能齐全、优质高效。

其次是要知人善察、人尽其才。女性领导者在组建团队时，应该充分利用其利他共赢的思维模式，深入了解团队成员性格、脾气、才能等，做到了如指掌，拥有了这样的基础，才能气场相合，为团队建设的高绩效打好合作基础，将不同的团队角色放到合适的岗位上去发挥长处，避开短处。

再次是要具备兼容性和多样性。每个人千差万别，每个人的脾气、性格、能力、习惯都不一样，团队必须具备包容性和适应性，因为一个人并不能做好所有的事。没有完美的人，但存在完美的团队。只有靠团队合作，优势互相补充、劣势互相抵消，才能发挥出团队的作用，达成任务目标。

最后是要增强成员能力弹性、补位及时有力。女性领导者要营造这样一种氛围：能够做到决策民主集中、工作相互理解相互支撑、自我监督改进，整个团队才能构建合理合适的气质，以便更好地达成团队共同的绩效目标。女性领导者也必须意识到团队总是处在不断地变动中，团队成员需要随着外界环境、团队形态、工作目标的变动而改变，成员之间的岗位调整要快速顺畅、成员流失要有合适的候补人员迅速填充。由于多数人在个性、禀赋上存在着双重，甚至多重性，这就给团队角色补缺和转换提供了有利条件。只有实现及时而有力的补位，才能在改革变化的浪潮中保持团队价值观不变、精神不倒、效益不减。

二、加强团队学习

团队学习是团队成员之间基于知识的互动而涌现出的群体行为特征，这些群体行为包括沟通、实验、反思和记录。沟通是团队成员之间以及成员与团队之间通过多层次的交流实现资源和信息共享。

约翰·杜威（John Dewey）首先提出学习是一个推究与反思的过程，并且将学习具体描述为设计、实施、反思和调整的循环过程。因此，无论是从信息、知识还是行为角度来阐述，团队学习均可以归纳为“学习过程”在团队层面的具体化的表现形式。采用类比的研究思想对团队学习进行界定可以帮助人们系统地解析团队学习的主要内容和运作流程，使其显性化，具备可操作性。然而团队学习并非个体学习的简单加和，它不是团队系统的生成特征而是涌现特征，因此不能以单纯的个体学习的视角来认识团队学习的过程。团队学习存在有别于个体学习的复杂性和特殊性，二者之间最大的区别在于团队学习是群体性的互动过程。团队学习从本质上讲是通过团队成员互动而涌现出来的群体层面的行为特征。虽然大多数的团队学习概念涉及这一含义，但是对于该过程的各个环节是经由团队成员之间怎样的互动形式来完成的并没有给予清晰的解释。而埃德蒙森（Edmondson，2002）的团队学习行为定义则将这一互动过程进行了具体地描述。知识是团队学习的重要载体，团队学习概念中“知识”一词是出现频率较高的词汇，可见很多学者认同其在团队学习概念界定中的重要作用。团队学习过程中存在两个层面的知识，即个体知识和团队知识。一方面，知识最初总是潜藏在个体之中，并且在不断的团队活动中被整合成为团队知识。另一方面，团队知识由于个体知识结构和认知风格等方面的差异在被个体吸收过程中产生异化，而异化后的个体知识为新的团队知识产生奠定了基础。从知识的视角来讲，团队学习可以理解为个体知识与团队知识相互转化的过程，知识是团队学习的重要载体也是团队学习的最终目标。

女性领导者在理解了团队学习的概念后，要注重团队学习行为，提升团队创造力。创造力反映了企业整体的创新能力，企业的创新得到保障，进而提升组织绩效。如何引导团队学习，提升团队的知识和技能，激发团队创造力，是女性领导者在创新方面需要思考和解决的问题。在中国企业管理文化情境下，企业的绩效除了受到外部行业环境的影响，在企业内部，也受到企业领导的影响。在企业发展壮大过程中，由于企业规模的扩张和管理宽度的变化，企业领导需要授权，伴随着领导授权，团队的分工逐渐专业化。团队的构建中，那些有良好的教育背景和具备专业技能的人才更容易得到青睐。女性领导者必须意识到企业的创新首先需要管理团队的创新，而管理团队的创新能力又受到团队学习行为的影响。女性领导者要在竞争中保持持续的活力和竞争力，需要从企业的顶层设计考虑团队学习。一方面，学习行为可以促进团队成员自身知识和技能的更新，减少沟通成本，以提升应对危机和挑战的能力；另一方面，管理团队的学习行为可以在企业形成示范效应，引导企业中层和普通员工的学习行为，形成更大范围的学习，从而为构建学习型组织奠定良好的基础，以学习促反思，从而提升企业整体创新能力，为企业创造更加良好的绩效。

三、关注团队冲突

麦克格拉斯（McGrath）将存在于任何群体内成员之间相互作用的一个关键特征称为群体过程，其中的一个互动过程就是冲突。冲突一般被认为是一个处于环境、个体前因与群体结果之间的干涉变量。冲突是人类活动不可分割的组成部分——千百年来它一直以各种形式存在。冲突是团队研究中的一个重要现象。美国管理协会进行的一项调查表明，管理者平均花费 20%的时间用于处理组织内各种各样的冲突。随着环境变化和竞争加剧，一个组织或企业所面对的不确定性和冲突也在增多。虽然大多数理论家承认冲突的重要性，但它还是没有很好地被理解。从某个角度看，冲突对于高质量的决策很重要，然而，冲突也会对一致性和情感接受造成障碍。近年来研究这方面的课题虽有所增加，但有待研究的内容还比较多。

1. 正确理解认识团队冲突

女性领导者要意识到团队冲突是客观存在的，也要帮助团队成员意识到这一点。团队的每个成员，当面对冲突时，不必紧张，更不能选择逃避，冲突的发生过程本身就是理清思路的过程，要对事不对人，放在团队的目标实现上。通常团队中任务冲突和关系冲突是同时存在的，而且任务冲突明显于关系冲突，也就是说，团队成员的冲突主要是对事而非对人，任务冲突的产生原因主要是团队成员对团队目标、工作任务的分工等观点和想法的不一致。任务冲突并非都会给整个项目团队带来负面影响，而团队成员为了整个任务目标的实现发生冲突的时候，就有利于新的观念的产生，提供新的思路和办法，有利于提高整个团队工作效率。同时，关系冲突也是存在的。关系冲突主要是与人际之间有关的冲突。人与人之间的关系处理比较复杂，大家发生关系冲突后，之间就会有间隙隔阂，甚至会给对方搞点破坏，这对项目的进程就会产生一定的负面影响。因此，无论是团队的领导者还是各团队成员，都应正确理解认识任务冲突和关系冲突对整个团队的影响，正确看待团队冲突和它的积极影响，对于冲突有益的方面，加以合理引导利用。如果团队成员有什么观点和意见，女性领导者鼓励大家畅所欲言，采用不同的沟通方式从中找出合理的好想法、好策略，促进任务目标的高效完成。同时，女性领导者应当全面考虑任务的分派问题，取成员之所长，避成员之所短，以有效沟通方式调节团队成员之间冲突问题，确保团队目标任务的正常开展。

2. 建立合理有效的沟通机制

沟通的本质是信息的传递与理解。有效合理的沟通，就能减少很多矛盾的产生，能够有效避免整个团队中因不顺畅的沟通而带来的冲突。女性领导者应该根据团队的特点，确定沟通形式，建立合理的沟通机制和流程，让沟通有理有据，养成良好的习惯。比如，定期（每周、每月）召开团队交流会，不定期召开项目执行情况报告会。同时，女性领导者要意识到沟通的重要性，不能按照个人的思维模式进行沟通，要采用团队成员可以接受的沟通方式，不定时采用轻松愉快的聊天方式，与团队成员进行谈心式沟通，及时了解团队成员的想法和意愿。而且无论是团队管理者还是团队的成员都要提高自身的沟通技能，有效地倾听别人的意见，保持沟通的简洁准确性，降低因为沟通不畅而带来的冲突，从而提高整个团队效能。

3. 确立有意义的目标，塑造和谐价值观

女性领导者要确立一个合理的、有意义的、团队成员共同追求的团队目标，可以设立短、中、长期目标，不同的阶段有不同的任务目标，不仅有整个团队的集体目标，而且对个人也要设立其自身追求的目标，同时也要确保每一位团队成员对这个团队目标的认可理解和支持。共同的任务目标能够给团队成员一个正确的指引方向，让大家为了共同的方向而凝聚力量，共同前进。其次女性领导者要塑造和谐的价值观，营造愉快的工作氛围。大家心情愉悦，工作效率就会提高，当冲突发生时，大家可以敞开心扉，畅所欲言，有利于任务冲突的表达，降低人际冲突的发生。

4. 建立合适的岗位责任制度

女性领导者必须建立和健全岗位责任制度，明确岗位任务目标，责任落实到人，包干到户，各尽其能，各司其职，保证事事有人负责，避免苦乐不均现象的发生，使其权责清晰；消除管理低效率、扯皮推诿的现象，使整个团队的成员心有动力，责任感强，提高整个团队的工作效能。

5. 制定合理的激励机制

激励机制是指通过多种激励方法或管理体系，将团队成员对工作及团队的承诺最大化的过程。通过制定合理的激励机制来降低由不平等的利益分配等问题而引起冲突的发生率，这也是女性领导者应该重视的问题之一。激励机制不仅仅是物质上的奖励，还有精神上的鼓励，有法定的社会福利，也有企业制定的员工福利。女性领导者应采用多样化的激励机制，从每个团队成员的切身需要出发，对其进行合理激励。例如，可以根据项目的进展情况以及项目所取得的成果，每个季度给项目成员提成奖励，给成员做职业生涯规划、成员晋升计划等，这样团队成员就会在精神上被给予了一定程度的鼓励，也可以开展团队成员聚餐、旅游活动等。这不仅可以缓解团队成员的工作压力，更重要的是可使团队成员彼此之间充分认识了解，建立和谐融洽的团队氛围，有效缓解工作过程中的关系冲突。

四、弱化团队压力

团队压力包括角色压力、时间压力、制度压力等。女性领导者兼顾短期和中长期的决策思维、保持以柔克刚的工作作风等，可以通过各种措施帮助成员弱化多样性的团队压力。

顾盼把角色压力定义为：由于企业对员工的角色期望、角色规范、角色负荷等方面存在不一致性或不确定性，使得员工感知到的烦躁、焦虑、不舒适感等内心体验。朱海艳将角色压力定义为：员工在承担工作角色时，可能角色期望的其他要求与员工自身价值观相矛盾，或是在角色理解、角色执行与角色期望之间存在偏差，以及角色环境不确定性等因素给员工造成的矛盾、不适的主观感受等。可见，由于管理者的角色期望本身、员工的角色理解和认知、沟通和反馈的不畅、员工的工作胜任能力和抗压能力都是产生和影响员工所感知的角色压力的重要因素。员工在企业中总会扮演这样或者那样的角色，角色压力也就不可避免地产生。同时，陈维政等人还指出，管理者的角色期望可能是经常变化的，所以要以动态的视角来看待角色压力的产生过程，管理者也可以通过引导员工对角色期望信息的接收、理解和行为反馈，降低员工的角色压力水平。角色压力与工作压力是两个密切相关却又有所区别的概念，两者是员工在组织中最重要的压力源，前者侧重于员工的主观方面，后者侧重于工作的客观方面。

在性别因素上，男性员工的角色压力水平高于女性员工，所以女性领导者要给予男性员工更多的关注和关怀，帮助他们缓解角色冲突，引导他们对自己的角色进行准确定位，在工作任务允许的情况下适当降低他们的角色超载程度。在年龄因素上，女性领导者要引导年轻员工树立正确的价值观和工作观，通过企业文化建设等途径加强他们对组织和团队的认同感和归属感，同时考虑到老员工的身体素质等因素，要适度缓解年龄较大员工的角色负荷程度。在加入团队时间上，女性领导者要着重缓解加入团队时间较长员工的角色压力水平，因为随着时间的增加，员工的新鲜感会降低、工作倦怠程度会上升；避免对受教育程度的过分重视，团队应当树立重能力、轻学历的人才观念。在职务因素上，女性领导者的角色压力水平往往较高，团队成员应当理解、支持和协助领导者的工作，上下一心促进团队的协调发展。

在团队类型因素上，项目团队和管理团队的角色冲突水平偏高，女性领导者要着重协调好这两种类型团队成员间的沟通，女性领导者也要清楚自身的角色定位，真正起到领导者的组织、协调作用；着重关注项目团队和营销团队的角色超载水平，制定的目标要既能让成员实现，又有适度的挑战性。

总体来说，构建高效的团队，要把握各成员团队角色的差异特点，既包括年龄、性别、学历、职称等显性结构，又包括角色所需的性格、气质等隐性需求，实现成员角色的协调互补，同时要注意在不同特征的团队中要有所侧重。

在实际的团队工作中：一方面，女性领导者要帮助团队成员调节好自己的角色压力水平，清楚角色期望、明确角色定位、降低角色模糊度，不断增强自己的角色抗压能力和角色执行能力，增强对团队的归属感，提升自己在工作中的活力、奉献和专注水平；另一方面，女性领导者要尽量通过各种措施平衡成员的角色压力水平、提高成员的工作投入程度，进而实现团队效能的提升。团队效能的实现需要各种角色的支持和协调，女性领导者在组建、调整团队构成时，应注重团队成员间结构的差异、技能的互补和角色的完整性。无论缺少何种类型的成员，都可能造成其他成员的角色模糊或者角色超载现象；在确定不同成员的角色时，要尽量使工作分配与他们的能力、个性、偏好相一致。同时，女性领导者要通过角色轮换等途径来增强成员的角色弹性水平，增强成员适应不同角色工作的能力，从而使他们面临角色压力时能够进行自我调节，通过角色递补等途径来保证团队的高效运转。

完善工作分析，明确成员职责。团队有效性的关键是每个成员都能有效地扮演自己的角色、履行自己的职责，并协调好与其他成员的关系。而女性领导者对各成员的角色要求一般通过工作分析和工作规范表现出来，在设计工作时，要提高工作任务的完整性和重要性，以及员工的工作自主性，让员工可以参与到工作的决策过程中去。只有做好成员的工作分析，明确角色界限、防止角色重叠、保证角色整体的完整性，才能使他们明确自己的角色职责和角色定位，才能真正进入角色，高效地履行角色职责、完成角色目标。同时，女性领导者要加强对成员角色行为履行的监督和引导，防止他们出现不作为或者乱作为的现象，一旦有员工角色压力过大，女性领导者要给予及时的引导和帮助，也可根据团队实际状况制定必要、合理的奖惩制度。

加强团队文化建设，提升成员团队认同度。一方面，团结、开放、信任、公平、创新的团队文化氛围，有利于统一成员意志、规范成员行为、凝聚成员力量，为团队整体效能的提高服务。女性领导者可以通过宣传、教育、培训等方式，塑造支持团队建设的团队文化，在相关制度上对成员的工作进行支持，鼓励员工学习，同时增强员工间相互合作和支持的意愿。女性领导者通过良好的团队文化来促成团队成员的团结协作、彼此支持和相互学习，进而促成成员间共同的工作理念，降低他们的角色冲突、角色模糊和角色超载程度。另一方面，民主、公平的团队文化有助于提升成员的工作动机，提高他们的工作热情、活力和奉献精神。建立高效的沟通和反馈机制。团队成员的角色定位实际上是一个相互了解与磨合的过程，女性领导者与团队成员双向沟通，既能减少成员间的人际冲突和工作冲突，有助于成员之间对彼此的工作角色进行沟通，能让女性领导者可以根据团队角色和不同成员的技能和兴趣分配相应的工作角色，又有助于成员了解管理人员对他们的角色期望和考核标准，使其正确地认识和履行角色行为。同时，在角色沟通上要避免多头领导和重复指挥，同时建立起有效的反馈机制，保证角色期望传递和角色要求领悟的准确性和高效性，提升成员角色行为的履行效率和完成质量。沟通和反馈机制的畅通又促进了员工工作积极性，对于成员工作投入水平的提升也有重要意义。

加强对成员的培训，提升他们履行角色行为的能力。培训作为员工职业发展的重要途径，是提高团队成员工作投入水平的重要方法。通过角色培训、角色交换、角色实践等方法，增强团队成员对各自扮演角色的认知，使团队成员的态度和行为符合角色要求，提高履行角色行为的技能，而且还有利于成员准确把握管理者对他们的角色期望并增强对自身角色的抗压能力，从而减少角色模糊、角色超载等问题。另外，团队成员除了要提高角色胜任能力外，还应自觉学习新的角色技能，从而提高不同成员角色递补的弹性和角色互动的能力，管理者要为成员提升角色弹性提供良好的认知平台、学习氛围和培训机会。适度授权，提高成员工作自主性。管理者要信任员工，赋予员工更多的工作权限，并给予他们相应的条件和资源，让他们对自己的工作有更高的自由度，对管理过程和团队决策有充足的参与度，有助于提升员工的主人翁意识、责任意识和奉献意识，使他们在工作中活力充沛、积极主动、敢于担当，这对于提高员工的工作投入度有非常重要的意义。

另外，女性领导者还可以通过加强对团队成员的精神激励、职业生涯管理，改善工作环境、开展丰富多彩的团队活动等途径，提升成员的角色抗压能力和工作投入水平，为构建一流团队、提升团队和组织整体效能做出贡献。

【本章小结】

本章主要阐述女性领导力提升中的团队建设能力提升问题。团队建设的好坏，象征着一个企业后继发展是否有实力，也是这个企业凝聚力和战斗力的充分体现。女性领导者做好团队建设，有利于其后续的各项领导工作的开展。团队建设首先应该从领导做起，团队建设能力的高低体现了领导者领导能力的高低。女性领导者应该从提高团队角色认知、加强团队学习、关注团队冲突和弱化团队压力等维度提升团队建设能力。

自学自测

扫描此码

1. 女性领导面对分歧，更关注什么？
2. 女性领导在强化团队学习中，如何扬长避短？

从零起步建设一支高绩效团队
——中国人民保险集团 杨鹂

一、案例背景

中国人民保险集团成立于1949年，逐步发展成为包含亚洲第一的上市非寿险公司人保财险、人保资产、人保寿险、人保投控、人保资本、中盛经纪等综合性的保险金融集团。2012年年底，中国人民保险集团在香港上市。2013年8月，集团党委研究决定成立运营管理部，杨鹂从二级子公司被调来组建这个新部门。

二、挑战与困难

作为公众公司，集团公司从过去的财务管理型向战略管控型积极转变，迫切需要加大集团总部的业务综合管理职能，提高集团整体管控能力和运营效能，但是集团对此认识不清、准备不足，需要杨鹂重新开始。

作为集团公司近五年来唯一新成立的部门，运营管理部存在着职责不清、方向不明的问题，而且没有抓手。

作为下属子公司调动到集团公司的新人，杨鹂是在对集团公司人生地不熟的情况下开始工作的，迫切需要快速建立人际网络、赢得认同，这也是很有挑战性的。

三、探索对策

（1）文化引领，制度先行

文化和制度看似虚功，实际上是空气，是土壤。杨鹂提炼形成了部门的发展愿景：战略落地者、运营分析师、创新排头兵。这三个定位成为部门谋划工作的重点和追求目标的方向。运营管理部成立伊始，杨鹂就加强团队学习建设，提出了“专业、务实、高效、创新”的工作原则，并在工作中长期坚持和倡导，渐渐成为部门每一位同志检验自己工作的标准。

杨鹂还注意建立部门工作制度。每周处长例会、每月部门例会、每月部门学习沙龙人人分享、每半年绩效总结、每年部门头脑风暴会等，沟通信息、讨论问题、凝聚共识。此外，部门制定了部门工作规范、部门工作流程、党支部建设方案等。

（2）问题导向，找突破口

集团公司设立运营管理部，集团领导为了什么？作为集团公司的新部门，运营管理部需要落实什么？杨鹂积极调研集团各个部门、各二级子公司、分公司，询问需要运营管理部帮他们解决什么……在调研过程中，以解决各方诉求为导向，以纯真的问题为导向，从小事入手，看准一件做一件，看准一件做成一件。

（3）抓住时机，持之以恒

工作有了突破，只是第一步，只是让别人意识到还有这个部门存在。但是，这与组织的目标和愿景还有很大差距，必须不断发挥部门影响力。杨鹂体会到，在破局之后，抓住时机、循序渐进、持之以恒非常重要。集团领导要求了很多年的解决下属人身险资公司经营转型的问题，始终没有效果。杨鹂发现，主要是集团领导要求的转型和下面理解的转型没有形成共识，转型停留在口号上，没有量化的衡量指标和转型的路径。杨鹂带领运营管理部，利用专业知识，广泛吸取行业经验，深入分析研究，自主研发了一套价值创造全景图模型工具，把集团关心的人身险转型的价值指标层层分解到财务指标、业务指标、运营指标，分解为每年寿险公司的重点工作和需要提升的关键能力，通过过程监控跟踪评价，促进转型目标的达成。在此过程中，杨鹂特别注意方式方法，阶段性的成果多次和相关部门、寿险公司尤其是一把手沟通，获得理解和信任，使他们感觉到杨鹂带领的运营管理部是在帮助他们转型，帮助他们在集团层面赢得更好的环境而不是指手画脚。

（4）积极进取，开拓创新

杨鹂积极倡导创新，不仅仅是有勇于否定自我的精神，更要有勇于实践的能力、迎难而上的勇气。杨鹂经常讲，每个处室要有创新的意识提前谋划自己处室的工作，不能满足于做好常规工作，这是最低标准；要想获得认可，一定要创造性地开展工作，形成新的工作亮点。

四、主要成效

两年多来，运营管理部从无到有，做了许多扎实、有效、创新的工作，在集团系统树立了良好的形象，取得了优异的业绩。值得欣慰的不仅是一项项工作成果的取得，而是部门团队那种只争朝夕、积极进取、轻松融洽的团队氛围。

2015 年在集团 360 度考核中，部门和杨鹂个人打分都获得了第一名。集团在 2013 年财富 500 强中排名第 256 位，2015 年财富 500 强中排名第 13 位，跃升了 123 位。

杨鹂反思自己的管理实践，体会到领导力的核心是两个字——领导。领就是求方向，包括管好方向、抓好重点；导就是聚力量，包括搞好团队建设，带好队伍、用好干部。

资料来源：国家行政学院政治学教研部.女性领导力案例集[M]. 北京：国家行政学院出版社，2017.

讨论问题：

1. 杨鹏对于中国人民保险集团运营管理部意味着什么？
2. 杨鹏认为创新在团队建设中起到了什么作用？

第六章

女性领导决策能力提升

【学习目标】

1. 描述领导决策能力的构成要素，描述制约女性领导决策能力提升的影响因素。
2. 释义、辨析领导决策的含义及原则。
3. 分析、比较女性领导决策能力的优劣势，并识别其原因。
4. 自我运用提升女性领导决策能力的策略与方法，能够为女性领导构建决策能力提升策略方案。

董明珠的“三把火”——一系列的销售管理决策

经历了 1994 年年底的业务人员“集体辞职”事件的打击后，董明珠认为应该限制营销业务员的权力。董明珠在销售队伍建设上选择了“精简化”原则。这个理念就是要靠制度来发展经销网，而不是一两个能干的营销员。格力仅保留了 23 名业务员，每人负责一个省份，只负责协调，不负责发展经销商网络。此举剥夺了过去的业务员可以用发货作为交换条件来从经销商处为自己谋利益的权力，防止出现市场失控和营销政策的不稳定性。

为了管理散漫的各地销售队伍，董明珠规定：凡是格力的营销业务员都不许拿回扣，拿 1 分钱，即开除。设计了调查表，要求业务员认真填写什么时间、到了什么地方、见了什么人、做了什么事情、谁能证明。然后她随机抽查。由于人少精干、管理严谨、训练有素，所以能够以少胜多，占领高份额的市场。

公司的一些人把她的“三把火”称为抓内勤、查账、整人。董明珠雷厉风行，工作上严格要求，不讲情面，谁做错了一定会指出来，凡是考核不合格的部门负责人，就地免职。她不但严格要求自己，还要管别人。在经营部里，迟到早退、喝茶看报、吃零食聊天等现象一概被禁止，甚至规定女员工最好都剪短发，留长发的要盘起来，不许戴首饰。有人说这是把她自己的审美观强加给别人，但董明珠我行我素，经常把人训得直掉眼泪，最后终于令行禁止。

内部理顺之后董明珠便大刀阔斧地开始改革，制定了三大原则：第一，先付款后发货；第二，格力职工，包括业务员，自己决不做空调；第三，不设分公司。

首要的是清理欠账，全面推行先款后货的销售政策。虽然拖欠货款是行业内普遍存在的现象，但董明珠偏偏不信邪。她向经销商宣布：凡拖欠货款的经销商一律停止发货，补足款后先交钱再提货。事实证明，董明珠的“先款后货”不但没有得罪经销商，而且屡创销售奇迹。各地的经销商们都普遍相信，对格力不划款拿不到货，只要划款过去从不拖欠货。董明珠办事一视同仁，大家都服气。众多经销商几经挣扎、矛盾，最终不得不向董明珠妥协，其实是向自己的利益妥协。

另一项被她打破的成规是年底退货，董明珠提出废除年底退货制度。有人认为，经历连年的价格大战，2012 年是空调市场的“生死年”，格力要做的应该是尽一切可能协助经销商，而不是对经销商施加压力自断后路。但在董明珠看来，市场竞争必须公平平等，退货制度不仅对厂家极不公平，也无助于调动经销商的积极性。这项政策得到良好的效应。以 1998 年为例，格力销售额 5 亿元，发放无退货奖金 1000 万元，是 1994 年退货额的 1/10，经销商的优质服务为格力赢得了良好的口碑，提升了品牌信誉。

资料来源：根据网络资料整理。

第一节　女性领导决策能力概述

党的十八届六中全会指出，要着力提高战略思维、创新思维、辩证思维、法治思维、底线思维能力，切实提高领导能力专业化水平。领导决策是女性领导者修炼的重点能力建设，是提高执行能力、提升理性思辨能力的核心。

一、领导决策能力概述

（一）领导决策的概念

决策是领导的基本职能。决策是一门科学，也是一门艺术，是领导科学的一部分。领导者的作用和地位在很大程度上是通过决策体现出来的。诺贝尔奖获得者、西方管理决策理论学派创始人、美国学者霍特·西蒙在《行政行为》一书中明确地指出：管理过程是决策的过程。领导决策是领导的首要职能和核心职能，可以说领导的过程就是决策的过程，领导者要对自己所属组织、单位、部门、群体内的各种问题进行处理，做出决定，这就是领导科学需要研究的领导决策的问题。大到一个国家方针的制定、小到一个企业日常工作的组织，如制订计划、组织管理、选才用人等，都离不开领导的决策。可以说领导的决策贯穿于领导工作的始终，在各个阶段、各个环节中起作用，是领导过程的核心。

决策的概念有广义和狭义之分。广义的决策，是指决策者为实现组织目标，判定、选择、实施方案的整个过程。狭义的决策，专指决策者对行动方案的最终选择，即通常所说的“拍板”。就整个决策过程来说，决策方案的最终选择，只是整个决策过程中的一个具体环节，虽然它是决策过程中的关键环节，但是如果没有最终选择前的一系列活动，就无法做出正确的科学决策。由此，领导者不仅要懂得如何选择方案，还必须把握决策活动的整个过程。

领导决策是指领导者在领导活动中，在被领导者的参与下，采用科学的决策方法和技术，对组织群体未来行动的目标、途径、对策以及其他重大的现实问题，从多种备选方案中所做的择优选择和决定，以此实现领导目标的活动过程。林晓云认为，领导决策是指领导者为了达到某个特定目标，借助一定的科学手段和方法，从两个以上的可行方案中，选择（或综合）最优方案并付诸实施的过程。高兴国认为，从本质上讲，领导决策既是一种领导行为，又是一种组织行为。领导决策是领导者履行职能的行为，领导决策是产生或引发集体行为的特殊领导行为。之所以是一种特殊领导行为，是因为决策是同领导职能、职责密切相关，要产生并承担严肃责任的领导行为；决策是要产生现实结果甚至可能造成重大后果的领导行为；决策是目标明确、具有绝对目的性的关键组织行为；决策是一种凝聚了领导意志、权力权威的综合性信息行为；决策是以抉择为关键环节的领导行为。决策实质上是为完成组织使命和目标，通过科学预测、正确分析，果断、大胆、明智地采取有效举措的过程，是为了达到一定的目标，用科学的方法拟定并评估各种方案，从中选出合理方案的过程。

（二）数字化领导决策

世界正变得越来越数字化，以人工智能、物联网、云计算、大数据、机器人和区块链为代表的新兴技术正在形成全新的经济形态——数字经济。在数字经济的大背景下，数字技术和创新正成为社会经济增长的重要驱动力，数字化成为企业生存和成长的必须。从某种意义上讲，未来的企业都将成为数字型企业，领导者必须站在战略全局的高度，明确变革方向，找到切入的价值点，然后利用全新的数字生产力，从效率、客户、生态三个方面引领企业数字化转型，所以合格的企业管理者都将成为数字化领导者。

在数字化时代，变革的步伐迅速加快，必须经常面对未知和不确定性，学习能力至关重要。因此，能够更快地学习、加快绩效改进，并在此过程中勇于创新，领导者需要具备使学习与创新在数字化环境中获得蓬勃发展的决策力。领导者要通过全局的思考，解决局部的问题；要通过长远的思考，解决眼前的问题；要通过深层次的数字化结构变革，解决根本的问题。

数字化要求组织领导者制定的决策与现实需求实现精准化衔接，这是最为关键的挑战。同时，还要具备对决策的实施进行实时跟踪的条件，并保持对决策执行中出现的风险加以精准预测与控制的能力。数字化领导者需要对数据有敏锐的分析能力，能够洞察数据背后的规律，用数据驱动组织变化、把握战机。数字化领导者不能仅满足于借助数字化手段改善运营和管理，也不能仅满足于把物理世界简单虚拟化、线上化，而要思考如何打破固有逻辑与惯性，通过变化和创造，实现对组织、运营以及业务发展的重构，塑造自驱、去冗、创新、超越、共赢的文化。非数字原生企业的转型从信息化、电子化走向数字化、智能化，转型的本质是管理变革，转型的关键是数字化领导力。

（三）领导决策的原则

领导决策原则是指领导者在进行决策的工作过程中必须遵循的指导原理和行动准则。除了经典的决策满意原则外，金和（2003）给出了领导决策的五个基本原则。

（1）信息准全原则

信息是决策的基础，领导决策的科学性是同领导者掌握的有关情报和资料的数量和质量成正比的。领导决策时，需要掌握大量的资料，并进行系统归纳和加工，从纷繁复杂的信息中找出对决策有影响的信息，由此做出领导决策。

（2）可行性原则

可行性原则是衡量领导决策正确性的标志，是决策能够实施的程度及效果。决策的可行性应当充分论证，从实际出发，进行主客观的分析。

（3）对比选优原则

将决策方案中两个以上的预选方案进行比较和决断的过程，这是决策的关键步骤，科学决策往往建立在多个方案的选优过程之上。

（4）求实创新原则

决策常常是创造性的活动，领导一方面要坚持实事求是，另一方面要具备创新精神。

（5）集体谋划原则

该原则体现了团队的精神，当今领导的决策，很多情况下需要群策群力，由团队共同给出解决方案，决策的结果往往是集思广益的结果。

张志红和李旭（2008）提出领导决策的六项基本原则：①客观性原则，领导不能随意决策，要建立在客观实际的正确分析之上，遵循客观规律；②信息性原则，决策要在对主客观概率值进行分析基础之上，因此需要获得尽可能多的情报信息；③系统性原则，决策必须将决策对象看作一个系统，分析系统与系统环境之间、整体和要素之间、内部各要素之间的相互关系；④灵活性原则，决策时不能僵化绝对地看问题，要从变化的形式中找出有利的角度，要灵活防止死板；⑤时效性原则，决策要受到时间的制约，要及时、追求效率；⑥可行性原则，领导决策要从实际出发，科学论证评估，找出可行性分析。

赵麟斌（2011）提出以下原则：①务实性原则，即不能脱离所在环境和基础条件来追求超越现实的目标；②时效性原则，即要有紧迫的时间要求，最佳决策都是针对某一时机而言的，错过时机就可能变成不佳决策；③分层决策原则，某一系统内部的不同层次、不同部门的领导者，对全系统的领导决策都要分别承担各自相应的责任；④可行性原则，从实际出发，分析现有人力、物力和财力等客观条件，慎重论证和评估其可行性；⑤信息性原则，掌握大量准确信息并进行加工，最终进行准确可靠和全面的决策。表 6-1 列出了另外一些原则。

表 6-1 领导决策的基本原则

原则	内 容
方向性	坚持领导决策的社会主义方向，即在社会主义市场经济发展过程中必终贯彻社会主义原则，向着社会主义目标前进。领导决策必须充分体现人民群众的意志和利益。领导决策目标应当符合决策对象的实际，符合决策对象的矛盾规律，符合中国特色社会主义发展的规律，决策目标的制定要切中要害、恰如其分，既不能定得太远太高，又不宜定得过近过低
客观性	一切从实际出发，避免主观性和片面性；要具体情况具体分析：要注意认识和学习事物发展变化的规律，要坚持务实性的原则
系统性	把决策对象看作一个系统，从实现这个系统的整个目标出发，以获得整体最优为目的

续表

原则	内　容
信息性	信息的准确则是科学决策的重要原则，只有掌握了大量的准确的信息，对其进行系统的去粗取精、去伪存真、由此及彼、由表及里的加工制作，才能为科学决策提供准确可靠、全面系统的信息，使其有坚实的基础
预测性	领导决策是领导规划未来、涉及未来、影响未来的重要活动，决策正确与否，往往取决于对未来后果所做预测的正确程度
民主性	决策者要充分发扬民主作风，调动决策参与者和决策执行者的积极性和创造性，共同参加决策活动，并善于集中和依靠集体的智慧与力量进行决策
可行性	要以辩证唯物主义为指导思想，运用自然科学和社会科学的研究手段，寻找达到决策目标的一切方案，并充分分析论证这些方案的利弊，以便最后抉择，付诸实践，取得令人满意的效果
科学性	是系统性、信息性、预测性、可行性、民主性等一系列决策原则的综合体现
行动性	①领导决策是一个行动过程，在这个过程中，领导决策者要把握时机，抓住关键，果断决定，及时组织实施；②领导决策要有应变方案行动性和应变行动，要善于根据变化了的情况采取应变行动；③领导决策要有反馈行动，反馈的任务是准确而迅速地将决策行动过程中出现的新问题输送给决策系统：④决策行动要确保有效性，有效性是决策活动本质特点的反映，也是决策活动的基本任务和归宿

（四）领导决策能力的构成要素

20 世纪后期，我国著名管理心理学学者赵中天提出，决策能力是领导能力中最重要的能力之一，不能决策就不能领导，它是一种综合能力的表现。

1. 分析问题的能力

要求领导能够抓住事物的主要矛盾，权衡利弊得失，分析问题所处的状况并给出解决问题的意见。

2. 逻辑判断能力

能够正确地判断事物的因果关系，预测事物发展的趋势。

3. 创新能力

领导要在旧事物和旧观点之上，保持对新事物的敏感度，在领导过程和领导的各个环节都思路开阔，提出新设想、新方案，以创新的思维把握决策过程。

4. 直觉能力

直觉能力是面对决策主题时当机立断、根据直觉处理问题的能力，在领导决策过程中，有时直觉更加准确，因此领导要培养直觉能力。

5. 决断魄力

在若干个备选方案中，能够毫不迟疑地做出选择和决定，勇于担责的能力。

6. 组织群体进行决策的能力

决策往往是群策群力的结果，领导在决策时，需要善于听取各方面的意见，集中各方观点形成最终的决断。

二、女性领导决策能力概述

（一）女性领导提高决策能力的现实意义

随着时代的发展，许多女性活跃在政治、经济、文化等各个领域的领导层，最直接、最有效地行使着管理和决策的权力。她们作为女性群体中的佼佼者和杰出代表，以自己的能力和业绩向世人展示了女性的社会价值和领导才华，并不断地受到社会的赞许和肯定。实践证明，女性在领导岗位工作，有利于反映广大女性的需求和利益，代表和维护女性的合法权益，使决策更加民主和科学，也有利于领导班子成员在思维方式、工作方式上互补。女性领导大多在工作上很努力、很上进、很要强，努力争做“女强人”。但有些女性，即使走上了领导岗位仍表现为优柔寡断、缺乏主见、唯唯诺诺、被动领导，仍然把自身定位于决策配角上，在一定程度上影响了决策的制定和实施。因此，女性领导者必须解放思想，多动脑筋，主动应对，自立自强，不断提高自己的决策能力。

（二）阻碍女性领导决策能力提高的主要因素

随着时代的发展，女性参与社会决策的范围越来越广泛，在决策中发挥的作用也越来越大。她们与男性并驾齐驱，驰骋在曾对女性关闭的领导领域，逐步拥有了平等竞争和参与社会决策的机会。但由于受传统文化因素的影响，女性领导在决策中仍存在某些不足，主要表现在以下几个方面。

1. 决策时思虑过多

领导干部特别是主要决策者，既不能有识无胆，也不能有胆无识。人们改造环境、做出决定，必须有足够的胆识。只有这样，所领导的单位、企业或者团体、组织，才能稳步发展，才能有更大突破。然而，有些女性走上领导岗位后，受社会观念、家庭和传统文化思想的影响，总希望把每一项工作都干得完美无缺，甚至在决策问题上优柔寡断，生怕给工作带来损失，由此加重了自身的心理负担和思想压力，使女性领导在面临重大决策时显得较为犹豫、胆怯和保守。

2. 决策时气魄不足

气魄即做事的魄力，指处置事情时所具有的胆识和果断的作风。这是决策者不可缺少的重要素养，是在决策上起拍板作用的主要因素。能不能作决策、敢不敢作决策，是检验领导者是否称职的重要标准之一。由于社会的复杂性和人们行为方式的差异性，一个部门的大小事情，无论如何决断，都会产生异议。这就要求领导者能够以卓绝的胆识、大无畏的气概痛下决心，做出正确决断。一名成功而优秀的高层领导必须是一个果断的决策者，女性也不例外。但是，由于历史、现实和自身诸多因素的影响，一些女领导干部决策气魄不足。她们与男性相比，总是求稳怕乱，缺乏开拓创新的意识；遇到决策情况复杂、风险性大或众人意见不一的时候，往往顾虑重重，犹豫彷徨，拿不定主意，下不了决心，缺乏应有的决断气魄。

3. 决策水平偏低

决策水平是指领导者或经营管理者对某件事定方向、作决断、拿主意的水平。决策水平的高低，不仅事关经济发展的大局，而且关系到整个班子的团结和社会政治的稳定。一个成功领导者的价值不仅在于“做正确的事情”，同时还在于“把事情做正确”，这是对领导者决策水平的极大考验。然而，目前一些女性领导情感至上、自制力差，性格柔弱、瞻前顾后，同情心强、自卑胆怯，思维混乱、心理脆弱，同时，受家庭所累，常常患得患失，尤其在决策过程中，普遍缺乏综合决策的能力。有些人甚至只靠感觉作决策，在处理棘手问题时一味顺着男性同事或下属的思路去考虑问题，或者听从外部人士的意见，这极大地影响了女性领导自身决策能力的发挥和提高。

第二节　女性领导决策能力优劣势

决策的胆识和魄力，是一个领导者称职的重要条件。在新阶段、新理念、新格局的现代化新征程中，广大女性领导与男性领导站在了同一起跑线上。领导决策受个人的认知过程影响，尤其是受人的知觉和思维特点影响。女性的知觉特点、思维特点决定了女性决策的优劣势所在。

一、女性领导决策能力之优势

在西方很多社会群体中，女性成为核心人物，领导并维系着其中的社会关系，从而促进这些群体的良好发展，这都彰显出女性领导在社群建设方面的号召力。这些能力和优势都为女性领导的决策成功带来很大的价值和帮助，时代变化赋予女性领导更多的决策优势。

（一）女性领导决策能力的优势

1. 无权威领导让女性领导赢得更大的决策支持

“无权威领导”即“同化式权力”，是与“命令式权力”相对的一种领导方式。约瑟夫·奈曾指出“同化式权力”和“命令式权力”的不同之处，他认为同化式权力是通过“塑造他人的偏好来影响其行为，而非通过命令强制改变他人的行为”。女性领导决策更擅长进行无权威领导，通过塑造他人的偏好，实现共建愿景的效果。因此，女性领导能够在决策前期正确掌握决策相关者的真实愿望和内心期待，从而赢得更多的决策追随者为决策的顺利推进清除障碍。

2. 亲民的行为和柔和的女性形象为决策增势

老子有言“天下莫柔弱于水”，但水亦能以柔克刚实现穿石的效果，古人把女性喻为水，足见其高深的智慧。从大的背景来看，今天女性依然被纳入弱势群体的范畴，然而正是借助这“弱”的形象，女性领导在决策过程更容易拉近与决策相关者的心理距离，从而为决策增势不少，做到反弱为强。亲民行为让女性能够准确地感知人性，赢得人心，从而获得他人的支持和拥护。

3. 有效沟通带来女性领导决策过程更强的感召力

沟通，从最简单层面的解释是说话者与听话者之间信息的发送、传递及反馈的过程。

然而，有效的沟通绝不是简单的传递和反馈，而是要做到正确地换位。甚至有人将领导看成是“一种特殊的沟通形式”，有效的沟通因人而异，不同群体要采取不同的沟通方式，因此女性领导要对决策对象、决策制定者、决策执行者及决策利益相关者的沟通加以区分。

有效的沟通使女性领导能够准确体验他人的真实诉求，从而明确决策相关者的利益需求，掌握决策推进的关键和抓手，从而有助于降低决策阻力，实现决策成功概率的提高。

4. 女性领导决策过程收集倾听各方信息更具民主性

将“决策”一词拆字解读，发现“决”和“策”功能各不相同。“决”是最后的决定，做出选择的意思；“策”则是带有出谋划策的意思，可以理解为对决策过程可供选择方案的探讨和建议，这一过程可以允许领导充当“甩手掌柜”，可以全权授权给组织成员。女性领导在“策”时充分遵循民主原则，让组织成员参与其中，认真倾听决策对象的意见或建议，发挥信息收集系统、信息分析系统、信息决策系统、政策研究室或调研室等专家咨询机构的价值，以最大限度地获得认可和支持，营造利于决策的组织环境。

从决策各个环节的执行情况来看，女性领导还拥有魅力优势及角色换位能力优势，这些优势无不为女性领导决策带来价值。女性领导决策过程要充分发挥自身的魅力等性别优势，从而更好地促进决策成功。

罗宾斯在综合了大量关于领导风格性别差异的研究后认为，女性相对于男性更倾向于采用民主型和参与型的决策领导风格，而男性则更多地采用专制型和指导型的领导风格。同时女性领导相对男性领导而言，更多采取鼓励、参与、共享信息和授权的管理领导方式，并努力促使下属提升自我价值。而男性领导则更乐于采用指导型、命令加控制型的领导风格。

5. 女性领导在风险性决策上考虑更加周全

女性领导考虑问题时周密细致，处理问题时谨慎稳妥，这是决策者必不可少的素质。女性领导这种稳妥周密的特点，可以有效地避免决策的失误。

决策也受到环境的影响，在面临风险时，男性领导往往会更加注重决策之后的利益最大化，相对来说，男性领导更加具有乘风破浪的勇气。然而女性领导则会采取保守型的决策风格，女性领导面对未知的风险不会贸然前进，而是会将风险最小化作为决策的重点。她们会在风险尽量降低之后再寻求相对来说的利益最大化，实现稳中求进。还有研究发现，女性的决策较依照常识，会在具有较大风险的冒险前却步，同时也因擅长人际互动，较能够听得进别人的意见，看问题比较稳妥、周全。而男性可能更倾向于接受挑战和冒险，风险意识较弱。

在金融市场上，和女性相比，男性常常会因为过于自信导致决策失败，平均收益低于女性。因此，有人提出那些希望提升业绩和降低破产风险的公司应该在董事会中增加女董事的比例。

法国塞拉姆商学院的调查报告显示，领导层中女性比例越高、职位越重要的企业在2008 年金融危机中受到的损失通常要小一些。因为女性在投资决策方面通常比较谨慎。

在经济高速发展的时代，这种风险领导力却成为拯救企业的优势。

6. 女性领导的决策结果更容易赢得支持

芝加哥大学的研究表明：女性在决策中更容易考虑他人的利益。女性比男性擅长沟通、倾听，因为女性说话时双脑并用，直觉反应较佳。研究人员发现，在竞争利益受到威胁时，女性领导更能做出公平的决定，这使她们能更好地领导公司。一项涵盖了600多名董事的调查显示，女性会更多地考虑他人的权益，在决策时更可能采取合作的态度。这种态度会让公司运作得更好。

依格里认为性别差异会表现出两类不同性格：社会性和力量性。社会性代表对其他人的关心，包括养育、情感、自我奉献精神、安慰受伤情绪、提供帮助和在意别人情绪以及情感表达等。女性就更容易被描绘成具有社会性特征。女性在决策的过程中注重与决策有一定关系的人的情感。女性领导本身能很好地表达自己的情感，同时也利用其情商高的优势，迅速地捕捉他人的内心活动，与其产生共鸣，拉近关系，能让人更加放心、舒坦。这样，女性领导决策结果更容易赢得支持，被领导者更愿意执行领导的决策。

（二）女性领导决策能力优势的原因

1. 善解人意

现代领导管理始终把人的因素放在首位，而女性对人的内心世界的关注能力和体察能力都优于男性，而决策本身就是一个领导个体和团体相结合的心理过程。所以女性领导可以利用这一心理优势，倾听他人的意见，集中群体的智慧，从而使决策正确可行。

尤其在现代社会，社会越来越复杂，科学的决策都是集思广益，群策群力的产物，都是懂民心，顺民意，群众意愿的反映。因此，真正高明的决策者都善于运用“从群众中来，到群众中去”“集中起来，坚持下去”的领导方法。

2. 周密慎重

女性考虑问题时周密细致，处理问题时谨慎稳妥，也是决策者必不可少的素质。从领导管理工作本身来看，不论层次高低，范围大小，都有着方方面面的关系和大大小小的环节，任何一项决策的全面实施，都需要决策者进行周密细致的考虑，才能有效地减少工作失误，女性领导这种稳妥周密的特点，可以有效地避免决策的失误。

3. 观察敏锐

女性对外界事物一般具有较强的直观能力。拿破仑曾经说过：对于统帅来说，正确而准确的眼力比计谋更重要，更有用。他还说，充当元帅的首要条件就是必须具有女性的直觉。大部分领导者往往以右半脑的“平面方式”思考为主，这是因为领导工作复杂多变，只有将各种信息，印在右半脑中构成图像，以便洞察时，做出决断。而女性较强的直感判断力是十分有利于决策的，她们往往具有迅速从细微局部到总体把握事物的能力，这种能力，能够使女性领导更好地胜任决策工作。

4. 知觉优势

女性生理、心理潜能促使自己对专业知识兼收并蓄。一是女性的知觉速度优于男性，这就使女性领导能在知识的海洋中准确、迅速地把握知识细节，并根据工作需要把注意力从一事物迅速转移到另一事物之上；二是女性机械记忆能力强，能在短时间内观察到和长久记忆某一事物，这就为女性领导在刻苦学习专业知识方面提供了方便，使其快速记忆、理解、吸收各类知识，这对全面提高女性领导自身素质十分有利；三是女性形象思维能力优于男性，形象思维是理解和创造的前提，这就使得女性领导能够具体勾画出自己的工作目标和工作规划，并把所学的专业知识和对领导规律的认识融会贯通地运用于决策实践之中。

二、女性领导决策能力之劣势

决策是个两利相权取其重，两害相权取其轻的活动，决策不可能做到毕其功于一役，现实工作中很难做到一个决策成型后能够让所有的人都满意。因此决策要求领导要有决断的能力，要能够做出果断的选择，要能够对风险做出正确的判断，要有排除风险的能力。女性领导由于受到性别、文化等历史因素的影响，往往在这些方面的能力较弱，这些不足正是女性领导亟须认清的事实和未来需要努力克服的方向。

（一）女性领导决策能力的劣势

女性领导普遍存在的决策能力偏弱，决策胆识和魄力不足现象，成为女性进入各级决策领域的主要障碍之一，影响了领导管理领域内女性人才的脱颖而出，使女性领导在竞争中仍处于劣势。

1. 决策过程容易受到感情因素的影响

女性领导母性的温情使其在决策过程能够更好地体察他人的感受，能够给人更多的关怀，也更容易得到外界的认同和追随。然而，温情效应的作用容易让人失去理智或忽略原则。决策过程中对于他人偏好的倾听、了解，时常引起女性领导的情感共鸣，过度的同情则会导致决策立场的偏移。倘若带着强烈的主观色彩对决策方案进行定夺，结果就有可能因受情感共鸣的影响而不自觉地站到悲情方，从而做出有失偏颇的决策行为。将个人感情无限放大，这并不是一个领导该有的决策态度和行为，同情落泪只能算是小悲，作为领导要拔苦除恶才是大悲。女性领导即使情感再丰富，同情心再大，也不能忘记自身的使命，不能不顾决策的目的。只有解决实际问题，成功制定出“有效、公平、正义、合情合理”的决策方案才是王道。因此，女性领导在决策过程中要适当控制个人情绪，在角色换位成功获得决策对象情感体验的同时要始终保持理性，要确保情与理的天平保持平衡。

2. 决策缺乏果断的勇气

与女性领导特有的感性、温婉、注重细节相对应，男性领导则表现出更强的刚性果断和着眼大局，这些特点正是女性领导决策风格中的薄弱之处。

决策要注重实效也要讲究时效，错过良好的时机，决策就会变得毫无意义。领导工作大多是应对突发事件或紧急事件，需要做出迅速的决策反应。这类决策时间紧迫，为了遏制不良事态的继续蔓延，领导就要在第一时间发挥核心人物的作用。要迅速拿定主意，才能稳住指挥方向。遇到类似情况，女性领导常常因为追求最优决策效果，而在决策时反复权衡利弊，再三仔细斟酌，犹豫不决，举棋不定。“犹豫不决”是决策的大忌讳，女性领导的细腻易导致其在决策过程犯此忌。通常表现为对细节的过分纠结，决策时想要兼顾各方需求，照顾各方利益，经过一番通盘考虑后难以在利益平衡中做出取舍。实际工作中面对决策利益的取舍缺乏果断、犹豫不决，成了大多数女性领导决断的绊脚石。女性领导必须引以为戒，在享有充分的选择自由时，要努力避免布里丹毛驴效应的产生，避免决策过程中徘徊不定、当断不断的现象发生。

3. 决策判断往往忽略前瞻性和全局意识

领导决策的艺术体现在决断上，临危不惧，果断选择是“决”的第一要义。把握决策的黄金时机，做到刚柔并济，在关键时刻果断机智地做出正确决策，需要女性领导要有力挽狂澜的勇气和魄力，同时还要具备高瞻远瞩的全局把控能力。决策过程中，女性领导易于走向一个误区，即在关注个体利益时往往忽视了群体的关系从而导致决策失效。科学决策要求女性领导树立全局观念，从大局出发进行系统思考，在整体研究的基础上制定相关决策目标和决策方案。女性领导决策过程的逻辑思维和分析能力有待进一步提升，只有明晰决策事项各种影响因素的主次顺序，才能快速筛选并排除影响决策结果的各种干扰。

4. 女性领导战略思维能力较弱

女性领导的前瞻性和全局性战略思维能力相对薄弱，战略思维能力也是女性领导需要加强修炼的一个方面。决策本身是战略布局和战略实施的系列过程。缺乏战略布局的蓝图，对决策实施结果及可能产生的社会影响无法预估，毫无疑问这样的决策风险是很大的，决策失败的可能性也很大。战略思维能力是领导决策素质的具体要求，女性领导要增强决策预测方案的制定能力，在决策过程要善于运用战略思维，并努力将其转换为科学有效的实际策略。

5. 女性领导决策中依赖心理较强

受传统夫权文化体制及社会角色矛盾的影响，女性领导在权力的获得和行使过程中体现出较强的依赖心理，因此宁愿甘当副手也绝不登上权力金字塔的顶端。相关研究对女性掌权“三多三少”即基层多、高层少，低职多、高职少，副职多、正职少现象，分析认为正是女性领导天生的软弱性和依赖性，使得女性在潜意识里缺乏独立的思想，因此形成“他比我行”“我不能做到”的自我认识，这带来女性领导不自觉地放弃自我潜能的开发，导致决策过程自我行为的附属化。

强烈的依赖心理还会限制女性领导打破常规的创新能力，使她们形成一种“不求大、只求好；不求快、只求稳”的保守决策心理，这种心理会在决策过程产生较大的障碍。女性领导崛起的时代，只有充分认清自身存在的弱点，不断加以改进，才能够提高决策成功的概率。因此女性领导要让亲和与同情在决策过程发挥更大的正能量，要摒弃传统的依赖心理，在决策过程始终保持自己的独立见解，勇于在承担责任的同时不失个人决策风格。

（二）女性领导决策能力劣势的原因

首先，从客观及社会原因来看，我国曾经历了几千年封建社会的历史，根深蒂固的传统观念至今仍制约着人们的行为和思想，严重扭曲了女性心理、性情等内在因素，形成了极不利于女性成才的舆论环境。因此，在女性领导决策上，形成了五大障碍。

1. 心理障碍

长期的从属、依附地位，将女性温顺、宽厚等优秀品质扭曲为怯懦、依赖、顺从等性格弱点。长期的“男强女弱”社会现象，使女性形成了“女性天生是弱者”的自卑心理。这些反映在部分女性领导身上，就造成了工作上不敢大胆作主，遇事不能果断决策的现象。她们往往满足于勤勤恳恳、廉洁守法，缺乏创新精神和勇挑重担的勇气。在竞争中自信心不足，并总是表现为守势而不是攻势，这就大大降低了女性的决策能力。

2. 传统障碍

传统文化对两性行为规定了不同的标准，封建社会把“最盲目的服从”作为女性最高道德修养的标尺。因此，女性大胆泼辣、果断进取就失去了“女人的本性”。对女性独立自主的现象不能接受，这种舆论环境影响女性领导决策能力的正常发挥。

3. 知识障碍

从总体上看，女性的文化素质普遍偏低，男女不同的社会角色，又限制了女性摄取知识的范围和渠道，家务负担的不合理分配，也过多地侵占了女性受教育、学知识的时间和精力，因而使部分女性领导因知识不足而限制了其决策能力的提高。

4. 视野障碍

人们往往把社会事业视为男性的“世袭领地”，而女性的活动场所似乎只有家庭最为合适。人际交往中，舆论又给女性设下了许多人为的障碍，这些都大大限制了女性视野的开阔性。决策者所需要的胆识往往与丰富的实践经验和广博的见识成正比，这种人为造成的视野差别，自然导致女性领导决策能力的弱势现象。

5. 机会障碍

由于传统观念和世俗偏见的存在，在同样的条件下，女性要付出远远多于男性的努力和奋斗，事业才会有所成就。加之“男强女弱”观点的影响，女性领导往往被委以副职，这就使女性领导没有机会锻炼和提高自己的决策能力。

其次，从主观和内在原因来看，有三大障碍。

1. 参与意识不强

竞争者参与意识的强弱，直接影响参与效果。女性领导被动从事领导工作的现象比较普遍，将领导作为人生理想职业来选择的比例明显低于男性。“能胜任目前工作就行”的满足情绪，使女性领导不能全力以赴地在领导领域大显身手。参与决策的动因不足，必然影响了决策能力的提高。

2. 主观努力不足

决策能力是一种综合能力，它要求决策者具有对事物进行分析、判断、优选、决断等方面素质，而这些素质的养成只有靠学习和锻炼。领导者要有意识地要求和发展自己，自觉地在不同层次领导岗位上锻炼自己的各方面能力，以达到领导者应具有的最佳智能。应该说不少女性领导在这方面缺乏应有的自觉性，表现在行动上是满足于工作中的忙忙碌碌，但不注意多方面汲取知识，不注意及时总结工作经验，到艰苦复杂的环境中去锻炼自己的思想准备也不够，在增强创新意识、竞争意识方面也缺乏必要的努力。

3. 思想解放不够

部分女性领导自身在潜意识中还存在着男尊女卑的思想，导致她们过于谦让，不敢冒尖，思想压力过重，因而不能最大限度地发挥自己的聪明才智，出现了不敢决策，不愿决策的现象。

第三节　女性领导决策能力提升策略

决策是领导干部的基本职能和主要职责之一，能否做出正确有效的决策是衡量领导水平高低的重要尺度。新时代领导决策情境和模式发生了显著变化，从而对其能力素质提出了更多、更高的要求。经济环境的复杂化使得决策增多、利益再分配决策增多和执行中的再决策增多，女性领导作为女性群体中的佼佼者和杰出代表，必须在决策过程中，不断彰显自身特色，丰富知识，主动应对，努力掌握决策本领，不断提升决策能力。

一、提升意识是女性领导提升决策能力的基础

（一）提升创新意识

决策是创造性的活动，它总是以变革现状为前提的。处于当前一个大变动的时期，事业发展需要一代有创新意识的领导。作为女性领导来说，尤其要从新的角度和不同侧面，创造性地去观察，分析和解决问题，开创工作新局面。要放开思路考虑问题，在不违背方针政策、法律法规和上级领导指示的前提下，结合本单位的实际情况抓好工作落实；要在履行领导职责的过程中，从宏观上考虑决策对全局的影响，创造性地开展工作。

（二）提升竞争意识

竞争心理是领导者前进的内在动力，并能形成一个催人奋进的工作环境，给事业注入新的生机和活力。人的成就大小，往往不会超出其自信心的大小。女性领导真正使自己具有了敢争天下先的魄力和勇气，就可以大大提高决策能力。现代社会飞速发展，机会稍纵即逝，需要在有效的时间、地点内及时完成决策，否则，正确的决策一旦过了时间期限就会成为错误的方案。因此，女性领导要自信比别人更突出、更优秀、更干练，

既要发挥出在处理复杂问题上独有的性别优势，又要体现出大方从容、果敢坚毅、敢作敢为的魄力和勇气。女性领导要善于从纷繁杂乱的现象中，找准关键部位和薄弱环节，在条件成熟时当断则断、一锤定音。

（三）提升独立意识

决策时不能事事用“外脑”。女性领导要克服依赖思想，善于独立思考，敢于拍板定案，善识利弊，在深思熟虑后做出独立的判断。女性领导在任何时候都不要因自己是女性而依附于人，要把自己看成是与男性一样的管理主体，坚信自己的能力，不唯书、不唯上，不断走出依赖、顺从、被动的阴影，抛弃自卑、摆脱束缚，摒弃传统观念的影响，克服优柔寡断的心理障碍，保持与时俱进的精神状态，勇敢、坚定地做出决策。

（四）提升前瞻意识

前瞻意识就是在这个充满不确定因素的环境中，领导者是否能够看清组织的发展方向和路径，有远见地规划长远策略，正确预测未来，从而实现组织目标。前瞻意识就是预先看到前途趋向，并能掌握住它，这才叫领导。具备前瞻意识或能力应该能够科学预测，遇事思之于前，行之于后，精心筹划，周密组织，能够从最坏处着想，向最好处努力，善于扬长避短，趋利避害，始终代表着正确的方向。其一，善抓苗头，思路清晰，头脑敏锐，能够见微知著，把可能发生的问题解决在萌芽状态；其二，独具慧眼，善于发现和扶持新生事物，形成事业发展的有利态势；其三，留有余地，深知“过犹不及”的道理，遵循适度原则，使工作处于主动位置，进则有路，退可回旋。

领导者的前瞻思维同一般人思维相比，更带有全局性、长期性、综合性、挑战性等特点。女性领导者应具备把握国际国内形势和企业实际的能力，领导的决策活动是制订未来行动计划的过程，必须能够科学地预见未来，“可以说没有预见就没有一切”，而预见未来是建立在正确把握国际国内形势和企业实际之上的。

二、加强学习是女性领导提升决策能力的手段

（一）加强马列主义理论的学习

每个领导者，都要从宏观角度，学会运用辩证唯物主义、历史唯物主义的观点去观察、分析、处理问题。要提高政治理论素质，认真学习马克思列宁主义、毛泽东思想、邓小平理论、“三个代表”重要思想、科学发展观和习近平新时代中国特色社会主义思想，不断夯实自己的理论根基。尤其作为女性领导只有打下一个深厚的理论功底，才能够高屋建瓴，提高宏观决策能力，在领导工作中“游刃有余”。

（二）加强相关专业知识的学习

决策必须具有专业知识。决策本身就是综合自然科学、社会科学和思维科学的一门大科学。女性领导要善于积累各学科的多种知识，提高专业文化素质，广泛涉猎哲学、经济、政治、文化、科技、法律、管理等各方面知识，不断增加知识容量、更新知识结构，提高决策水平。有胆才有真知灼见，识高才能放开胆量，有丰富知识的决策者，才

可能审时度势，决策有方。

（三）加强决策知识的学习

从古典决策理论到行为决策理论，经过100多年的发展，决策科学的内容已十分丰富了。女性领导想要取得决策主动权，就要使自己真正成为决策理论的行家，克服识别和发现问题时的知觉偏差，尽可能地获取丰富的资源，掌握定性和定量的决策方法，提高自身决策水平。

（四）加强数字化理念和技术的学习

以沉浸式的方法加速培养适应数字时代的领导能力。个人层面的能力，就是领导者个人要深谙数字化技术及其本质，并身体力行、率先垂范；领导力层面的能力，就是领导者要用更有效的方式增强自身的影响力。领导者要能够熟练地将多个渠道的数据进行整合，说明如何将这些数据所隐藏的战略内涵和体现出的战略目标转化为运营计划，提升决策准确性和效率。

三、提高相关能力是女性领导提升决策能力的系统思考

（一）提高总揽全局能力

善弈者谋势，不善弈者谋子。作为女性领导，一定要克服生理及实践的局限，在考虑问题、做出决策时，必须把握全局，高瞻远瞩，在进行通盘考虑和整体研究的基础上，确定工作思路，明确工作目标，科学实施。要把主要精力放在抓方向、议大事、管全局上，集中精力研究和解决全局性和前瞻性的重大问题，牢牢把握工作的主动权，排除非本质因素的干扰，高度概括、把握问题的实质，从宏观上考虑决策对全局的影响，真正做到审时度势，准确决断。

（二）提高抽象思维能力

要做一个高明的决策者，需要的是宏观导向，控制能力，需要广博的知识和较高的理论水平，这就要求决策者本身要具有较强的抽象思维能力。女性领导要有意识地进行思维训练，要站在不同的角度多想几个为什么，多找几个原因和解决思路，努力学会以联系的、整体的、发展的、变化的观点看待一切，也只有提高抽象思维能力，才能发展创造思维、辩证思维，进而掌握系统方法、信息方法，提高决策水平和工作效率。

（三）提高决策应变能力

实际工作要求决策者要有决断能力、应变能力。遇事要有大将风度，临危不惧，当机立断地做出决策，作为女性领导要注意克服优柔寡断的弱点，从平时的工作做起，锻炼自己敏捷坚定的决断能力。

（四）提高调研决策能力

注重调研，客观决策。没有调查就没有发言权。调查研究始终是谋事之基、成事之道，是领导干部做出正确决策的前提条件。毛泽东同志曾经指出，不根据实际情况进行

讨论和审查，一味盲目执行，这种单纯建立在“上级”观念上的形式主义的态度是很不对的。作为一名感情细腻、虚心周到的女性领导，要使决策能够合乎客观实际的要求，必须先下功夫深入调查。要经常深入基层、深入实际，了解事实真相，多搞典型研究，解剖麻雀，获取大量而翔实的第一手材料；要沉下身子，掌握准确而全面的信息，并对其进行系统的归纳整理比较、选择、论证；要通过各种渠道广泛听取社会各方面的意见和建议，在充分考虑社会各方面的需求、全面听取群众意见、发挥集体智慧的基础上做出决策。

（五）提高数字化探索决策能力

女性领导者首先要强化数字化探索能力，即在数字化技术背景下，领导者要搜索、发现并使用新的数字化技术和知识，并将新的数字化技术和知识应用到组织领导决策工作中。同时要加强数字化决策思维，就是在数字化视野下重新思考组织布局，根据数据来思考事物，量化思维，重视事实，追求真理。与此结合数字化战略使用数字化技术重新建构组织，改变并极大地拓宽组织的战略选择视野并对整个领导力系统进行变革：在职能决策上，把重点聚焦于运用数字化来提高流程效率；在价值主张上，聚焦于运用数字化来提升现有产品和服务质量，确定有哪些新型数字化产品和服务机会可以为客户带来价值；在商业模式上，聚焦于对新对手以及未来的竞争对手的判断，未来的经营状况、竞争格局和定价策略及其实施方案的制定，客户心目中“想要达成之事”的研判，以及围绕这些事项建立适配的数字生态系统。要对现有数字化技术和知识进行深化应用、扩散、细化和持续修改，通过修改进行改进，并在已建立的框架内产生想法，来促进领导决策能力的提升。

【本章小结】

领导力的首要和核心职能表现为领导的决策能力，可以说领导的过程就是决策的过程。本章从领导决策概念入手，分析了影响女性领导决策能力提升的因素，如思虑过多、气魄不足、水平偏低等；找出女性领导决策能力存在的优势、不足，以及相应的原因，最后从提升女性领导决策能力的基础、手段、方法三个方面给出了相应建议，便于大家能更好更综合地提升女性领导决策能力。

自学自测　扫描此码

1. 领导决策能力的构成要素有哪些？
2. 女性领导决策能力的优势是什么？存在的原因有哪些？
3. 女性领导决策能力的不足之处是什么？

孙洁出生于上海，就读于北大法学系，之后在美国佛罗里达大学商学院完成学业。孙洁在美国硅谷工作定居多年，有极其丰富的海外工作经验，2005 年回国后历任携程首席财务官（chief financial officer，CFO）、首席运营官（chief operating officer，COO），2016 年年底升任携程旅行网 CEO 兼董事长。

大二那年，孙洁就到美国去读书了。在留美攻读学位的期间，孙洁也一直强势地出现在商学院每年成绩榜的榜首位置，从未改变。从佛罗里达大学商学院毕业后，孙洁曾在加州的硅谷工作五年，担任毕马威公司的审计经理，并拿到美国注册公共会计师协会和加利福尼亚州的注册会计师。

孙洁 2005 年加入携程，从高管做到 CFO，在 2016 年正式加入董事会，成为携程 CEO。孙洁初到携程时，携程市值小，公司人少，财务报表体系都是人工的，很少有分析师愿意研究携程。就职一周后，孙洁主导携程以 14 亿美元的价格收购了欧洲最大的机票搜索引擎——天巡网，天巡网在机票业务上与携程形成优势互补。2017 年 11 月，携程相继收购美国社交旅游平台 Trip 以及英国社交点评网站 Twizoo。她在在线旅游的运营和管理、投资购并，以及财务运营管理方面有极为丰富的经验。仅在十年间，携程人员扩充 10 倍左右，市值增长 50 倍左右。这一路，孙洁全程跟进，她的职位也经历了三级跳。有数据显示，自孙洁上任 CEO 后的两年里，携程作为亚洲最大的在线旅行平台，营收继续保持同比 30%以上的高速增长。

孙洁始终认为，女性在职场上可以发挥职业优势和独特价值，职场中的男性和女性都有着各自独特的价值。男性员工擅长做事，女性员工擅长做人；女性更注重细节，执行力强。在管理层面，她也认为，女性管理者决策更加细致、全面，同时兼顾良好的风险控制，可以为公司带来更高的投资回报率。

孙洁在携程内部也一直在推动性别平等。携程中女性员工占比超过一半，远高于中国互联网行业与硅谷科技界平均比例；在携程的高管团队中，女性占比高达 34%，包括 COO 孙茂华、CFO 王肖璠等，中层管理人员中女性超过 40%。

资料来源：根据网络资料整理。

讨论问题：

1. 案例中，孙洁的改革决策是基于何种考虑做出的？
2. 你如何评价孙洁的一系列决策？

第七章

女性领导沟通能力提升

【学习目标】

1. 释义沟通的概念，描述沟通的构成要素和类型。
2. 描述提升女性领导沟通能力的意义。
3. 描述、比较，并辨析女性沟通特征。
4. 对比、辨析女性领导的沟通优势。
5. 自我运用提升女性领导沟通能力策略与方法，为女性领导构建沟通能力提升策略方案。

达成100%体检目标

某公司人力资源部经理王敏接到了一项艰巨任务。根据历年的体检情况，员工体检参与率一般为 85%左右，但今年公司领导设定了一项新目标，员工体检参与率要达到100%。

面对这个目标，王敏经理感到巨大的压力。她开始分析过去参与率低的原因，然后考虑应采用哪种沟通方式来影响员工，让员工以正向、积极的态度自觉配合体检(这是人力资源部经理沟通的目的，而沟通的结果是每位员工都参加体检)，达成公司领导的期望。经过细致的分析，她发现过去公司让员工体检的沟通方式会让员工认为体检是为了公司的利益，因为公司“要求”员工在特定时间内准时参加体检。有些员工认为体检报告是个人隐私信息，公司不应该知道，他们也不愿意让公司知道，结果总是有些员工在体检当天找借口请假。

于是王敏经理从网上找了一些在体检中发现的早期恶性病变的例子，以及后续的有效控制，还找了一些有关保持健康的简单运动和饮食等信息。在发布体检通知前，她先把这些资料在公司宣传栏做了一些宣传。几周后，人力资源部发出体检通知，强调尽管全球经济不景气，但公司依然关心员工的身体健康，继续为员工安排了定期体检这个员工福利项目，并祝大家都有健康的体魄。王敏经理还和几位意见强烈的员工进行了单独沟通，从关心他们的工作和家庭入手，谈话氛围十分融洽，他们最后都承诺会去体检，结果，体检参与率达到了97.5%，未参与体检的员工为怀孕女职工和出差在外的销售部员工。公司领导认为这种情况可视为100%，人力资源部顺利完成了这项极有挑战性的工作目标，员工的满意度也比去年提高了很多。

资料来源：赵卜成. 沟通零误解[M]. 北京：中信出版社，2012.

第一节　女性领导沟通能力概述

仁者爱人，女性领导者心中有大爱，有“绿我涓滴，会它千顷澄碧”的大仁大爱。女性领导者与人沟通既能感受别人的情绪还能迂回曲折从多角度进行意思的传达，同时善于关心他人、了解他人和影响他人，真正走进团队稳住团队成员情绪，带领团队策马扬鞭。

一、领导沟通概述

领导者的沟通能力是现代企业管理者必须具备的重要素质之一。在世界经济一体化的今天，随着组织中不同文化成员之间的相互渗透，领导者的沟通能力更成为影响管理效能的重要因素，研究企业领导者的沟通能力意义重大。

沟通能力不仅对个人成就影响甚大，还对组织效能有巨大影响，因为管理是引导群体和自己一起完成组织目标的过程，沟通则是管理的灵魂。一个优秀的企业领导者必须能够清晰地表达分析与决策，并引导员工行为，提高员工积极性。根据国外调查，在管理工作中，领导者约 70%的时间用在与他人沟通上，这其中有 1/3 的时间用于单个会晤，剩下的 30%左右用于分析问题和处理相关事务。随着企业规模的扩大，员工来源日趋广泛，不同地域、不同文化背景的人员聚在一起，因生活方式、价值观念差异而造成的人际冲突将会成倍地增加，良好的沟通将更显重要。赫尔雷格尔等人著的《组织行为学》把人际沟通能力作为领导者应具备的七种能力之一。

（一）领导沟通的含义

“沟通”这个概念最早在汉语中意为开通水道，使水流畅通无阻。后来随着汉语语言的发展逐渐引申为彼此相通。在英语中相对应的词汇为 communication，在英汉词典中的解释为交流、交际、通信、传播、沟通。英国管理学家约翰·阿代尔在对这个词语的词源意义做了详细考查后，认为它是人们共同使用、共同具有的东西，即共享物，更具体地说，它意味着在精神或非物质领域内共有、共享的行为，特别是在使用言词本身或在使用言词的过程中表达了这一含义。最后，任何沟通都包括两个或两个以上的人或地方，即 communication 包括了使用的方式以及原来的活动本身。《大英百科全书》认为，沟通就是用任何方法，彼此交换信息；《新编汉语词典》将沟通解释为使两方能通连；亨利·法约尔作为第一个提出沟通作用的学者，认为沟通指的是组织内部传递信息；西蒙认为，沟通可视为任何一种程序，借此程序，组织中的一成员，将其所决定意见或前提，传达给其他有关成员；美国主管人员训练协会把沟通解释为它是人们进行的思想或情况交流，以此取得彼此的了解、信任及良好的人际关系。

沟通被广泛地应用于管理学、社会学、组织学、心理学、传播学、公共关系学等众多学科和理论中，由于各门学科对“沟通”问题研究的角度不一样，因而对它的定义也各有不同。沟通就是借助语言、文字、肢体动作等载体，将信息从沟通者传递到接收者，并使该信息被接收者所理解的方式与过程。对于信息的沟通者来说需要拥有信息与知识，以使得接收者获得更多的信息，而沟通的过程则是真诚与智慧的融合，领导者在沟通的过程中其核心的问题是要进行系统思考，沟通的目的是做出最优决策和提升“上下同欲”的执行力。另外需要特别注意的是，良好的沟通常常被错误地解释为“沟通双方达成协议”。换句话说，许多人认为良好的沟通就是使别人接受自己的观点。例如，当双方争论很长的时间，旁观者往往认为这是由于缺乏沟通所致。但是研究表明，此时正进行着大量的有效沟通，双方都充分理解对方的观点和见解。这就说明，人们把有效的沟通与意见一致混为一谈了。

（二）领导有效沟通的基本原则

要取得预期的沟通效果，领导者应把握以下原则。

1. 依赖性原则

沟通从建立彼此的信任开始。营造彼此信任的文化氛围，是任何一个组织领导者的当务之急与义不容辞的职责。沟通双方彼此依赖与合作，领导者应该真诚地满足员工的需求，员工则确信领导者传送的信息并相信领导者具有足够的解决问题的能力。

2. 一致性原则

首先，沟通是达成有效领导的手段和过程，并非是领导的目的与结果，因而沟通的方案、通路、流程及其计划应该与组织的发展战略、文化环境要求相一致；其次，沟通的方式应该与员工的成熟度、领导者的领导水准相一致。

3. 内容的意义性原则

沟通的内容必须对沟通双方具有一定的意义，必须与接收者原有的价值观具有同质性，与接收者所处的环境密切相关，才能引起接收者的注意。

4. 过程的持续性与连贯性原则

沟通只有开始没有终结，它是波浪式前进，螺旋式上升的。若要达到渗透的目的，必须不断重复与强化传送的内容。同时又必须根据反馈内容及其环境的变化不断调整与补充新的内容，尤其是要根据员工不同的成熟度，做出及时或实时沟通，方能真正达到提升领导效率的目的。

5. 渠道的有效性原则

在沟通中，领导者应充分使用人们已经习以为常的信息传播通路，这样可以有效地提高沟通的目的与效率。由于文化背景、个性特征等不同，各种类型沟通通路的差异性与功效性是显而易见的。毋庸置疑，只有有的放矢，才能达到沟通的目标。

6. 针对性原则

沟通必须考虑接收者的接受能力，即员工的成熟度，包括员工的工作热情与工作能力。沟通的形式、内容、通路等对接收者能力的要求越低，传送的信息越容易为接收者所接受，沟通成功的可能性也就越高。同时，为了提升沟通的效率领导者应该有意识地对员工进行沟通能力的培训，提高他们演讲、倾听、书写的技能，以及应用互联网、E-mail等工具的技能。

（三）领导沟通的构成要素

在企业中，生产工人每小时进行16～46分钟的信息沟通活动。对于基层管理人员来说，他们工作时间中有20%～50%用于同各种人进行语言沟通，如果加上各种方式的书面沟通，如报告、信件、组织内部发行的期刊等，最高可达64%；而经理人员在工作时间内有60%～89%用于语言沟通，企业领导者经常开会，找人谈话，下基层，其中很大一部分属于沟通信息的内容。

沟通的过程包括沟通者、沟通对象、信息、信息载体、沟通目标、沟通环境、反馈和噪音八个要素。

1. 沟通者（信息源）

沟通者是指处于沟通过程的起点，并通过一定媒介，输出信息符号的社会组织或个人，作为信息来源的提供者，沟通者必须掌握大量的信息材料，并且充分了解接收者的情况，把自己的想法或思想转换为自己和接收者双方都能理解的信息，选择合适的沟通渠道以利于接收者的理解。沟通是开展领导活动的主要手段，是领导者投入时间精力最多的一项工作，而沟通者在沟通过程中的地位不容小觑，因此必须确定合适的沟通者。

2. 沟通对象（接收者）

沟通对象即接收者，是指获得信息的人，也就是听众。沟通的意义不仅仅是对信息的传递，还需要被听众所理解。只有当沟通者和接收者对符号的意思抱有相同的或者类似的理解时，才是准确的信息沟通。作为沟通活动的一部分，听众对于沟通者所传递信息的反馈对于整个沟通过程来说至关重要。这一反馈过程受到接收者的经验、知识、才能、个人素质以及对沟通者的期望等因素的影响。领导活动本质上是领导者与被领导者双向互动的过程。这表明在沟通过程中，沟通者与接收者的地位可能会相互转化，沟通者传递的信息经由接收者理解并加以反馈，使得原来的沟通者转化为接收者，原来的接收者转化为沟通者。

3. 信息（信息符号）

信息是指在沟通过程中沟通者传给接收者的消息。同样的信息，由于沟通者与接收者的差异，可能会使沟通者和接收者有着不同的理解。在沟通过程中，信息的交流是通过具有一定意义的图像、语言文字、手势，甚至可以是一种思想文化来进行的。这种图像、文字等能够代表且传递某种意念的事物，统称为信息符号。

4. 信息载体（媒介）

信息载体是指信息传播过程中携带信息的媒介，是信息赖以附载的物质基础，如备忘录、电话、计算机、电视等。也可以用手势、表情等直观提示式的方式进行传递。作为沟通八大要素的一部分，信息载体承担着使信息符号发挥出其本身作用的功能。信息载体的形式多种多样，所以在领导者的沟通过程中要根据不同载体的作用与功能来选择合适的载体。

5. 沟通目标

沟通目标即沟通者通过沟通要达到的目的。明确的沟通目标是引导沟通顺利开展的动力，是对沟通所要达到的效果的一种希望。在沟通之前领导者就应该明确自己所寻求的结果是什么，并以此来与被领导者进行沟通。

6. 沟通环境

沟通的环境包括社会环境和心理环境两种。社会环境即沟通发生的文化及时代背景，包括沟通者与接收者所处的社会角色、所处社会的价值取向、思维模式等。霍尔曾经举过一个例子：有两个分别来自南、北美洲的人在大厅里进行交谈，开始他们是站在大厅的这一头，但随着北美人一步步地向后退，而南美人一步步地向前靠，谈话结束时他们已到了大厅的另一头。这两个人都力图保持由自己的文化所决定的习惯交谈距离。对于北美人来讲，他感到那位南美朋友为了交谈方便而靠得太近了，而对南美人来说，如果按照那位北美朋友所要求的距离进行交谈，则很不自在。这个例子充分说明了沟通双方的文化和价值观对于沟通的影响。心理环境是指沟通者与接收者的情绪、态度，沟通是在具体的环境中发生的，它可能涉及不同的接收者，因此领导者在制定沟通战略前，首先要确定自己了解沟通的环境。

沟通的环境还可分为外部环境和组织内部环境。一方面，教育、社会、法律和经济等外部环境都将对沟通产生影响；另一方面，组织内部因素也影响着沟通，如组织结构、管理和非管理过程以及技术等。

7. 反馈

反馈即信息传播过程中的接收者对收到的信息做出的反应。反馈是现代系统控制论的一个术语，它是由麻省理工学院的维纳在其所著的《控制论》中首次引入的。在信息沟道中，反馈过程也同样存在。在沟通中获得反馈信息是沟通者的意图和目的。没有反馈，我们就不能确定信息是否已经得到有效的编码、传递、译码和理解。沟通不是一种行为，而是一种过程。领导者的沟通过程是为达到某一结果所设计的动态过程，反馈是检验沟通效果的再沟通。这意味着领导者在沟通的每个阶段都要积极寻求接收者对于信息的反馈。

8. 噪声

噪声是接收、理解和准确解释信息的障碍。根据噪声的来源，可将它分成 3 种形式：外部噪声、内部噪声和语义噪声。外部噪声源于环境，它阻碍人们听到和理解信息。内部噪声发生在沟通主体身上，如注意力分散，存在某些信念和偏见等。语义噪声是由人们对词语情感上的拒绝反应引起的，如许多人不听带有亵渎语言的讲话，因为这些词语是对他们的冒犯。

（四）领导沟通的类型

根据不同的划分标准，可以把沟通划分为不同的类型：双向沟通和单向沟通，正式沟通和非正式沟通，言语沟通和非言语沟通，人际沟通、群体沟通、团队沟通、组织沟通和跨文化沟通。

1. 双向沟通和单向沟通

沟通按照是否进行反馈，可分为单向沟通和双向沟通两种。

（1）单向沟通

单向沟通是指信息发送者和接收者的地位始终不变，如做报告、发指示等。单向沟通是缺乏反馈的沟通。单向沟通具有速度快、沟通过程简单、信息发送者的压力小等特点，但是接收者没有反馈意见的机会，没有平等沟通和参与感，不利于增加发送者的自信心和责任心，不利于建立双方的感情，有时还容易使接收者产生抗拒心理。正式沟通中多为单向沟通，这种沟通方式适合于工作任务的紧急布置、工作指示等。

（2）双向沟通

现代领导理论的观点不再局限地认为领导是单向的，仅仅是上级对下级的领导。要使沟通顺利而成功，沟通的过程就不仅是信息被传递，还需要被理解，理解就需要互动和反馈。因此，真正意义上的有效沟通是双向沟通，双向沟通才具有信息反馈的特征。双向沟通是指信息发出者和接收者在沟通中双方地位不断变换，如交谈、协商等。双向沟通的过程中接收者将反馈的信息传递给发送者，使得发送者知道接收者在想什么，接收者的态度怎样，接收者有哪些意见或建议；收到反馈信息后，发送者就能对有关工作的要求、下达任务的目标等做出合理与否的判断，以及做出是否需要调整的判断。双向沟通使接收者有参与感，有助于沟通双方建立感情。双向沟通的缺点是需要有充裕的时间，而且双向沟通过程中的噪声和干扰要比单向沟通多得多。

2. 正式沟通和非正式沟通

根据沟通途径，可分为正式沟通与非正式沟通。

（1）正式沟通

正式沟通一般指在组织系统内，依据组织明文规定的原则进行的信息传递与交流。例如，组织与组织之间的公函来往、组织内部的文件传达、召开会议、上下级之间的定期情报交换等。正式沟通一般是经过精心谋划而建立起来的信息沟通渠道及其媒介，包括指定的信息或指示经指挥链条向下传达，意见和建议经指挥链条向上汇报。按照种类的不同，正式沟通又可细分为下向沟通、上向沟通、横向沟通、外向沟通等几种形式。

（2）非正式沟通

非正式沟通是一类以社会关系为基础，与组织内部明确的规章制度无关的沟通方式，是通过正式组织途径以外的信息流通程序的一种非官方、私下的沟通。在美国这种沟通途径常常被称为“葡萄藤”，用以形容它枝茂叶盛、随意延伸。非正式沟通包括通过组织内的非正式组织进行的非正式沟通（如生日宴会、各类酒会等）以及不通过非正式组织进行的非正式沟通（如同事之间的任意交谈等）。非正式沟通和正式沟通不同，它的沟通对象、时间及内容等方面都是未经计划和难以辨认的，是围绕组织成员间的社会关系而建立起来的，一种脱离组织机构的层次次序、不受组织监督的，主要是以口头沟通为主的沟通方式。

非正式沟通不是建立在上下级关系的基础之上，而是建立在朋友式的平等对话的基础之上，有利于融洽气氛、增进理解，所以非正式沟通有沟通方便、内容广泛、方式灵活、沟通速度快、易了解真实情况等优点。但其缺点是难于控制、传递的信息不确切，而且可能造成小集体、小圈子，影响组织的凝聚力和人心稳定。

非正式沟通的现象是无法消除的，领导者应该正视它的存在，对其加以了解，并根据它的特点采取合适的对策。

3. 言语沟通和非言语沟通

言语是对语言的具体运用及其成品。语言是声音与意义结合的符号系统，是服务于人类交际和思维的工具。根据信息载体的异同，沟通可分为言语沟通和非言语沟通。

（1）言语沟通

言语是一种社会现象，是人类通过高级结构化的声音组合，或者通过书面符号、手势等构成的一种符号系统，同时又是运用这种符号系统来交流思想的行为。简单说，言语是把语言符号按照语言的规则排列起来表达具体内容的。言语沟通是人们为了达到一定的目的，运用口头语言和书面语言传递与接收信息，交流思想感情的言语活动。口头的言语沟通包括演说、小组讨论等。口头沟通的优点在于传递快速，反馈快速，有亲切感，沟通效果好。其缺点是若信息经过多人传递，容易造成信息失真的结果。书面的言语沟通包括备忘录、信件、组织内发行的期刊等。在我们进行言语沟通的时候，都包含着非言语沟通的信息。书面沟通的优点是具有权威性、正确性，信息不会在传达过程中被歪曲，可永久保留。其缺点是耗费时间，缺乏反馈。

（2）非言语沟通

所谓非言语沟通是指抛开自然语言，以人自身所呈现的静态及动态的信息符号与副语言来进行信息传递的表述系统。非言语沟通包括仪表、服饰、动作、神情、体态等多个方面。在人们的沟通过程中，高达93%的沟通是非言语的，其中55%通过面部表情、形体姿态和手势传播，38%通过音调传播。大部分的非言语沟通不是代替语言，而是伴随语言。美国一位教授指出，我们用发音器官说话，但我们用整个身体交谈。约翰·根室在《回忆罗斯福》一书中写道：在20分钟的时间里，罗斯福先生的脸上表现出诧异、好奇、故作吃惊、真正的兴趣、焦急、卖弄辞藻、表示担心、同情、坚决、幽默、坚定、尊严和无比的魅力。但是，他几乎没有说出什么真正的东西。说明了非言语沟通传递的内容比口头表述的内容要多得多。在大多数情况下，通过仔细观察对方的眼睛、嘴唇，就可以感受到对方的状态。与对方握手时，甚至可以感受到对方的感觉。非言语信息往往比言语信息更能打动人，因此，当别人说话时，应全神贯注地倾听。越善于倾听与观察，沟通的效果就会越好。

非言语沟通的内涵丰富，主要包括以下几个方面。①体势语言沟通。体势沟通是通过目光、表情、手势、坐姿、站姿、立姿等身体运动形式来实现沟通。例如，抬抬眉毛表示不相信，揉揉鼻子表示疑问，耸耸肩膀表示无所谓等。人们的一颦一笑都作为体势语言的一部分，传递着信息与意义。正如黛布拉·本顿所说，脸部表情是你身上所穿戴的最重要东西。人们一般是从你的表情，而非你说出的话来评判你。令人愉快、专业的表情会让你像个思考者，帮你更快与人产生联系，让人们意识到你的存在。②副语言沟通。副语言沟通是通过非语词的声音，如重音、声调的变化，哭、笑、停顿等来实现的。心理学家称非语词的声音信号为副语言。③时空语言沟通。时空语言主要是指春夏秋冬四季变换以及时间、空间变化所传递的信息。从人们交谈中掌握距离的方式可以看出他们的信仰、价值观，以及他们的文化内涵。④符号语言沟通，符号语言主要是指各种信息符号、物体等代表的某公共信息的特定含义。如SOS，表示国际摩尔斯电码求救信号，各国的国旗也都代表不同含义。计算机的符号也可表达情绪，如"：）"表示微笑，"：（"表示沮丧等。此外，还应包括色彩所传递的语言等。

4. 其他沟通方式

沟通按照主体的不同，可以分为人际沟通、群体沟通、团队沟通、组织沟通和跨文化沟通等不同类型。

二、提升女性领导沟通能力的意义

有效的沟通是提高企业组织运行效益的一个重要环节。提高女性领导沟通能力对于女性领导来说具有重要的意义。

（一）有利于女性领导开展各项管理活动

组织是社会中的一些人员所组成的群体。组织包含成员之间的相互依赖关系。如果领导一个工作小组，小组每个成员都要有明确的分工：有人做调查，有人处理文案，有人负责专题……成员之间相互影响，相互依赖。相互依赖即要求活动协调一致，相互配合，以保证每个成员的任务都能顺利完成，从而实现组织的目标。有效的沟通，较强的沟通能力有助于女性领导与组织各成员间相互配合、协调一致。

（二）有利于女性领导制定正确的决策

诸葛亮在《便宜十六策》中谈道："故为政之道，务于多闻，是以听察采纳众下之言，谋及庶士，则万物当其目，众音佐其耳。"说明了在领导者决策过程中广泛沟通、博采众长的重要性。一个好的决策，必定是领导者坚持群众观点，深入调查研究的结果，必定是领导者把上级指示精神与本地具体情况圆满结合的结果，必定是领导者发扬民主、博采众长的结果。从某种意义上说，只有通过沟通，才能了解大家对决策的看法和建议，才能"万物当其目，众音佐其耳"。通过有效的沟通，能激发下属独立思考、大胆发言；通过有效沟通，可以使下属更加清晰地明白自己的工作性质、工作目标和工作意义，感受自己生存的思想共振，从而引发出更多的创造性设想。

（三）有利于女性领导保障组织目标的实现

正确的组织目标，代表着组织成员的广泛的、根本的和长远的利益，一经确立，领导者就要不失时机地向组织成员做好认真解释和广泛沟通的工作。有人说，现代领导更像4×100米接力赛而不是100米个人赛。成功的领导既是领队又是运动员，同时还兼裁判员。领导要具备这种号召力，就必须常沟通。杰克·韦尔奇说：企业领导人的工作成效与能否同下属沟通有成百上千倍的正效用。为此，我每天都在努力深入每个员工的内心，让他们感觉到我的存在。即使我在很远的地方出差，我也会花上 16 个小时与我的员工沟通。他甚至深有感触地描述自己的工作：“我 80%的时间是在与不同的人说话。”万科董事会主席王石也说过，我是职业董事长，我领导万科的秘诀就是不断地交谈沟通——与投资人、股东、经理层和员工。

但是很多领导者的沟通效果不尽如人意，他认为领导者与被领导者之间不能有太多的平等，没有必要告之他们做事的理由。片面强调被领导者应无条件地服从，理解的执行，不理解的也必须执行。从而认为除了告知对方做什么、做到什么程度之外，再告之其他相关信息都是多余的。更不用说就对方的态度、情感，通过沟通达成理解和认同。

没有充分有效的沟通，下属员工不知道做事的意义，也不明白做事的价值，因而做事的积极性也就不可能高，创造性也就无法发挥出来。不知道为什么要做这个事，所以他也就不敢在做事的方式上进行创新，做事墨守成规，按习惯行事，必然效率低下。相反，如果有比较充分而有效的沟通，在让下属员工了解所做工作的目标和意义、价值后，他们的工作热情和主动性会倍增。沟通是启发下属员工工作热情和积极性的一个重要方式。主管与下属经常就下属所承担的工作，以及他的工作与整个企业发展的联系进行沟通，下属员工就会受到鼓舞，感觉到自己受到了尊重和他工作本身的价值。从而直接给下属带来了自我价值的满足，他们的工作热情和积极性就会自然而然地得到提升。沟通是下属员工做好工作的一个保障。只有通过沟通，领导才能准确、及时地把握下属员工的工作进展，并及时为下属工作中的难题的解决提供支持和帮助，有助于工作按照要求，及时、高质量地完成，进而保证整个小组、部门，乃至整个企业的工作协调进行。

（四）有利于女性领导增进组织内部和谐

现在社会正呈现出知识社会的特征。知识社会的一个重要特征，就是员工越来越多地拥有专业知识技能，具有特定的专业素养和本领。在这种状态下，员工对工作单位的忠诚度没有随专业程度的提高而提高，反而会大幅度降低。员工有一种“此地不留爷，自有留爷处”的心态，他们所具有的专业知识与技能为他们的流动提供了智力上的支持，他们在其他单位也可以谋得不错的职位。

从人与人的关系来看，按照心理学的研究成果，现在社会正在呈现出居住空间距离缩短而人际心理距离不断拉远的特点。以往的农业经济社会，人们的居住距离是相对较远的，东一户西一家，居住分散，但在这种社会形态中，人与人之间的情感关系是融洽的，人与人之间的沟通交流是较充分的。而在今天的工业社会中，钢筋水泥建筑拔地而起，摩天大楼林立，人们居住在工业化造就的住宅楼里，相互之间的居住距离缩短了，但人与人之间的心理距离却进一步拉大了。隔壁邻居不相往来，楼上何人不曾知晓，水泥墙在隔断家的同时，也隔断了人与人之间的心理交流。

所有这些社会特征，都要求领导者进行充分沟通，强化人与人之间的情感。当今社会人的情感需要在家庭和单位有所依托，否则就有可能出现情感上的缺失与断裂。“通则不痛，痛则不通”，既是医理，也是哲理。就领导工作而言，沟通在组织内起着“舒筋活络”，促进“血液循环”的作用。

（五）有利于维护女性领导的权威

有效沟通有利于情感分享和实现价值认同，维护领导权威。现代领导学认为，领导活动的成功与否最终取决于人们对权威的接受程度，正式任命的头衔、职务并不代表权力，职务必须得到下属和人们的认可，才能算真正拥有权力。领导者只有保持与下属的有效沟通交流，以自身学识、能力、品德来影响带动下属，才能达到情感共享和价值认同的目的。

第二节 女性领导沟通特征

一、沟通的性别差异

男女因使用不同的语言而总是误解对方，甚至当他们说相同的语言可能也会表达不同的意思。男女的沟通风格存在很大差异，有时甚至会导致严重的沟通困境和障碍。因此，交流者的性别在沟通中起着很大作用。

男女不仅在体质上有很大不同，而且在心理结构上也存在着很大的差异，形成了不同的语义认知体系。而人们却常从自己的角度来揣测异性，这正是男女之间战火绵延的根源。这一差异在沟通中也表现得相当明显。

这种困境在平时的沟通中很常见。在交谈中，男性常常更直截了当，而女性则比较倾向于委婉含蓄；男性更喜欢解决问题，而女性更喜欢关注感受。比如：男性常常抱怨女性总在不断谈论自己的问题，女性则责备男性从不认真倾听；男性沟通的习惯是先讲“结果”，他们习惯解决问题的模式是很快抓住重点，马上解决，而女性则习惯强调“过程”，凡事从头说起，最后才得出事情的结果及原因；男性更倾向于迅速结束话题和不断地转换话题，而女性喜欢对同一个话题深入交流……这些差异不仅会影响男女沟通的效果，阻碍信息和情感的传递，还会带来沟通困境和障碍，因此而造成很多的误会和矛盾。

（一）从发展心理学的角度看，差异源于童年时代的经历和习惯

一方面是家长教养的结果，女孩子从小就被要求说话要温柔得体，她们更常采用一种商量和询问的语气，如“让我们……好吗？”或是“你可以……吗？”而人们大多会鼓励男孩子采用更直接更强硬的语气来发布命令或发起谈话，如“坐下！”“陪我玩！”等。另一方面是从家长和同伴那里学习模仿来的。女孩子更多的是模仿母亲的沟通方式，男孩子更倾向于模仿父亲，这种差异会越来越明显。儿童在发展期受到的影响主要来自他与其同伴互动时的社会结构。不论男孩儿还是女孩儿都倾向与同性玩耍，而不同性别的小群体中的组织结构是不同的，他们的互动方式也不同。在与同伴的交流中，男孩子会有一种沟通风格，女孩子会有另外一种沟通风格。每个孩子会更倾向于模仿和学习自己同性的伙伴。由此可以看出，男女沟通风格差异在很小的时候就形成了。因为语言行为始于人们很小的时候，所以它很快就

变成自然而然的东西。

男女在人格气质方面也存在很大差异，这也会导致沟通中的矛盾和困境。女性的乐群性、敏感性、幻想性和自律性比男性明显，而男性的稳定性和恃强性普遍高于女性。这有互补的一面，二者会相互吸引，也有矛盾的一面。很多时候，人们总是从自己的角度去揣测异性，很难理解两者的差异。这就导致了他们在沟通中重视的因素不同和沟通中表现出不同的风格。

（二）从性别心理学的角度来看，男性与女性本身在心理结构上就存在很大的差异，这是导致他们在沟通中表现不同的主要原因

1. 沟通的目的不同

黛柏拉·泰南（Deborah Tannen）博士的研究为理解男女沟通风格的差异提供了重要见解，研究指出：女性使用的是建立联系和亲密性的语言，男性使用的是确立地位和独立性的语言。比如，当男性听到一个问题时，他们常常通过提供解决办法来表现自己的独立性和控制力；相反，很多女性把提出问题作为一种加强亲密感的手段。女性提出问题是为了获得支持和联系，而不是为了获得男性的建议。比如，女人安慰对方的方法是说："你别太难过啦，我也有相似的经历。"而男人安慰对方的方式是说："你不应该难过，因为你的问题根本没那么严重。"

2. 价值观基础不同

女性更重视感情、交流、美和分享，她们的自我价值是通过感觉和相处的好坏来定义的，她们花很多时间在相互帮助和相互安慰上。当别人谈话时，她们从来不提供答案，耐心地倾听别人的谈话和理解别人的感觉，是她们爱和尊重别人的表现。男性更注重力量、能力、效率和成就。他们的自我价值是通过获得成就来体现的，所以他们最不愿意的是别人告诉他该如何做事。他没提出要求别人就主动去帮助他，是对他的不信任，更是一种冒犯，男性对此非常敏感。

3. 处理冲突的方式不同

女性遇到冲突时，强调化解矛盾，希望得到理解和支持。她们使用表示情绪和亲密的语言沟通。女性一般很难严词厉行地加剧冲突。有了冲突以后，女性容易浮想联翩，会将以前的种种不满一起拿出来"算总账"，认为这不是偶然事件，而是累加的结果。男性强调独立和控制，他们的沟通语言是要表达地位、权利和独立，他们在意是否高人一等。大多数男性会在冲突时直接表达意见。男性多是就事论事，即便有过从前，大多不会认为是累加效应，所以他们的情绪反应就会不同。

（三）从精神分析的角度看，还有潜意识的作用

有些差异是存在于潜意识里的，所以在很多时候，我们可能会觉得对方不可理喻，而对方也不理解自己的想法。有的时候，会听见男人抱怨："她只是想说自己的看法。我提出不同的意见，她就急了。"在潜意识里，男人常常觉得自己有义务指出事物的另一面。但女人在潜意识里认为，交谈就是为了表示理解和支持的。她们听到异议，会认为这是对自己不忠的表现，而且会认为对方拒绝提供必要的支持。其实，也不能说女人听不得不同意见，只是她们更希望别人能通过建议或疑问的方式提出，而不是赤裸裸的反驳。此外，导致男女沟通风格差异的还有生理因素的影响，如脑半球结构差异；还有社会的影响，如社会对男女沟通风格的塑造等。

综上所述，男女沟通风格存在很大差异，而且影响因素很复杂。我们需要认识到这种差异，在理解彼此的基础上，调整自己的心态，重视沟通，学会倾听，在这种差异中寻找一种契合，减少因沟通不畅带来的各种障碍和困境，从而更享受交流的乐趣。

二、女性领导的沟通优势

现代社会的组织发展呈现出强烈的柔性领导和以人为本领导的需求，在世界范围内，女性领导群体已开始为现代社会组织和领导实践带来深刻的影响，这些影响透过女性的优势体现出来。女性领导的优势在领导沟通中尤为突出。

（一）女性柔性的特性是沟通的润滑剂

柔性是女性特有的个性体现，表现为温和待人，平和处事，谦恭有礼。在领导活动中，女性领导低姿态的沟通，往往更能赢得欢迎和尊重。当然，温柔并不代表软弱，刚强也并不一定要放弃柔情。

傅莹的柔性沟通

我国外交部原副部长、全国人大发言人傅莹的沟通风格可以给我们很多启发。傅莹是蒙古族人，1998 年被任命为中国驻菲律宾第八任大使，成为中国第一位少数民族女大使，也是中国最年轻的女大使。此后，傅莹相继出任中国驻澳大利亚大使，2007 年调任中国驻英国大使。由于傅莹是中国驻英大使中的第一位女性大使，因此，出任之初，很多人就想为难一下她，尤其是英国的一些媒体，但是都被傅莹巧妙地化解了。2008 年 4 月，北京奥运会圣火在伦敦传递期间，傅莹更是主动利用媒体，和英国民众进行沟通。面对奥运圣火传递中出现的干扰，英国民众对中国的不解和质疑，她在英国《星期日电讯报》发表了《如果西方能够倾听中国》的文章，以女性特有的细腻描述了她对奥运圣火在伦敦、巴黎的传递遭到干扰的心境，向世界传达了更客观的中国声音，深深打动了英国民众。2009 年 11 月，英国《太阳报》制造了一条假新闻："中国驻英大使馆不堪附近歌迷骚扰向英国外交部门投诉，大使傅莹十分生气。"这条新闻一下子引起了很大的动静，有的媒体甚至以此为题开始抹黑中国政府。原来是英国一档电视选秀节目的选秀场所，就在中国驻英国大使馆旁边，而这档节目经常举行活动，声势很是浩大。眼看着一场小小的外交纠纷就要爆发了，身为驻英大使的傅莹却并没有着急，反而很冷静。第二天，英国《太阳报》上刊登了一封信，这封信正是傅莹亲笔所写。在信中，傅莹写道："这真是太有趣了，当读到关于我们大使馆卷入'外交纠纷'的报道之后，我发现自己也被卷入了这个节目的热潮之中。我不得不承认，有空的时候我很喜欢看这个节目，而且其中有我喜欢的选手。”在信中，傅莹还如数家珍般地对选秀比赛中人气较高的一些选手进行了点评。傅莹的这封信一下子让那条假新闻不攻自破，也更让英国民众看到了傅莹对英国文化的熟悉和尊重，可谓一举两得。那些原来受假新闻蒙蔽而攻击傅莹的人也恍然大悟，更多的人则敬佩傅莹处理外交纠纷的机智。英国媒体以“大使的温柔”为题，报道了傅莹化解此事的方式，并大加称道。最后，这档节目还邀请傅莹赴现场观看决赛。

在一个对中国充满傲慢与偏见的国度，傅莹以其女性的、个人化的表达方式，传达着普通中国人的感受和心声，润物细无声地改变着西方社会对中国的偏见，以自己细腻丰富的感性体验，缓和着在外交中可能出现的剑拔弩张的局面。傅莹的幽默与机智，让人难以拒绝的柔性的表达方式以及独特的气质和个性的语言，一改往日中国官员“不苟言笑、铁板一块”的形象。也正是她屡屡在关键时刻发出直击人心灵的声音，成就了她“危机大使”的美誉。这些都形成了她独树一帜的外交风格，是中国柔软外交的代表。

2013 年傅莹出任全国人大新任新闻发言人。从最会用讲故事的方式介绍中国的大使，到全国人大第一位女发言人，傅莹赢得了人们越来越多的认同和赞誉。人们对傅莹的评价越来越高，有网友觉得她“气质大于年龄”，有媒体认为她“温雅中透着力量”。傅莹发言的最大特点是善用故事“拉家常”。回顾这几年每年 3 月份傅莹和记者的沟通，我们可以看到，傅莹优雅、温和，又不失威仪；坦率、智慧，而且坚定；善于倾听、更善于让人倾听。傅莹对记者说话柔声细语，即使在阐明中国的外交政策时也丝毫不露锐气，但是傅莹的温柔并不是一种软弱，她恳切温柔的说话中其实带着刚毅。尤其是在回答一些外媒提出的“刁钻”问题时，傅莹的语调和语速都没有明显的变化，回答却是一针见血。柔和的语言，诚恳的态度，真诚得令人不忍心对她的发言产生怀疑。凤凰卫视评论员杨锦麟曾经感叹：我们的傅莹太少了。“很多时候，有话要讲，不是声音够大、道理够硬就行了，要怎么讲，好让人听得进去，才至关重要。”杨锦麟毫不吝惜溢美之词地赞扬傅莹，“尽管柔声细语，但立场清晰坚定，而且给人听了觉得合情合理，心服口服”。

资料来源：傅莹. 我的对面是你：新闻发布会背后的故事[M]. 北京：中信出版社，2018.

（二）女性的感知力可以减少沟通的环节

各种关于性别的研究表明，无处不在的社会角色造就了女性直观、感性、细腻敏感的特性，这给女性领导带来了有别于男性的沟通优势。女性擅长观察，擅长通过对方的表情、举手投足感知他人内心活动和情绪变化，这可以使女性领导减少沟通的烦琐环节，寻找最佳沟通时机，快速获得信息。沟通的速度快了，沟通的效果会更好，从而使女性领导掌握沟通和工作的主动权。

另外，女性领导往往善于听取意见，策略灵活，作风民主。她们在对人对事的态度上善于联系群众，多采取折中、迂回、抚慰、调解的办法。这种女性领导独特的沟通能力，赢得了他人的认同。被誉为“铁娘子”的英国前首相撒切尔夫人，经常对自己的同僚嘘寒问暖，不但问，而且不管是谁遇到了困难，她都亲笔写信问候，有时还亲自下厨为同僚们准备晚餐。这种关爱的力量深深打动了下属和同僚。她的部下曾表示心甘情愿为她通宵达旦、废寝忘食地工作。

（三）女性领导的亲和力是沟通最好的手段

亲和力是一种情感力量，它不受职位和权威约束，通过个体发散至周围，传递着亲切、宽容和随和的信息，能够赢得人们的合作和信任。亲和力凸显了女性领导放低姿态、平等交流的理念，具有浓郁的人情味，更加适合现代社会组织发展的需求。当然，只有亲和力并不能解决所有问题，亲和力也不能代表全部的领导能力，用什么样的沟通方式与下属合作，是领导者的领导艺术，无法一刀切。但是与威严的领导相比，选择友善可以更有效更能够贯彻组织意图，实现组织目标。经历过严厉领导行为的冷漠和无情，人们更向往温情和关怀下属的风格。关爱下属的领导者会使员工更明显地感知到组织对他们的承诺、支持，也会产生更强烈的公平感和归属感，这会提高他们的工作积极性和满意度。相反，经常对下属展示其领导权威的领导，会挫伤员工工作的积极性，使他们不再忠诚于自己的组织。因此，具有关爱心的领导行为会通过影响员工对组织的态度，间接影响一个组织的发展。

亲和力是拉近距离，消除隔膜，进行心理安慰的最好方式。领导不仅仅是“领”，率领和管理组织，定目标，定方向，描绘和勾画蓝图。领导还需要“导”，引导、辅导、教导、督导和疏导组织。组织是由人构成的，凡是有人的地方就会有矛盾、冲突和误会，而人心中的硬结也只有用柔软的力量才能化开。拥有亲和力的女性领导在工作中会以一种关怀和爱与部属交流沟通，善于聆听对方。拥有亲和力的女性领导即便是批评他人，也往往是采用威而不厉，严而不冷的方式交流看法，令人心悦诚服地接受。当然，如果女性领导因为自己的位高权重而丧失了亲和亲民的特色，说话指手画脚，甚至颐指气使，那么她受到的指责可能比同样情况下男性受到的更加严厉，人们对她的反感程度会更大，女性领导也就丢失了大量的支持者和尊重。

（四）女性领导善于言辞可以更好实现沟通目的

善于言辞是女性沟通的重要优势。大量的研究和观察发现，女性的语言表达能力比男性强。女性语言表达能力比男性发育早，因而，在语言的流畅性、语法、语句、阅读能力、词汇积累方面都比男性出色。在领导工作中，语言表达能力是领导能力的重要方面，言辞的丰富、生动流畅令女性领导的从政风度、演说力量、传达清晰度、沟通灵敏性等都能在工作场合发挥作用，达到沟通的顺畅有效，从而减少沟通的障碍。

第三节　女性领导沟通能力提升方法

女性具有良好的沟通才能和优势，但随着女性在组织中职位的不断提升，所承担责任的加大，对沟通能力的要求也不断提高，因此，女性领导要不断提升自己的沟通能力。女性领导提升沟通能力需要注意以下几个方面的问题。

一、重视建立人际关系网络

根据社会心理学家罗伊·鲍莫里斯特的研究，与女性相比，男性建立的人际网络往往范围更广泛，但关系却比较肤浅，这种人际网络使男性可以从范围更广泛的来源获取知识和职业机会。因此，有研究指出，女性领导要学会建立人际关系网络，学会与上级、同级以及下属和组织外部的人员建立联系与合作。如果时间有限，女性领导不要希望与每一个人在工作上的联系都是密切的，而应与直接领导保持经常联系，直接汇报工作。女性领导要注意把握几个重要关系的沟通。

（一）上行关系中的沟通

上级的支持是领导顺利开展工作的前提和保证，因此，要善于和上级领导沟通。对于自己的上级，要尊重而不恭维；服从而不盲从；到位而不越位；补台而不拆台；建议而不强求，争取上级的支持；努力工作，赢得信任。

（二）下行关系中的沟通

女性领导要注意营造公平公正的领导环境，公正而不偏私，平等而不摆谱。要注意以理服人，以智导人，以量容人，以诚感人，以情暖人，以行带人。

（三）平行关系中的沟通

要注意平行关系的协作性和竞争性。要正确对待竞争，民主而不专断，信任而不猜疑，支持而不拆台。

二、要善用性别优势建立信任

沟通的目的是信任。信任是对领导者的为人、人格和能力的信念和态度。信任领导的员工容易受领导行为的影响，因为他们相信领导会对自己的权利负责任。因此，对领导者的信任与工作效果密切相关。领导是领导者、追随者和环境的互动过程，在这个动态平衡的过程中，信任是领导力能够发挥作用的关键因素。由于传统思维和观念的束缚，人们对女性领导能力往往会产生质疑，因而信任的构建和维持是女性提升领导力的必由之路。研究表明，信任由正直、胜任力、始终如一、忠诚、开放五个维度构成。女性可以通过充满善意和关爱的沟通、展现才能和魅力、分享情感等来构建信任。百事可乐的CEO 卢英德曾经讲述自己如何通过沟通赢得部属的信任和追随。她认为，是她的父亲教会她“以善待人”，让她成为一块海绵，无时无刻不从周围吸取各种信息和建议。无论别人说什么做什么，就当作他是出于好意。就会惊奇地发现，这样做能够完全改变与人打交道或处理问题的方式。正是因为这样的思维角度，使得卢英德在遇到公司内部的反对意见时，不是一味地抵触，而是首先努力找出背后的原因——也许他们的感情受到了伤害?或者他们误解了自己的意思?试着从他人的角度去理解他人的反应和行为，这样才能达到真正的沟通，赢得他人的心。

三、掌握合理的管理距离

女性领导在沟通过程中，还要注意保持空间和心理距离。人与人之间需要保持一定的空间距离。任何一个人，都需要在自己的周围有一个自己把握的自我空间，它就像一个无形的气泡一样为自己划出了一定的领域。而当这个自我空间被人触犯时就会感到不舒服，不安全，甚至恼怒起来。一位心理学家做过这样一个实验。在一个刚刚开门的大阅览室里，当里面只有一位读者时，心理学家就进去拿椅子坐在他或她的旁边。试验进行了整整 80 人次。结果证明，在一个只有两位读者的空旷的阅览室里，没有一个被试者能够忍受一个陌生人紧挨自己坐下。一般而言，交往双方的人际关系以及所处情境决定着相互间自我空间的范围。美国人类学家爱德华·霍尔博士划分了四种区域或距离，各种距离都与对方的关系相称。一是亲密距离（0～0.5 米），通常用于父母与子女之间、情人或恋人之间，在此距离上双方均可感受到对方的气味、呼吸、体温等私密性刺激。二是个人距离（0.5～1.2 米），一般是用于朋友之间，此时人们说话轻柔，可以感知大量的体语信息。三是社会距离（1.2～3.5 米），用于具有公开关系而不是私人关系的个体之间，如上下级关系、顾客与售货员之间、医生与病人之间等。四是公众距离（3.5～7.5 米），用于进行正式交往的个体之间或陌生人之间，这时的沟通往往是单向的。女性领导在沟通时，从空间距离上看，尤其是与男性上下级之间，要有透明度和距离感，要避免突破个人距离。

（一）在心理距离上，女性领导要注意调整距离的艺术

在沟通中女性领导要尽量缩小与下属的心理距离。心理距离小一些，有利于增强领导者的亲和力，增强领导者的影响力，有利于沟通的顺利进行。但是，女性领导与下属的心理距离也不是越小越好。心理距离太小，下属对领导者不够尊重，不够认同，反而会使沟通的目的难以达到。此外，不要让男性下级为自己做工作之外的个人私事，和男性下级不谈隐私、不谈感情，更不能因为男性下级充满关心或打抱不平的话语而对其毫无顾忌地倾诉，开启情感之门，对此，女性领导要自觉进行心理防卫。当然，距离管理并非要女性领导以一种高高在上或是清高冷漠的态度与上下级沟通，而是要注意把握分寸。

（二）在进行距离管理的同时，女性领导在沟通中要注意适度问题

尤其是在与上级的沟通交往中，许多女性领导往往存在胆怯和不愿沟通的心理，也可能存在过度沟通情形。心理学家认为，如果外界对人的感官刺激过强，会使人感到厌倦、疲劳甚至反感；但如果过少过弱，又会使人产生沟通障碍，出现彼此陌生的反应。因此，女性领导在心理定位上要注意两种倾向。

（1）交往忌疏

见到领导绕着走，万不得已不见面。与领导交往频率过低，因为沟通太少，信息不通畅，容易引起误解。女性领导之所以主动放弃与领导交往的积极性，是因为“人微言轻”的自卑心理、蔑视权势心理、自视清高心理。另外，担心社会舆论的压力也是女性领导难以积极沟通的心理障碍。越是处于基层的下级越容易这样，结果是领导难以记住下级，也对下级的工作缺乏了解。上下级的了解是双向的，想要得到领导的支持和赏识必须让领导知道自己，因此主动回避不是好的方法。

（2）交往忌密

下级与领导交往频率过高，往往会产生这样的结果：其一，干扰领导的工作，其二，扭曲自己的人格形象，引起领导的反感。过度沟通和交往有时并不一定引起领导的信任，相反还会带来负面效果，且令自己烦恼。因此，女性领导此时就该冷静思考，千万不要抱有扭转领导的想法，应该调整的只能是自己的心态。上下级关系是一种工作性质的交往关系，领导对下级的态度在很大程度上取决于这种关系的工作价值。如果领导认为下级的素质好、责任心强、有较强的工作能力，与下级的交往沟通会给自己的领导工作以有效的支持和配合，就会接纳、欢迎、鼓励与下级的积极交往。反之，如果领导认为下级的素质一般、能力平平，积极沟通交往对自己的领导工作无多大裨益，他就会对下级表面上客客气气，实际上是有意疏远。在这种情况下，就应该克制和削弱自己与领导交往的积极性，调整好与领导交往的度。

四、注重非语言沟通技能

领导沟通不仅有言语沟通，还有非言语沟通，有时非言语沟通可能会发挥更大的作用。我们把声音和肢体语言都作为非语言交往的符号，那么，人际交往中信息沟通就只有 7%是由言语进行的。这充分验证了在沟通和传播中非语言沟通的重要性。学术界把这种类型的沟通称为身体沟通。作为一名领导者，了解和掌握非语言沟通技巧，并能恰当地将之运用到实际工作中，将会有利于领导工作的开展和人际关系的和谐。

（一）面部表情

表情是心理的一种反映，也是人性的一面镜子。面部表情真诚、亲切可以使下属感到亲和力，而不是压迫感；领导皱眉头、板着脸，会降低下属的积极性；领导者常对下属表现灰心、失望的神情，会打击下属的信心，严重时可能导致下属自暴自弃。具有良好表情的领导者，能让下属如沐春风，让下属愿意接近。相反，有些领导者对下属总是冷若冰霜，表情严肃，让下属惧怕，下属就会对其敬而远之。那么，如何塑造良好的面部表情呢？

一是学会运用目光语言。“眉目传情”“明眸善睐”等成语形象地说明了目光在人们情感交流中的重要作用。在双方谈话时，首先，听者应看着对方，表示关注；而讲话者不宜再迎视对方的目光，讲话者说完最后一句话时，要将目光移到对方的眼睛上。这是在表示一种询问“你赞同我说的话吗”或者暗示对方“现在轮到你讲了”。领导者在与下属沟通时应用亲切、友好的目光注视下属的面部，与下属进行直接的目光接触和交流。人的面部可以分为两个区域，额头至双眼之间是正三角区，注视这一部位表示双方谈话都处于非常严肃、认真的状态；双眼到嘴之间是倒三角区，注视这里有利于传递礼貌友好的信息。领导者可以根据谈话性质的不同选择不同的注视部位。其次，要注意目光停留的时间。领导者在与下属交流时既不可以不看下属，也不可以直盯着下属不放，应自然大方地与下属进行目光交流，让下属在你的目光中看到亲切、友好和自信，感受到温暖和舒适。最后，要注意注视的方式。领导者与下属交流时应保持“正视”，要一本正经地看着下属，让下属感受到你的认真和对他的重视。一般平视（平等注视）会让对方感到自然亲切，不要居高临下俯视对方，更不可摆出一副不屑一顾的表情。有时，领导者可根据工作场景的不同，灵活调整注视方式。例如，领导者在开大会发表讲话时，目光应自然落在最后一排人的头顶上，要让全体人员感觉到你看到了每一个人，他们都在你的目光里；开小会时，随着说话的内容，领导者的目光应自然地与每一个与会者接触。切忌盯着一个人说，那样既会让被你盯着的人感到不安和心慌，也会让其他人产生被冷落感。

二是善用微笑。微笑是一种宽容、一种接纳，它缩短了彼此的距离，使人与人之间心心相通。喜欢微笑着面对他人的人，往往更容易让对方渴望亲近。如果说行动比语言更具有力量，那么微笑就是无声的行动，它所表示的是：我很满意你、你使我快乐、我很高兴见到你。“笑容还是结束说话的最佳‘句号’。”对人微笑是一种文明的表现，它显示出一种力量、涵养和暗示。

（二）身体动作

美国作家威廉姆·丹福斯曾有这样一段描述：“当我经过一个昂首、收下颚、放平肩膀、收腹的人面前时，他对于我来说，是一个激励，我也会不由自主地站直。”在人际交往中，人们的口头沟通经常要借助于人体的各种姿态，这就是我们常说的体态语言，包括身体姿态、手势、触摸等。

对领导者来说，身体语言是他们提升领导能力的重要手段。西方政界和商界领袖大多深谙此道，他们通常都是运用身体语言展现自身魅力和影响他人的高手。查尔斯王子永远不会防范地把双手放在腹前，正是这一细节展露出皇室的大气和庄重。当年里根竞选总统，演员出身的他凭借微笑、得体的姿态和高超的演技，向选民展现出自信、沉着、坚定的领袖形象，因而击败了在知识和智力上胜他一筹的杜卡基斯。大部分人对身体语言的把控都来自后天锤炼，对身体语言的把控通过锻炼是可以提高的。

开放型的身体语言。如果身体语言传达出开放的信息，就会给人较易沟通的感觉。开放型的身体语言：沟通时露出手掌，能给人坦白、诚挚的印象，从而使沟通变得轻松；身体向前倾斜，表现出对对方的关切和接纳。反之，以下这些身体语言则给人封闭的感觉：抱臂，是常见的封闭型身体语言，当然，抱臂有时是身体疲惫的表现，是一种休息的姿态，但当人们看到抱臂这个动作时，首先会收到负面信息，所以领导者要尽量避免这个动作；驼背，给人闭锁与防卫、愤世嫉俗、孤僻、恐惧之感；端坐，给人自我约束、不可亲近、不愿迁就之感。如果身体语言给人封闭的感觉，就等于给沟通设立了障碍，这显然是不具有领导力的表现。

人体触摸。领导者还可以通过与他人的身体接触来实现沟通。例如，可以用与下属握手、拥抱等方式来表达友好、鼓励、安慰等情感。恰当地运用人体触摸，可以更好地拉近与下属的距离。不过，领导者在使用人体触摸方式时必须考虑双方的年龄、级别、性别、场合等因素，不可随心所欲、任意妄为，以免引起不必要的误会和麻烦。比如，一个员工刚晋升为主管，领导者想向其表示祝贺，如果双方为同性别，且领导者年龄比对方大很多，那么热烈握手甚至拍对方的肩膀都会让对方感受到友好和鼓励。但是，若对方为异性，且年龄相差不大，领导者握着对方的手不放或拍打对方肩膀都不妥，容易使对方感到尴尬。

展现权威和自信的身体语言。对领导者而言，不但要有春风化雨般的亲和力，打造敬畏力也尤为重要。敬畏力的源头是领导者对价值观的坚持。通过展示权威的肢体语言可以加强领导者的敬畏力。聪明的领导者会合理运用“强者姿态”使自己的领导力倍增。双臂下砍的手势被认为是最能强化语言力度的动作，因而被领导们在公开演讲时反复使用。用手搭建塔尖是领导者展现权威和自信的一种动作。有时候，抱臂也是领导者展现自信的一种姿势。强而有力的握手是展现领导者力量和亲和力的最常见动作。

避免使用给人负面印象的身体语言。领导者还要避免以下身体语言，因为这些动作传达出来的信息往往是掩饰、紧张、压抑等负面信息。这些肢体语言出现在一个领导者的行为当中一般会降低领导者的可信赖感。例如，搓腿或抚摩膝盖、拉开衣领、触碰额头、触摸颈窝或颈部、手指触碰鼻耳嘴等、皱眉整理头发、揉按腹部、摩挲手背、搓手指、拇指交叉摩擦、转移视线、绷嘴、舔嘴唇等。而抬起下巴、慢眨眼、斜视（低眉）、眯眼睛等身体语言会给人傲慢之感，领导者也要避免使用。

五、要有包容谦和的气度

许多成功女性领导的经验告诉我们，女性领导取得成功的最佳策略是使用比自己更有激情、更聪明的人，然后仔细聆听他们的意见，运用他人的智慧。要学会尽可能弱化自我，淡化自我。《哈佛商业评论》曾采访著名历史学家许倬云教授，许倬云认为，要让一个组织蓬勃兴旺，健康地发展下去，人的因素最重要。历史上很多时候看上去都已经山穷水尽，但如果领导者找对方向，调动别人没办法调动的资源，开启全新的视野，往往能够开拓出崭新的局面。在谈到领导力时，许倬云借用唐代陆贽的话指出，领袖常犯的六个错误是：第一，我要胜过别人；第二，不愿意听别人数落我的过失；第三，喜欢辩论；第四，觉得自己比别人聪明；第五，逞自己的威严；第六，拒绝别人的建言，刚愎自用。历史和现实中无数领导者成功和失败的案例显示，百川不择细流，才能成其大，谦和包容才能获得事业的成功。对于女性领导而言，如何突破狭隘的心理，具有谦和包容的气度是需要不断修炼的人生课题。

武则天的雄才大略

武则天生活的年代是在唐朝前期，这是魏晋南北朝民族大融合之后宋明理学形成之前的封建开放型社会，大量内迁的西、北方各族与汉族杂处日久，通婚往来甚密，异域开化的风尚习俗也渗入内地，冲淡了汉俗礼教。其时一个显著的变化，就是社会对女子的禁锢大为松弛，上层女子普遍喜好读书习文，出入社交场合，改嫁不再有异端之嫌，婚姻也较自由。妇女社会地位的提高，为武则天出头露面提供了良好的时代契机。武则天出生在一个达官家庭，优裕的家境使天资聪慧的武则天从小涉猎文史，有着较高的文化素养，但在她9岁时父亲谢世，她及生母受到同父异母兄弟们的鄙薄冷待，这使她过早体验到了世态炎凉，同时也激发了她倔强的个性。贞观十一年（公元637年），14岁的武则天以美色被唐太宗召入后宫，立为内宫中品位最低下的"才人"，这时的她在宫廷里并未得到青睐，不过，长期孤寂淡泊的生活也赋予了她超人的忍耐力。贞观二十三年（公元649年），唐太宗去世，武则天及后宫中没有子女的嫔妃们，一同被剃发送进了感业寺，落魄为伴青灯度日的清苦尼姑。一年以后，长于心计的武则天抓住与她早有暧昧关系的新皇高宗进寺焚香的时机，唤起了他对自己的眷恋之情，重蓄乌发，于永徽二年（公元651年）又还俗回宫，她的生活起了戏剧性的变化。公元655年，32岁的武则天终于成为皇后。高宗由于长期患病，时常不能视事，便让果断明敏、富有才干的武则天辅佐朝政。这为她施展自己的才华又一次提供了机遇，逐渐地"天下大权，悉归中宫"。

作为政治家，武则天既有铁腕，又不失大家风度。大臣韩缓和来济，以前曾"面折庭争"，阻止进封武昭仪为良妃，武后即立，惧不自安。武则天却在戴上凤冠后的第三天出人意料地称赞他们"深情为国，乞加褒赏"，表现得颇为宽厚。公元683年，高宗去世，武则天以太后身份临朝。未久，扬州便起兵发难。当时，武则天看到一篇《讨武檄》。檄文数其秽行，揭其隐私，文辞犀利淋漓，气势磅礴。武则天和颜悦色地读完，从容平静地询问作者是谁。当知道是初唐四杰之一的骆宾王所写时，她感叹道："这是宰相之过也。人有如此才，而使之流落不遇乎。"鲁迅先生在提到这篇檄文时，对武则天看过"不过微微一笑""如此而已"的雅量很是赞赏。

为扩大自己在整个官僚阶层的影响，实现自己的政治抱负，武则天始终不渝地筛选网罗人才，在辅佐高宗期间，她即别出心裁地开馆延揽了一批文章高手，以修撰为名招人，除著书立说外，又让他们干预国事，朝廷疑议及有司表疏皆密令他们参决，因这批文人被特许从北门即玄武门出入禁中，时人称之为"北门学士"。这是武则天在皇权、相权之外建立的智囊班子。

她还大力发展作为正常仕途的科举制，在她与高宗统治的历年间，每年科举取士的平均数超过贞观年间的一倍。如此，学而优则仕之风猛烈地冲击了恃门第入仕的旧制，一批来自寒门微族的有才之士，如宗漳、张九龄等名相，陈子昂、刘知几等文坛巨辈从此脱颖而出。为广招四方英才不使野有遗贤，武则天还采取了几项措施。其一，称帝后她首创"殿试"，亲自面试考生物色人才，给予他们极高的荣誉。其二，鼓励臣下"荐贤"，凡所举之人经稽查只要有真才实学，便不拘一格予以录用，像狄仁杰、姚元荣、张柬之、桓彦范、敬辉等一些当时及后来开元年间的名臣皆由荐举而出。其三，实行"试官"制，即天下臣民皆可"自举"，对他们不问愚贤出身，悉加使用，然后根据实绩决定去留升迁。其四，设"南选"，在江淮以南主要是岭南、黔中这些落后地区遴选人才。有时，她还令从科举落选的举子中再行选取人才。一时天下人才接踵而来，朝廷内外人才济济。

武则天不仅在人才的使用选拔上明察善断、具有政治家的目光和远见，并在尊贤礼下上也堪与素有此种美誉的唐太宗媲美，如她尊称辅政恭勤不怠的狄仁杰为"国老"，因狄年迈，便不让他行君臣下拜大礼。有次狄仁杰的头巾被风吹落，她即命太子赶去拾起头巾，又拉住马笼头给他系上。在上下尊卑分明的时代，她能如此待下，实属不易，而臣下也会为此殊荣而感恩戴德，以死相报知遇之恩。

资料来源：罗汉. 武曌[M]. 北京：社会科学文献出版社，2018.

对领导者而言，沟通不仅要用口、用眼、用耳，更重要的是用“行动”。这不单是指肢体语言，更多的是指领导者要率先垂范、以身作则，以亲身的实践来表达自己的思想。光说不做，领导者缺乏号召力；而如果说一套，做另套，则不仅达不到沟通的目的，而且让领导者威信扫地。因此，那些优秀的领导者，都非常注意自己的行为举止，重视用行动说话，做到言行一致，身体力行。只有这样，领导者才能真正将自己的思想传递给周围的人们，引导他们追随自己，为共同的理想而奋斗。

【本章小结】

现代管理以分工为基础，以协作为特征，良好的配合关系是确保管理系统协调运行不可缺少的条件。沟通是实施有效领导的基础和前提，而领导是信息传递交流顺畅的关键所在，在各种沟通中发挥着重要的作用，领导者的沟通能力更成为影响管理效能的重要因素。本章就领导沟通的含义、原则、构成及提升女性领导沟通能力的意义做了基本阐述，分析了沟通的性别差异及女性领导的沟通优势，对如何提升女性领导的沟通能力提出了相应策略和方法。

1. 提升女性领导沟通能力的意义是什么？
2. 从性别心理学的角度，谈谈沟通的性别差异存在哪些方面？
3. 谈一下女性领导的沟通优势？
4. 非语言沟通的技能有哪些？
5. 女性沟通能力提升方法有哪些？

某公司研发部梁丽经理才进公司不到一年，工作表现优异颇受主管赞赏，不管是专

业能力还是管理绩效，都获得大家肯定。在她的缜密规划之下，研发部一些延宕已久的项目，都在积极推进当中。

部门主管李副总发现，梁经理到研发部以来，几乎每天加班。他经常看到梁经理发送电子邮件的时间是前一天晚上10点多，接着又看到当天早上7点多发送的另一封邮件。这个部门总是梁经理最晚离开，上班时第一个到。但是，即使在工作量吃紧的时候，其他同事似乎都准时下班，很少跟她留下来。平常也难得见到梁经理和她的部属或是同级主管进行沟通。

李副总对梁经理怎么和其他同事、部属沟通工作感到好奇，开始观察她的沟通方式。原来，梁经理总是以电子邮件交代部署工作。她的属下除非必要，也都是以电子邮件回复工作进度及提出问题，很少找她当面报告或讨论。对其他同事也是如此，电子邮件似乎被梁经理当作和同事合作的最佳沟通工具。

但是，最近大家似乎开始对梁经理这样的沟通方式表示不满。李副总发觉，梁经理的部属对部门逐渐没有向心力，除了不配合加班，还只执行交办的工作，不主动提出企划或问题。而其他各主管也不会像梁经理刚到研发部时主动到她房间聊聊，大家见了面只是客气地点个头，开会时的讨论也都是公事公办的味道居多。

李副总在楼梯间抽烟时碰到另一部门的陈经理，以闲聊的方式问及梁经理，陈经理说梁经理工作相当认真，可能对工作以外的事就没有多花心思。李副总也就没再多问。这天，李副总刚好经过梁经理房间门口，听到她打电话，讨论内容似乎和陈经理的业务有关。他到陈经理那里，刚好陈经理也在打电话。李副总听谈话内容，确定是两位经理在谈话。之后，他找陈经理，问他怎么一回事。明明两个主管的办公房间相邻，为什么不直接走过去说，竟然用电话谈。

陈经理笑答，这个电话是梁经理打来的，梁经理似乎比较喜欢用电话讨论工作，而不是当面沟通。陈经理曾试着要在梁经理房间谈，当面沟通，但梁经理不是以最短的时间结束谈话，就是眼睛一直盯着计算机屏幕，让他不得不赶紧离开。陈经理说，几次以后，他也宁愿用电话沟通，免得让别人觉得自己过于热情。

了解到这些情况后，李副总找梁经理聊天。梁经理觉得，效率应该是最需要追求的目标，所以她希望用最节省时间的方式达到工作要求。李副总以过来人的经验告诉梁经理，工作效率固然重要，但良好的沟通绝对会让工作顺畅许多。

资料来源：张丽琍. 女性领导力[M]. 北京：北京师范大学出版社，2018.

讨论问题：

1. 你认为梁经理的沟通中存在什么问题？
2. 结合案例谈一谈良好的沟通在工作中的作用。

第八章

女性领导影响力提升

【学习目标】

1. 释义、辨析女性领导影响力概念，说明女性领导影响力的作用。
2. 分析、比较女性领导影响力的特征及女性领导影响力的影响因素。
3. 自我运用女性领导影响力的提升策略及方法，为女性领导构建影响力提升策略方案。

某公司李总在处理繁杂的公司事务中，十分刚强、果断、干练，而且对下属十分和善，时常嘘寒问暖，有人生病了或家中有亲人病故，她都要亲笔写信问候，有时还亲自为下属们准备生日聚会。所以她的部下说，我们为她工作常常通宵达旦，废寝忘食，虽得不到高额报酬，但我们都愿意尽忠尽职。

资料来源：根据网络资料整理。

第一节　女性领导影响力概述

随着越来越多的女性走上领导岗位，人们开始关注女性领导力的研究，其中尤其关注女性领导影响力的研究。

一、女性领导影响力概念

（一）领导影响力

领导是一种社会实践活动，即领导主体根据领导环境和领导客体的实际情况确定本组织的目标和任务，并用一定的手段影响领导客体，以达成组织既定的目标，完成共同事业的行为互动过程。领导力作用的发挥更多取决于被领导者的意愿，而不是由其组织赋予的权力和地位决定的（周三多等，2005）。

通常认为领导力的本质为影响力。影响力是由个人综合素质而形成的对他人的思想或行为起吸引、改变作用的能力。领导影响力和领导效能之间存在相关性，领导效能随着影响力的增加而增加，反之则会减小。具体来说，领导影响力就是领导者通过各种手段、途径、方法、技能和艺术来积极主动地对追随者施加影响并改变其信念和行为的能力，是改变他人的认知模式、认知内容、情感倾向和期望状态的能力，是一种软约束力。

（二）女性领导影响力

基于上述对领导影响力概念的分析，女性领导影响力指的是女性领导通过富含女性特征的手段、途径、方法、技能和艺术影响改变追随者的信念、行为，对追随者实施有效控制、支配、激励、感召的能力（张敏，2009）。

美国著名的领导学家柯维认为，现代领导者影响力的本质就是领导者的领导才能。或者说现代领导者的才能就是其影响力，而真正的领导者是能够影响别人，使别人追随自己的人。女性领导的影响力就是女性领导在领导过程中，有效地利用自身资源影响和改变追随者的心理和行为的能力。

二、女性领导影响力的构成

领导者作为组织的维持者，需要在一定的环境下运用一定的手段来影响领导对象，以达成组织的既定目标。领导者具有更大范围地影响他人的意愿，希望更多的人追随自己的行动，反映在领导者的行动上，表现为有影响力的领导者热情地推销自己的主张，极力说服他人接受自己的观点，喜欢拥有广泛的追随者和支持者。这对领导者提高组织效率，达到更高的领导效果，从而获得更广泛的影响力具有重要作用。

领导影响力是一个复杂的系统结构，包括多种因素。根据其因素构成可以分为权力因素和非权力因素两大因素群，其中权力因素包括传统因素、职位因素、资历因素等，非权力因素包括品格因素、能力因素、知识因素、感情因素等。根据这两个因素群在影响力系统中的作用不同，可以将领导者的影响力分为两类：第一类是权力影响力，其构成和影响因素主要有传统因素、职务因素和资历因素，其中职务因素是权力影响力中的主要因素，带有较强的强制色彩；第二类是非权力影响力，主要是由领导者个人的品德、才能、知识、感情等人格特质和个人魅力所构成，与职务权力没有必然联系。

与领导影响力的构成相一致，女性领导影响力的构成也包括两种类型。一种是权力影响力，另外一种是非权力影响力。

（一）女性领导的权力影响力

权力影响力又称强制性影响力，是由女性领导者自身所在组织的职务、地位和权力等所赋予的，在女性领导者实施领导活动之前就获得的要求追随者服从的影响力，其核心是权力，特点是以外部压力的形式来发挥作用，具有法定性、强制性和不可抗拒性。权力影响力因其来源的特殊性，所以它是领导者所特有的影响力，而不是每个人都具有的影响力，权力影响力是女性领导影响力的基础。

女性领导的权力影响力构成主要有三个因素。一是关键性的传统因素。在几千年的中国历史文化中，形成的劳动者和群众对领导者“言听计从”和“官管民，民服管”的旧传统，而这一传统逐步形成某种形式的社会规范，导致追随者对女性领导者产生的服从感。二是历史性的资历因素。一般认为领导者之所以能够成为领导者，是和领导者自身具有“德”“能”“勤”“绩”分不开的，女性领导者也通常会被认为是“有功之臣”，或者认为女性领导者在某些方面具有一定的经验，有能力带领组织成员实现既定的目标，为他们赢得更多的利益，从而在一定程度上存在着“英雄崇拜主义”的思想，使追随者对女性领导者产生一种追随感。三是社会性的职位因素。社会中的个人在组织中获得职务与地位，组织就授予他一定的权力，而权力使领导者具有强制下级服从的力量。女性领导者可以通过自己获得的权力去控制、支配被领导者，使追随者产生敬畏感。这些影响力与女性领导者的职务权力有关，与其个人素质无关。

权力性影响力与职务任免相始终，以组织授予的职权为基础，以下级的服从为前提。职位权力影响力主要来源于领导者对群体内部资源的控制与支配权力，主要包括决策权、指挥权、人事权、奖励权、惩罚权。这些权力的获得使领导者在领导活动中具有一定的影响力。但在实际工作中，领导者仅仅依靠权力性影响力，未必能获得良好的领导效果。领导影响力的大小也不只取决于权力性影响力的大小，领导者必须重视非权力的影响力在领导活动中发挥的积极作用，才能使被领导者心甘情愿地接受其领导，才能产生众望所归的效果，领导效能才能充分提高。

（二）女性领导的非权力影响力

非权力影响力是由女性领导者个人素质所决定，得到追随者认可，不完全依附于与其职务相随的法定权力之外的影响力。这是决定女性领导影响力大小的关键性因素。主要指女性领导者自身具有的品格、素质、知识、能力、内在情感、外在形象等因素产生的影响和改变他人心理和行为的能力（张兵，2006）。

非权力影响力在女性领导活动中发挥着越来越重要的作用。其构成主要有以下五种。

第一，高尚的道德品质。包括女性领导者的道德、品行、人格、作风等，直接体现在女性领导者的一言一行当中。惟贤惟德能服人，女性领导者品德高尚、作风正派，表现出良好的道德品质，就会成为被领导者的楷模与表率，给女性领导者带来巨大的影响力，吸引被领导者去模仿女性领导者的行为，规范遵守各项规定，自动自发去做有益于大众的事情。这也是女性领导带领成员齐心协力实现组织目标的重要保证。

第二，高超的才智能力。能力是个体顺利完成某项活动所必须具备的条件。女性领导能力是女性领导者的个体素质、思维方式、实践经验以及领导方法等影响具体领导活动效果的个性心理特性和行为特征的总和，它是女性领导者素质的核心，体现在领导活动中，表现为组织、决策、指挥、协调、创造、用人能力等。任何组织中的女性领导者都必须具有高超的聪明才智和工作能力，做到人事匹配，人们才会对她产生敬佩感、信任感与追随感，自觉接受其影响，共同实现组织的目标。

第三，专业的知识素养。西方学者在研究中提出的专家性权力，即我们通常所说的专长权，实质是指知识在领导实施领导活动中所起的作用，产生的影响力。实践表明，在组织内部，女性领导者除了需要具有行政领导权以外，还必须具备丰富的、专业的业务知识。女性领导者具备与本岗位相应的知识结构和知识面，遇到业务问题可以和被领导者中的专业技术人员进行有效的沟通，解决领导活动中的实际问题。

第四，丰富的内在情感。感情是人对客观事物及他人好恶倾向的内在反映，感人心者，莫先乎情。人与人之间建立良好的感情关系，相互之间能产生亲切感与信任感，可以增强相互交流的有效性。女性领导者作风民主、平易近人，能够体贴关怀下属，关心群众的疾苦，急群众所急，想群众所需，能够与下属同甘苦，她的影响力就会很强，被领导者也会因为领导者和蔼可亲而愿意追随，听其指挥，执行其决策。

第五，得体适中的外在形象。女性领导的形象包括内在形象和外在形象。内在形象包括文化水平、道德修养、管理能力、决策水平、创新能力等；外在形象包括形体、相貌、仪表、气质、风度、谈吐等。心理学研究表明，人们有以貌取人的认知偏差。女性领导者由于其角色的特殊性，除了必须具备较高的文化修养与工作能力等内在形象外，还须具有得体的仪表和谈吐、优雅的气质。女性领导者个人的形象不仅关系到自己在社会交往中人们对自己的评价及领导者个人威信的树立，还关系到人们对她所领导的组织的评价，影响到组织的形象与发展。因此，女性领导的良好形象是对组织发展起重要作用的领导影响力。

三、女性领导影响力的特征

女性领导的影响力与女性生理、心理特征相吻合，表现出如下特征。

（一）具有良好的情感关系

女性领导善于关系管理，具有良好的情感关系特征。女性领导和男性领导在感情上有很大区别，女性领导感情比较细腻、丰富，富有同情心。母爱的天性使女性在担负公职时，能够与人为善、平易近人，给下属带来受关心、受爱护的积极心理影响。女性领导在实施领导活动过程中，能更多地设身处地为下属着想，体谅下属在工作中的难处，重视工作结果也重视过程，而不像男性领导偏重结果忽视过程。这样重视结果也重视过程的领导方式，在感情上能与被领导者进行较好的沟通，获得真实可靠的信息，促进领导目标的实现，使女性领导者拥有较强的影响力，能够获得大家的信任与认可。

女性领导者具有女性所特有的感情细腻的特征，能很好地搭建与下属及上司的感情桥梁，能细致地体察到被领导者的感情需要，在领导活动中尊重被领导者，并进行良好的感情交流，从而获得被领导者的支持和拥戴，使被领导者从感情上支持领导者的领导活动。

女性领导以情感人的领导工作方式常会收到事半功倍的效果。女性领导者在工作中对下属施以关爱，善待组织中的每一位成员，不仅容易增强女性领导独特的人格魅力，无形中树立起领导的威望，而且能够促进组织形成一个和谐、宽容、仁爱、友好的氛围，在一定程度上还能化解组织内部存在的矛盾，防范危机和风险的发生，也培养了组织成员对组织的归属感。女性领导的这种细腻的感情、友善的品格对她们的领导工作起着极大的促进作用，这正是女性领导影响力的特征体现之一。

（二）具有亲和力

女性领导善于沟通管理，具有亲和力特征。随着社会的不断进步，被领导者受教育的程度不断提高，自主意识也不断增强，民主意识不断深化，组织凭借制度约束、纪律监督、奖惩规则等刚性手段对下属进行管理和领导，已经越来越行不通了，而领导者通过激励、沟通、协调、引导等柔性的方式来影响追随者，却能起到事半功倍之效。女性领导者自身具有温和、富有情感、开朗乐观、善于沟通的外向性格特征，这些特征使女性领导获得了领导沟通的优势，即具有很强的亲和力。女性领导在工作中，往往不太注重自己的职位身份，拉近了与被领导者的距离，对员工也是动之以情，晓之以理，以平等的身份与他人交流，并常采用换位思考的方法，设身处地为他人着想，这样能让下属对其产生亲近感，上下级的交流也会变得更畅通而富有成效。同时女性领导提倡同事之间相互关心、爱护、理解和支持，培养大家共同的荣誉感和责任感，女性领导这种特质极大地激发了员工的内在潜力、主动性和创造精神。因此，作为女性领导者，更应当把握好自身亲和力强的优势特征，增强在领导活动中的影响力。

（三）具有人性化

女性领导在权力运用中具有人性化特征。由于现代被领导者素质越来越高，个性化越来越强，需求越来越多，更需要人性化的管理，以满足不同的需求。与男性领导者相比，女性领导者更强调人性化管理，可以通过说理解决问题的，就不用制度的惩戒，使大家更心服口服，心存感激，在工作时就会更加努力。女性领导者比较倾向于民主的领导方式，强调认同和平等地沟通，倾向于激励他人主动做事而不是被动强制做事。女性温柔、机敏、热情、细腻，善解人意，富于同情心、爱心，独特的母性魅力更加符合被领导者人文关怀的需求。女性母亲的角色，使之更富有独特的爱心和耐心；生育、教育子女的过程，使其更加博爱、宽容、成熟、谦和，更加关注人性，这些母性的优点会潜移默化地被女性领导者带到领导行为中去，正符合当今社会倡导的“以人为本”的管理理念，正是当代员工所需要的领导魅力，顺应了社会历史发展潮流，柔性管理的特征更加突出，这些都是男性领导无可替代的独特之处。

（四）善于协调利益关系

女性领导善于利益关系管理，能够合理调整各种利益关系。女性长期以来形成的谦虚、谨慎、委婉、和善的品德具有较强的稳定性，抵御不良风气的能力较强，即使周围环境变化也能独善其身，其本质性情很难改变。这些本质特点使女性成为领导者后能有谦虚的态度和清醒的认识，善于调整领导活动的利益关系。

女性领导由于其固有的女性特点，在领导活动中更加关注被领导者的心态、感情、家庭及他们自己的成长，关心被领导者的需求和利益。同时女性领导在工作过程中十分努力，其职务往往都是凭着自己的真才实干而获得的，不过多考虑升职问题，没有太多的贪念、过多的雄心和得失心，不会把个人利益看得太重（中共北京市委党校女性领导人才规律研究课题组，2008），而是更好地协调个人利益与集体利益以及各成员的利益，影响被领导者动机，使被领导者个人的目标和组织的目标相结合。当代女性领导与男性领导者相比一般比较谦和，对员工比较尊重。当领导活动失败时，她们往往会先进行自我反省，更多地从自己身上找原因，并不是一味地责难被领导者，而愿意共同承担责任。当取得成绩时，她们会把成绩归功于团队，而不是把成绩归功于个人，独享团队的劳动成果（付宝君，2006）。就是说女性领导荣辱与共的精神高于男性领导，能更好地协调利益关系，同时女性领导能更多地考虑到被领导者的利益，协调好利益集团内外的关系，更容易推出一些惠民政策，为被领导者和群众谋取利益，愿意利益均沾而不是利益独占，并以此获得更多的支持。此外，女性领导善于采用民主参与型的领导方式，激励下属把自我的利益转换为组织的目标，以实现组织目标来赢得个人利益，使下属把个人利益与组织利益结合起来。因此，女性领导能更好地调整组织内外部的利益关系。

女性领导在领导活动中表现出的特征较为符合当代被领导者的变化需求及社会发展的需要，许多管理学家倡导领导管理需要女性色彩，很好地证明了女性领导表现出来的男性领导所不具备的独特影响力。

四、女性领导影响力的作用

女性领导独具的特质所带来的领导影响力，在现代领导活动中也发挥着越来越重要的作用。女性领导影响力的大小关系到男性领导特征、组织团队的内外部关系、稳定的社会秩序，关系到充分激发和调动被领导者的社会活动积极性和创造性，提高管理效率和领导成效，决定了领导者能否顺利完成领导任务，实现组织的总体目标。

（一）推动男性领导更加人性化

随着越来越多的女性成为各个层次的领导，其独有的特点和优势正逐渐展露，必定会促进男性领导改变其领导特征，使其朝着人性化的方向发展。一位西方政治家曾经说：女性，使政治世界人性化了。

首先，在组织领导决策过程中，女性领导会直接提出关心员工福利及个人利益的建议对策，让更多的男性领导关注被领导者的需要，并为此付诸行动，帮助被领导者解决一些实际问题。

其次，女性领导在工作生活中对下属仁爱友好，采用激励与感召的方式改变下属的思想与行为，营造了亲切的组织氛围。在非权力影响力方面为男性领导起到了示范作用。男性领导或多或少会耳濡目染，改变自己的工作作风与工作方法，积极采用民主、温和等柔性化管理方式去影响被领导者。

最后，有女性领导的环境，男性领导粗暴的语言和性格会相对收敛，以维护自己在女性领导及群众心中的良好形象，即女性领导在领导环境中起到一种督促作用。

（二）促进组织内部关系更加融洽

女性领导更好地运用关系管理，促进组织内部关系更加融洽。美国领导学家约翰·科特对多位卓有成效的领导者的研究表明，擅长处理与上级、同事、下级以及组织外各类人员的关系，是成功领导者成功的必要条件之一。关系管理是实施领导影响力的重要手段。建立和发展组织内外部追随者和利益相关者的关系，统一思想，达成共识，为工作奠定基础，赢得大家的认同和支持。

首先，女性领导注重细节，善于沟通、关心他人、乐于向下属表达信任和尊重，拥有良好的说服能力，擅长团队组建。这些特点在领导活动中将极大地促进组织内部的和谐，解决组织内部的矛盾，化解同事间的不快，使组织领导与被领导者之间建立良好的信任关系。

其次，在领导班子内部，女性以柔克刚、以弱制强也能产生强大的协调能力，如女性领导能够以谦逊的态度对待上级、同级、下级，能有效缓和对立情绪，减少相互猜疑，消除彼此误解，使男女领导者在气质、素养方面相互取长补短，从而使领导班子内部结构更加合理，向心力大大增强，关系更加融洽。弗兰西斯·福山是美国的一位公共政策方面的教授，他在一篇题为《女性和世界政治的发展》的著述中指出，因为女性与生俱来不那么好斗，所以若更多的女性参与到世界政治中来，特别是能成为领导人的话，这个世界将更加和平。

最后，女性领导与男性领导在领导活动中除了表现出不同的领导特征外，女性领导在从事领导工作期间所表现的公仆意识、勤政廉洁、自律自控能力、奉献精神和人格魅力在公众中赢得了高度认同，有助于女性领导在领导过程中维护自己的人格尊严，树立女性从事领导职务的良好形象，不但可以改变被领导者的观念，也影响和改变了领导班子成员的行为，促进领导班子提高自律、自控能力，使领导班子内部更加和谐。

（三）提高权力行使的有效性

女性领导善于权力管理，提高了权力行使的有效性。女性领导善于把奖惩性权力、法定性权力、参照性权力等合理的联系起来，运用科学的计划、组织、协调、监督等领导手段，把人、财、物、信息等组成高效的管理系统，保证了权力行使的正确性和高效性，给被领导者和整个组织带来利益。现代女性领导多数敢于坚持立场、坚持原则，在大是大非面前处事果敢，谨慎把握好组织的发展方向。在各种领导活动中，女性领导表现出比男性领导更加务实的工作作风，较少浮夸，勤勉敬业，作风廉洁，能用个人影响力吸引很多追随者，使被领导者心悦诚服，自愿服从，愿意为组织的目标而付出自己的努力，提高了被领导者的工作效率，这表明了女性领导权力行使的有效性。

女性领导者的个人能力和魅力能够促使非权力性影响力充分发挥，从而提高领导者的影响力，反过来促进权力运行更通畅、更有效。全球著名的咨询公司麦肯锡的一项全球调查表明，有三名或者更多女性参与高层管理的公司各项因子的得分要比无女性参与高层管理的公司要高，那些女性管理者占30%以上的公司，在组织能力和绩效表现上都相对更出色，低于这个基本标准，很难再观察到公司在业绩上的显著差异（麦肯锡咨询公司，2008）。原因是高层管理者在一起讨论问题的时候，男性有其固定的思维方式，女性可能更包容、更人性化，能刺激整体创新力，促进组织高效运转，这些都表明女性领导善于权力管理，能够提高权力行使的有效性。

（四）促进新型管理方式的运用

时代需要新型的领导方式，过去传统的即男性化的领导方式已经不能满足被领导者、组织、社会的要求，而把女性特有的领导方式与男性化的领导方式相结合，汇集男性领导与女性领导影响力中的精华，是现代社会对领导方式的新要求。换言之，实施“双性”管理是社会历史的必然选择。女性领导影响力具有亲和力、人性化、良好的情感，以及善于调整利益关系的特征，本身具有使用双性管理的优势，性别特征促使女干部领导能力向刚柔并济方向发展（雷丽萍，2009），当更多女性走上领导岗位，同时影响和带动更多的领导者改变领导方式，就能促进这一新型管理方式的广泛运用。

第二节 女性领导影响力的影响因素

我国女性由于受政治、经济、文化、社会、组织等的影响，女性领导影响力的形成和发挥受到很大的制约，也进一步影响了女性领导效能的提高。制约女性领导影响力形成和发挥的主要因素包括主观和客观两个方面。

一、客观因素

（一）社会因素

1. 舆论导向

舆论对女性领导"女强人"形象的塑造制约了女性领导影响力的发挥。在我国长期的舆论宣传中，"领导形象"被塑造成勇敢、独立、果断、坚强、智慧的，具有与生俱来的管理技能，而这种"领导形象"与社会上描述的男性形象相吻合，因而，男性形象成了领导形象。虽然现代女性走上领导岗位的人数大幅增加，但舆论对女性形象的塑造也依然是温柔、美丽、软弱、依赖性强等，这种特征和大家心目中的领导形象相去甚远。女性想要在男性社会里获得一定的权力地位，在事业上取得成功，要比男性付出更多的艰辛努力，甚至淡化自己的性别特征，在领导活动中"男性化"。

社会舆论将成功女性领导者的干练塑造为缺乏柔情的铁骨铮铮形象，并总是扣以"泼辣""女强人"的帽子。这不但遮蔽了女性原有的优势，而且被赋予男性的特点，而绝大多数女性都不愿意顶着"强""泼辣""不像女性"的称谓，因而对于成长为高层的领导者没有太多的期冀。

媒体对女性领导形象的塑造，是我国性别歧视实际存在的一个重要表现。这种无意识的性别歧视观念是对女性价值的直接贬低，是对女性形象塑造的偏差，是对女性形象的错误定位。这种以男性领导形象为前提塑造出的有偏差的领导形象，影响了社会公众对女性领导的正确评价和认知，误导了公众对领导形象的正确认识。潜意识里影响了女性成长为领导的信心，影响了社会公众对女性领导的信任。尤其是男性被领导者会表现出对女性领导的抵触情绪，下属尤其是男性下属不愿意接受女性领导的控制、制约和影响。女性领导控制、感召被领导者的能力受到制约。

舆论对女性"贤内助"形象的塑造，制约了女性领导影响力的形成。现实中经常会看到"男人后面默默奉献的女性""贤内助"的相关报道，把女性定位在"家庭内"或者"成功男人的背后"，让女性以配角的形式出现，这些都无外乎是一个"家庭妇女"的形象。在我国这样一个有着悠久封建历史的国家，"家庭妇女"这个"贤内助"形象直接就是一个不参与竞争的形象，是一个被控制、被支配的角色，这和社会上长期形成的"领导形象"完全相反，会使被领导者质疑女性领导控制、指挥、协调的能力。即使女性进入职场成为领导，但是这个"贤内助"的形象容易使女性成为组织中的配角，没有实际的控制、支配组织资源的权利，难以有效协调组织内外关系，女性领导在组织中依然受到性别歧视，组织中男性往往正面评价男性，负面评价女性（Peter，2003）。女性领导提出的方案、决策不受重视，难以被采纳实施，难以在被领导者中树立威信，其感召和改变他人的能力受到制约。

2. 社会传统

首先，社会传统长期以来缺乏女性成长为领导的环境。在整个历史长河中，女性基本上处于从属地位。中国共产党倡导女性解放思想，使女性的社会地位发生了很大提升。但是女性参政的机会依然很少，无法在男性主宰的世界里打开领导局面。缺乏女性领导成长的环境，更无法形成具有女性特色的领导影响力，因而所谓的领导影响力依然是具有男性特征的领导影响力。

其次，性别歧视依然不同程度的存在。改革开放后，女性在各个领域开始崭露头角。1995 年，联合国第四次世界妇女大会在北京召开，国家主席江泽民在大会欢迎仪式上指出，我们十分重视妇女的发展与进步，把男女平等作为促进我国社会发展的一项基本国策。这是中国第一次公开向国际社会承诺把男女平等作为国家的根本政策。但我国男女平等也一度陷入以抹杀男女性别为基础的男女平等误区，抹杀了性别的平等，本身就是不平等。同时我国社会遗留下来的男女不平等的思想在很大程度上影响着公众对领导的选择与对女性领导的偏见。智联招聘在 2008 年父亲节时进行了一个特别调查（祝红艳，2008），5000 名男性参与调查，结果显示在较重视领导和搭档性别的职场男性中，选择更喜欢女性工作搭档的比例达到了 34.8%，远远高出男性搭档 17.5%的比例。而选择男性领导的比例为 35.2%，高于女性领导 20.1%的比例。由此可见，职场男性工作中更喜欢选择女性搭档，而选择领导则更倾向于男性，这样能使他们在工作中感到更快乐，压力也更小。而我们的实际工作中多数女性也倾向于选择男性作为领导。

虽然经历了时代的变迁，更多的女性活跃于政治舞台，走上了领导岗位，但是男性作为主要职能部门领导的传统依然存在。女性即使成为领导也难以成为领导层中的主角，难以获得控制、支配被领导者的权力，其激励和感召被领导者的能力也难以发挥，更难以改变被领导者的行为，其富有女性特色的领导影响力也难以发挥。

（二）组织因素

女性领导影响力的形成与发挥离不开组织，组织是个体与社会沟通的载体，为女性领导发挥影响力提供舞台。但是，组织中也存在制约女性领导影响力发挥的因素。

1. 领导选择同性化倾向

同性化是指人们愿意与同性或者观点相似的人共同工作、交流（Peter，2003）。同性化可以使一个群体中的人很快融合，但也能限制其创造性的思维和决策。在我国目前的形势下，组织中的高层领导者多数都为男性，而男性之间由于特质相同性，并存在某些共同的定势思维，能够较快地融合。因此，在领导层多数是男性领导的组织当中，涉及晋升的问题时，男性领导多数会倾向选择与自己背景相似的人，即男性领导可能会选择男性作为提升的对象，而女性根本无法获得晋升的机会。无法获得职位性权力，女性在高层管理者中所占比例过低，也就不能起到示范作用。一个组织内部无论进行民主推选还是领导直接任命，男性都会有更多的晋升机会。女性没有晋升为高层管理者的机会，自然无法获得权力性领导影响力，也无法扭转人们心中对领导形象“男性化”的定势思维，也无法塑造出具有女性特质的领导影响力。

2. 追随者个性特征

追随者个性不同制约了女性领导影响力的发挥。如果追随者自己的动机与组织目标一致，具有较高的思想觉悟和专业素质，执行力较强、认真负责、具有团队协作精神，掌握一定的资源，并遵守组织的章程，认可并支持组织的远景规划，以及服从自己认可的领导权威的指挥，与女性领导者有默契的友好关系，愿意受女性领导者的控制与支配，接受女性领导者的思想观念，并为了组织的目标而改变自己的信念行为，那么女性领导者的影响力能得到较好的发挥。但女性领导与男性领导相比，往往更容易受到追随者的猜忌和质疑，其影响力的发挥必然受到制约。

3. 制度因素

组织的用人机制还不健全，对女性走上高层领导岗位还没有较好的机制，女性领导影响力难以正常发挥。

第一，用人机制依然存在性别歧视的现象。很多组织在招聘广告上注明的“男士优先”“限男性”等字样，已经把女性排斥在外了。女性不能获得领导职务，自然没有权力影响力，与其相联系的非权力影响力的发挥也会受到影响。所以组织需要建立保障女性走上领导岗位的机制，从制度上保障女性具有平等的机会，实现事实上的平等。

第二，组织人员配备中性别设置比例不明确。很多行政组织和企业组织在进行人员的配备时，为了保障女性的数量，会标注上“女性不少于一人”“女性占一定比例”等要求，但是在实施具体的人员配备时，基本上成了“女性至多一人”的情况，而“一定比例”表述含糊不清，在制度的运用中不好把握，对女性走上领导岗位起不到保障作用。所以，这些制度上存在的缺陷，限制了女性获得职位权力的机会，势必会影响女性领导影响力的形成与发挥，更难以改变整个社会对领导形象男性化的刻板印象。

4. 家庭因素

虽然现代职业女性已经走出了家庭，进入了职业领域，但是“男主外，女主内”的家庭角色分工仍然得以延续和认可。尽管现代的女性在领导工作上表现出色，但是依然承担着家庭主要责任。

很多事业成功的女性都对家庭存在某种担忧。中国家庭存在男高女低，男强女弱的传统，这让很多女性具有“恐强症”，害怕把自己与“女强人”联系起来，这种传统观念、传递着女性强势会给家庭中的男性造成无形的压力的信息。在家庭与事业的博弈当中，部分女性不愿意给对方造成压力而缺乏继续发展的积极性，男性则因为担心差距太大被人嘲笑或者因为女性在家庭中没有尽到主要的家庭责任，不愿支持女性事业上的发展。因而女性领导在领导活动中不能大胆施展才华，缺乏竞争的意识，控制、指挥、协调的能力难以正常发挥，女性的才德所带来的非权力影响力也不能有效发挥，制约了女性领导影响力的发挥。

我国的家庭受传统因素和回报欠缺的影响，对女性成长的前期投入不够，尤其当家庭预计劳动力市场和经济将对男性和女性提供有差别的回报时，便会对男性和女性有不同的投入。中国传统家庭对女性也有一个传统定位，家庭鼓励男性建立广泛的社会关系纽带，而女性这么做却可能受到约束或者惩罚。传统家庭教育会认为教育女性应当文静、内秀、不张扬个性，而这样的培养方式也束缚了女性社会关系网络的建立，在成长的过程中也难以形成勇于挑战、开拓创新的领导特质，制约了女性领导影响力的形成。

二、主观因素

（一）心理素质对女性领导影响力的制约

作为一名女性领导者，肩负着家庭和事业双重职责。女性领导除了需要具备所有领导都需要具备的坚定不移的政治信念、全心全意的奉献精神、深入实际的工作作风、运筹帷幄的决策能力外，还需要有健康自信的心理素质。在影响女性领导影响力形成的诸多因素中，传统文化中的性别歧视和偏见、对男女的不同角色期待和社会对女性的多重标准造成女性自卑、依赖、恐惧成功、害怕失败、价值观矛盾等障碍心理，这是影响女性领导影响力发挥的内在原因。

女性在领导角色上显得比较消极被动，缺乏强烈的成功心理，影响了实际水平的发挥。女性领导有脆弱胆小的弱点。当面对复杂局面和挑战性工作时，会体现出一定的依赖性、羞怯，害怕独自去处理问题，遇到困难问题时显得勇气、魄力、斗志不足，并因此而失去了许多取得成功和塑造良好形象的机会。

部分女性领导依然受到“男主外，女主内”的性别偏见的影响，也有一定的从属心理，在进步与传统之间，女性领导往往进退维谷。女性很多时候不得不屈服于社会传统，想要体现自己的价值，渴望取得成功，同时迫于舆论压力，又害怕失败给自己带来坏的影响。女性领导在领导活动中经受不起挫折，一旦职务有了不如意的变化，心理就不平衡，认为是组织与她过不去，成天钻牛角尖，影响自己的身心健康。

有的女性领导由于处理不好家庭与事业的关系，事业上得不到家庭的理解支持，于是在竞争面前产生了困惑和犹豫。部分女性领导在压抑中无可奈何地收敛起锐气，放弃了追求，主观上影响、改变他人的愿望降低，自己独特的领导影响力难以得到正常的发挥。

部分女性领导还存在虚荣、妒忌、狭隘等心理，从而导致怨恨、羞愧、愤怒等负面情绪，如果不能正确处理，会被这些负面的心理因素所困扰，出现排斥异己、弄虚作假的现象，缺乏对他人的宽容和理解，这样对整个社会中女性领导影响力的形成和发挥都起到消极的制约作用。

（二）个人文化素质、能力的影响

女性专长权的缺失是制约女性领导影响力形成和发挥的重要因素。一些女性领导由于少年时在家庭中没有得到较多的教育投资，在工作中也由于受家庭与社会等多方面因素的困扰而放弃了深造学习的机会，造成了女性领导的知识比较陈旧，更新速度慢，跟不上时代的发展。女性领导知识结构不合理与理论脱离实际的现象依然存在，在本质上等同于放弃了专长权，在某些专业问题的决策中难以让专业人员心服口服。

前瞻力、决策力等在女性领导身上显得相对较差，制约了女性领导影响力的形成和发挥。部分女性领导因种种机缘被提拔后，由于自身学识能力积淀不足，只有以发号施令来树立自己的“威望”，以颐指气使来满足自己的虚荣心，以打造刚强外表来掩饰自己的心虚，以讨好上司来保住自己的权位，这样的女性领导在领导活动中容易使被领导者滋生对抗情绪，无法使女性领导提高其积极的正面的领导影响力。

早在 1991 年的中美知识产权会谈中，时任我国经贸部副部长的吴仪临阵挂帅，率领中方代表团与美国人展开了针锋相对的谈判。最体现“吴仪作风”的例子是，当美方代表开口说“我是在跟小偷谈判”时，吴仪寸步不让地回应：“我是在跟强盗谈判，看看你们的博物馆，有多少东西是从中国抢来的。”美国代表顿时哑口无言。吴仪敏捷的思维和表达能力得到国内、国际政坛的称颂，提高了自己的领导影响力。

资料来源：根据网络资料整理。

第三节　女性领导影响力的提升策略

一、社会层面

（一）改变社会传统观念

我国传统的性别偏见思想对女性领导的成长有一定的阻碍作用。在政治经济不断发展的今天，其消极作用依旧十分明显，使女性难以在工作岗位上承担更高的领导职务，阻碍其发挥影响力优势。因此，改变传统观念，就越发重要。

首先，深化认识，广泛宣传党和国家有关女性问题的政策、法律，宣传女性走上领导岗位、实现男女平等的重要意义，消除人们对女性领导的偏见，提高女性领导的知名度，树立女性领导的良好形象。宣传女性领导对于优化领导班子结构、发挥男女领导间优势互补、提高领导团队有效性具有重要意义；宣传优秀女性领导的业绩和进取精神，有助于激发女性领导的成长动机和成就动机。通过广泛宣传，让社会充分认识女性走上领导岗位的重要意义，认识到女性的能力和作用，同时激发广大女性努力工作的热情和奋发向上、自强不息的进取精神，挖掘女性控制、指挥、协调的能力，鼓励女性积极推销、宣传自己的政策主张，并激励女性尽力去改变他人的信念和行为。

其次，摒弃传统的性别意识观念，大力营造一种公正、公开、公平的竞争氛围，鼓励、引导、支持、帮助各行各业有志于走上领导岗位的优秀女性树立信心，创建参与竞争的平台，有效地扩大女性领导的比例。女性领导通过公正、公平、公开的竞争环境获得提升，将激励更多的女性走上高层领导的岗位，女性的社会地位也会得到不断提高。在领导活动中，女性领导改变其追随者的信念、行为的能力就会越强，对被领导者实施有效的控制、支配、激励和感召的影响力就越强。女性的组织、决策能力不断增强，势必会提高女性在工作中的领导影响力，改变“领导形象”男性化的现状。

最后，把女性从家务劳动中部分解放出来，也是提高女性社会地位、改变女性社会形象、提升女性领导影响力的方法。长期以来，中国女性被定位为“主内”，家务劳动和教育子女的工作基本上都由女性承担，而家务劳动被看作是琐事，从来不被认为是工作量。女性在社会经济中的地位低，也很难提高自己的决策、指挥、协调能力。即使是女性领导，在工作中也容易受到“家庭妇女不能委以重任”这种潜在意识的影响。很多人不愿意接受女性指挥，使得女性领导控制、支配、激励、感召被领导者的能力不强，更别说让女性领导改变被领导者的信念及行为。如果女性在家庭中承担的家务劳动量减少，在社会上形成女性和男性共同承担家务的风气，那么女性“家庭妇女”“主内”的形象将得到改变，也能够有效提高女性的社会地位。女性社会地位提高，在工作中越不容易受人忽视，也可降低人们的不信任感。人们从心理上不再反感女性领导的控制、支配，女性领导的影响力必将得到有效提升。

（二）培育良好的舆论环境

要提高女性领导影响力，使女性领导工作上一个新台阶，还必须不断深化认识，在全社会形成共识，为女性领导营造良好的社会舆论环境。社会舆论对女性参政和女性走上领导岗位起到积极的推动作用。现代传媒在一定程度上降低了性别歧视，同时又在某种程度上加剧了性别歧视，并直接影响公众对女性领导的信任度。由于媒体对女性领导的形象塑造出现偏差，很多成功的女性领导被塑造为“女强人”，使很多工作能力很强的女性望而却步，不愿意和“强”“铁”这样的形容词沾边。同时，社会对女性在家庭中的要求是温柔贤惠，而被贴上“铁”“强”的标签，总是让人觉得难以亲近，缺乏亲和力。这样的舆论宣传强调了女性对权力影响力的行使，淡化了女性的性别特征及优势，间接弱化了女性的非权力影响力。要提高女性领导影响力，就要培育良好的社会舆论环境，塑造女性领导新形象。媒体要正确认识女性领导在工作中的角色和职责，在媒体中对女性领导正确行使权力性影响力做正面的报道，而不以“铁”“强”等词语来形容女性领导的原则性强。媒体工作者应当具有社会性别意识，摒弃领导形象男性化的意识，那么对女性领导的报道会更加客观。

媒体要加强对女性发展、女性领导的宣传，改变社会传统观念对女性领导的歧视和偏见，打造良好的女性领导公众形象，增加社会公众对女性领导的信任，增强女性领导对公众的感染力与亲和力，积极提升女性领导影响力。

（三）完善教育培训机制

我国重男轻女观念依然存在，尤其在农村，这种观念影响了对女性教育的投入。在知识经济时代，文化素质低会直接影响能力的培养，这使得女性更难成为一名出色的领导者，而这样也会继续扩大社会性别差异。女性领导知识素养低，必然造成专长权的缺失，也会制约影响力的形成。因此，需要完善教育培训机制。

第一，持续加大对女性的教育投入。加大对偏远农村失学女童的救助，让更多的女性获得平等的受教育机会，尤其是高等教育的机会，提高女性整体的知识水平和专业水平。

第二，加强对女性员工走上领导岗位的引导。鼓励女性员工了解组织战略、组织管理制度，引导女性员工对组织管理产生兴趣。开阔女性员工视野，使女性员工思维跟上组织发展形势，养成参与组织民主管理的习惯。

第三，把性别意识作为各级领导人培训的一项重要内容。牢固树立男女平等意识，提高对培养选拔女性领导重要意义的认识，注重培养女性领导。在工作上为女性的成长提供广阔的平台，为女性施展才华营造宽松的环境，加大对女性领导的正面宣传和引导的工作力度。

第四，提高女性参加教育培训的比例。使女性在组织中获得平等的学习机会，提高女性领导的知识素养，完善女性领导的知识结构，增强女性领导的学习能力。

第五，引导女性领导在领导中发挥自身特质。提高女性领导影响力，并激励、带动更多的女性走上领导岗位。当更多的女性走上领导岗位，进入决策层时，必然会发展一种新的以平等、合作、尊重为主旋律的组织文化。

随着教育培训机制的完善，女性文化素质将不断提高，竞争力也将得到提高，女性领导的影响力也必然提高。

二、组织层面

组织既要建立刚性的有利于女性领导影响力提高的政策制度，也要营造柔性的支持性组织文化氛围。

（一）建立和健全选拔培养女性领导的政策制度

第一，建立健全女性参与领导岗位竞争的制度，把男女平等的基本国策贯彻始终。男女平等是我国的基本国策，男女公民享有平等的就业权利和参政权利。组织应修改现有管理制度中有悖男女平等的相关条例，打破政策给女性领导带来的制约，保障各级岗位女性领导的比例，并坚持贯彻，形成事实上的平等，提高女性领导影响力。

第二，加大对女性领导的培养选拔力度，建立女性人才库。由于男女不平等的事实依然存在，在选拔领导的过程中，要加大对女性领导的选拔力度，要从培养、选拔、使用全过程给予关注，提高女性领导的知识素质与能力水平，保证女性领导的数量和质量。要在各行业、各部门进行实质意义上的推荐和选拔，根据其特点分为专业型和综合型领导后备力量，建立女性人才库。对女性进行培训、锻炼等，拓展女性领导的知识面，丰富实际工作经验，提高女性的理论政策水平和实际工作能力。女性综合素质的提高，且有施展才华的机会，女性领导的影响力将逐步提升。

第三，充分发挥妇联、妇委会等在选拔、培养女性领导方面独特而重要的作用。维护女性的权益，保障女性的权利，提高女性在管理国家和社会事务中民主参与、民主管理、民主监督的能力，是妇联、妇委会等肩负的重要责任。

第四，组织要考虑领导层中女性领导所占的比例。组织要站在优化班子结构、发挥女性领导积极作用、促进男女两性和谐发展、构建和谐社会的高度，充分信任、选拔女性领导。可从以下两方面考虑。

首先，明确女性在高层领导中所占的比例，女性高层领导的比例是社会进步程度的反映，也是男女真正意义上平等的表现。目前我国女性处于事实上的弱势地位，以组织政策协助消除对女性的歧视，以组织干预的方式提升女性的地位，实现男女实质上的平等，是十分必要的。

其次，规定女性领导的比例符合民主原则。有一定数量的女性参与制定组织政策，可以避免因女性在决策中缺席所可能导致的决策内容上的强制性和偏见，以及决策过程不公平等情况。只有女性领导进入决策层，女性领导的建议才能得到充分的重视，决策内容才会更加全面，女性的决策能力、协调能力才能得到更好的发挥，女性领导的影响力才能持续提升并得到有效发挥。

（二）组织对女性领导的认同和支持

女性领导的成长十分依赖政策与组织的支持，如果一个组织认同、支持、接纳一位女性领导，那么该女性领导在组织中就能充分发挥组织、决策能力，施展其才华，影响组织成员，实现组织目标；反之，组织如果只是单纯为了完成政策制度规定的女性领导比例任务，而不以发挥女性特长与能力为出发点，那么女性领导影响力会继续受到制约。

【本章小结】

本章首先介绍了领导影响力的概念，在此基础上引入女性领导影响力概念，并对女性领导影响力的构成要素进行了系统阐述；其次介绍了女性领导影响力的特征及在组织中所起的作用；再次从客观和主观两个角度分析了影响女性领导影响力的因素；最后基于女性领导影响力的发展障碍从主客观角度提出了提升女性领导影响力的策略。

自学自测

扫描此码

1. 什么是女性领导影响力？
2. 女性领导影响力的构成因素有哪些？
3. 女性领导影响力有哪些特征？
4. 女性领导影响力的作用如何？

5. 女性领导影响力的发挥受到哪些因素的影响?
6. 结合实际谈谈，可以采取哪些措施提升女性领导影响力?

吴仪的故事

女人让男人刮目相看的不是美丽，而是自信。女人让男人俯首称臣的不是霸气，而是王者归来的底气。国务院前副总理吴仪就是这样一位女性。

吴仪，女，1938 年 11 月生，1962 年 4 月加入中国共产党，1962 年 8 月参加工作，北京石油学院石油炼制系炼油工程专业毕业，大学学历，高级工程师。曾任中国共产党中央委员会政治局委员（以下简称中共中央政治局委员），国务院副总理。2008 年 3 月两会之后，吴仪退休，不再担任任何职务。

吴仪长期是中共中央政治局委员里唯一穿裙子的人。更早时，她是全国石油化工系统正局级干部中唯一的女性。吴仪从来不怕跟男子打交道，有无数的“好哥们”，甚至有着男性化的爱好。她是垂钓高手，在中央部委官员的内部钓鱼比赛中，吴仪常常技压须眉。她可以长时间不知疲倦地与他人讨论如何钓鲤鱼、鲫鱼和草鱼，以及甩竿的深浅和鱼饵的选择。

在一次接受媒体采访时，吴仪说:“好多男同志有的爱好我都有，但有些女同志喜欢的事我却不喜欢，如逛商店。”她是一个“哥们式”的、不会让男人面红耳赤、不会在“男人堆儿”里窘迫不安、不需要特别照顾的女人。这或许在一定程度上成就了吴仪的仕途。

吴仪 1938 年生在湖北武汉一个清贫的知识分子家庭。家里人丁单薄，上面只有一个大她 8 岁的哥哥。父母早逝，吴仪几乎是哥哥一手带大的。

1957 年，吴仪考入北京石油学院石油炼制专业。1958 年“大跃进”时，石油部动员石油系统师生到基层搞土法煤炼油“小土群”。在大“部队”行动前，学校要派一些独立工作能力比较强的学生先到全国各地去调查。吴仪是少数被选派的女同学之一。她被派往贵州省，只身一人。

1967 年，当北京东方红炼油厂还是一片坚硬的花岗岩荒山的时候，第一批进山创业的人中就有吴仪。作为懂技术的大学生，她从兰州炼油厂被上调到石油部，回到北京，又被派参与新东方炼油厂的建设。

改革开放使得 20 世纪 50 年代的大学生再次得到重用。1980 年，吴仪被选送到挪威经济管理学院学习 4 个月。从此，吴仪从技术部门转入行政部门，开始了她的为官生涯。

3 年后，作为干部考察手段，中共中央借调她到湖南省，参加湖南省的工作。8 个月的工作中，吴仪表现突出，聪明与干练为她赢得了高层的赏识。湖南的领导甚至向中组部提出，要让吴仪留在湖南省政府工作，但吴仪只愿回到原单位工作。其时，中国进行经济体制改革，国内最具规模的国有石油企业——北京燕山石油化工厂改组为北京燕山石油化工公司，吴仪出任副总经理和党委书记。

吴仪少年时代的梦想就是当一个大企业家。她在接受采访时曾说：“我年轻的时候毫无参政意识，不想当官，更没有想过要当部长。我最大的理想就是做一个大企业家，现在如果让我选择是当官还是当企业家，我还是选企业家。在企业，自己的思路、决策马上能见效，更容易有成就感。作为政府官员就不能完全按自己的想法办事情，要方方面面都考虑到。”

1988 年，吴仪出任北京市副市长，在最初的几个月里，基本都顾不上回家，她遍访 30 多家企业，累了就在办公室将就一宿；3 年后她入主外经贸部，经常出访海外，从早忙到晚，中间留不下一点间隙，午餐有时竟只以一包泡面充饥。

2003 年 3 月，吴仪当选国务院副总理，不久 SARS 病毒疫情肆虐神州，她再次临危受命，兼任卫生部部长，走到了抗击疫情的第一线。这时，距她接任副总理不到 20 天。吴仪坦言：“虽然我从事革命工作 40 年来，从未对国家说过‘不’字，可如今已是 60 多岁的人啦，重新去分管一个不熟悉的领域，压力不小啊！”在她的组织下，一场抗击非典的“雷霆行动”迅即展开，有效遏制了疫情。

2008 年，69 岁的吴仪不再担任任何职务，并表示“希望完全把我忘记”。她的淡然、超脱与从容，一如她最喜欢的《定风波》中的那句：竹杖芒鞋轻胜马，谁怕？一蓑烟雨任平生。

资料来源：国务院前副总理吴仪的砺志故事[EB/OL]. (2018-07-23). http://www.lizhigushi.com/lizhixiaogushi/a5708.html.

讨论问题：

1. 吴仪的领导影响力有何特征？
2. 吴仪的领导影响力受到哪些因素影响？
3. 吴仪的领导影响力是如何得到提升的？

第九章

女性领导全球领导力提升

【学习目标】

1. 阐述全球领导力的概念，分析全球领导力模型。

2. 释义、辨析中国情境下的全球领导力，女性全球领导力等相关概念。

3. 自我运用全球领导力提升的策略和方法，为女性领导构建全球领导力提升策略方案。

卓越的领导力

陈冯富珍，第十四届全国政协委员，国务院深化医药卫生体制改革领导小组首席顾问，第一位担任世界卫生组织（World Health Organization，WHO）总干事的中国公民。

陈冯富珍在接任 WHO 总干事的职务之后，她表示：

“我对这份工作有很高的热情。我真的喜欢这份工作，但同时我也意识到自己身上的责任很重。我有一些经验，能有这个机会为世界人民服务，我感到非常荣幸和骄傲。”

“我将忠实于我的承诺，进行改革，但不是剧变。”

“作为世界卫生组织的一名成员，我的工作准则在过去和将来都是‘公平、公正、不偏、不倚’。”

“WHO 对最有需求的人们，包括最脆弱群体长期给予承诺。”

“我不喜欢自己评价自己，一切成就和教训都应由成员国来评判，由包括媒体在内的所有公众来评判。”

陈冯富珍自上任以来，她需要处理 WHO 三个主要方面的问题，即技术问题、管理问题和政治问题。她一如既往，将自己坦率、果断的工作作风带到 WHO，无论哪个国家出现传染病，她总是要及时通报媒体，介绍情况，毫不隐讳 WHO 在工作中的不足。她在任期内不仅有效提升了 WHO 组织管理水平，成功应对甲型 H1N1 流感大流行等重大突发公共卫生事件，而且始终关注非洲等广大发展中国家的卫生体系建设，促进妇幼健康全球战略的制定和实施，推进实现与卫生相关的千年发展目标，获得了国际社会的充分肯定。

2014 年 11 月 3 日，陈冯富珍对埃博拉病毒疫苗研制现状提出尖锐批评，称研发商是因为埃博拉病毒多在非洲贫穷地区蔓延，疫苗生产无利可图而怠于研制。她说：

"埃博拉病毒出现已近 40 年，为什么现在依然没有有效的疫苗及治愈办法？因为埃博拉病毒长期以来多在非洲贫穷地区蔓延，药企几乎没有研发动力，因为这个行业以利益为导向，不会投资无法获得回报的市场。"当天陈冯富珍还批评说："世卫组织长期以来呼吁为贫穷国家地区研发疫苗和投资建设医疗系统，但是一直被置若罔闻，因此才导致现在的情况。"

作为全球防控传染病和流行病的资深专家，疫情带来的创伤和苦难让她潸然泪下，埃博拉孤儿无助的眼神触动着她的慈母情怀，更坚定了她同疫情战斗到底的决心。面对疫情，作为"掌舵者"，她更直言不讳地表示，西非埃博拉疫情暴露出世卫组织在管理、组织及基础设施上的缺点与不足。此次疫情是历史上规模最大、持续时间最长、最严重、最复杂的一次，当地历史、地理等因素及脆弱的医疗基础设施为病毒传播创造了多种机会，但全世界包括世卫组织对疫情蔓延的反应太慢。她提出世卫组织应在三个方面做出紧急改变：重建及增强国家、国际紧急准备与应对机制，改变新药进入市场的方式，以增强危机应对能力。她还呼吁各国与世卫组织合作建立医护人员储备机制，应对突发公共卫生事件。她还表示，在紧急公共卫生事件中，世卫组织医护人员招募程序缓慢，必须对此进行简化。这些措施，都有效控制了疫情蔓延与造成的损失。

陈冯富珍，作为一个中国人，当选为一个重要国际组织的执行官、负责人，这是自从中国在联合国恢复合法地位以来历史上的第一次。这是全中国的骄傲，也是全世界华人的骄傲。陈冯富珍一次次用她的"铁腕柔情"，她的"实力＋魅力"，她对工作的热情，她沉着、果敢、细腻的个性以及出色的公共管理能力征服了全世界。在 10 年任期中，陈冯富珍表现出了卓越的领导才能、丰富的专业知识、高尚的职业品德和敬业精神，在国际社会中充分展示了中国人的良好形象。

资料来源：陈晓晓. 陈冯富珍：掌管全球健康的中国女强人[J]. 决策，2016(7): 76-78.

全球化是 20 世纪 80 年代以来在世界范围内日益凸显的新现象，是当今时代的基本特征。全球化改变了领导力发展的重点。20 世纪 30 年代至 70 年代，对领导问题的研究大致集中在三个方面，即领导者的性格特征、领导者的行为、领导环境对领导方式的作用，并相应形成了领导特性理论、领导行为理论和领导权变理论。从西奥多·莱维特（Theodre Levitt）1983 年发表《市场全球化》以来，国际社会科学界逐渐掀起了一股全球化问题的研究热潮，经济学家、社会学家、政治学家、人类学家、管理学家对此进行了多学科、跨领域、广角度的研究。这些研究事实上也为领导力发展的关注点由本土化向全球化演进提供了适宜的土壤。

随着全球化过程的深入，全球领导力正在成为领导力发展的新重点。只有采取战略性的全球思维，才能更好地把握这些变革，因而全球领导力正在成为一种至关重要的能力。

那么何为全球领导力？领导力与全球领导力之间有何区别？全球领导力是否具有性别差异？女性领导者如何提升全球领导力？这一系列的问题，可以通过本章的学习找到答案。

第一节　全球领导力概述

一、全球领导力的概念

（一）全球领导力

全球领导力（global leadership）是“全球”（global）与“领导力”（leadership，有的研究者使用 leadership competency 或 leadership competence）的组合。格斯纳和阿诺德将全球领导力定义为：领导者创造以“宽容”和“希望”为特征的理想的全球化组织的能力（Gessner，Arnold，1999）。全球领导力可以被描述为：“一个过程，通过这个过程，……〔国际社会〕被赋予能力，为实现共同愿景和共同目标而协同合作……（从而）改善地球上的生活质量。”

全球领导力的定义是一个从状态到过程的分化阶段再到两者逐渐整合的过程。首先，早期的全球领导力经常被描述为一种状态，如将全球领导力定义为可以指导跨越不同地区、不同文化和群体的组织。其次，学者开始从过程视角定义全球领导力，Osland 和 Bird（2005）将全球领导力定义为一个影响思维、态度和行为的过程，促使全球社区朝着共同愿景和共同目标携手共进。最后，全球领导力的定义走向状态和过程的整合。Mendenhall 等（2012）认为全球领导力是能够激发群体以一种有效的组织方式乐于追求积极愿景，并在复杂性、流动性和存在性的环境中培养个人和集体的成长的一种能力。

大多数研究者认为全球领导力与“国内领导力”有很大的不同，全球领导力呈现更强的乘数效应的特点。具有时代特征的全球领导力包括应对复杂人际关系、理解和综合具有多重含义的观点、在多元化背景下打造共同的价值观，以及对商务过程与结果中的合作更为关注等。全球领导者负有创造更加和谐的文化，并以此推动跨文化、跨地域人文元素的统一责任（Clark，Matze，1999；Graen，Hui，1999）。Dorfman 将全球领导力定义为一种跨越地理和文化边界的影响，并对这种影响进行了更深入的解释。他认为：①这种影响并不局限于全球化事务，人们不出国门也能感受到这种影响；②这种影响的来源并不局限于个人及其知识、技能和行为能力，还包括团队以及更为宏观的组织和社会文化；③这种影响的施加者并不局限于 CEO，组织中的个体成员和团队都有机会施加这种影响（Dorfman，2003）。国内学者蔡建群、刘国华认为：对于企业而言，全球领导力可以定义为企业管理者面对全球化程度不同的环境，综合运用企业及其个人资源施加的跨越地理和文化边界的影响（蔡建群，刘国华，2008）。

本书采用刘燕、赵曙明的观点，认为：全球领导力是领导者在全球化环境中为支持组织达到战略目标、推动组织发展所需要具备的最佳行为和领导能力模式的总和，其基本内涵包括对外跨越地理和文化边界领导组织运营的能力，对内面向多样化的员工队伍实施管理与激励的能力。

（二）与全球领导力相关的概念

1. 一般领导力

Boyd（2012）指出，全球领导力与一般领导力的根本区别在于其关注与不同文化背景人员之间进行跨文化交流，并需要掌握相应的跨文化技能和知识。针对全球领导力这一特有属性，现有对于全球领导力的概念与定义研究也主要集中在"全球领导力和一般领导力的差异对比"和"全球领导者能力特质"两个方面。国际人事决策（Personnel Decisions International，PDI）研究学者将领导力划分为思考型领导力、偏向人的领导力、结果型领导力和自我领导力四种类型。斯隆（Sloan，2008）根据这种维度划分方法，对全球领导力和一般领导力的差异进行了比较分析，如表 9-1 所示。

表 9-1 一般领导力和全球领导力差异比较

类型		一般领导力	全球领导力
思考型领导力	判断	• 分析 • 决策	• 能够在更为复杂多变的环境下进行决策和判断的能力 • 对新事物更为强烈的求知欲望和学习能力
	规划与执行	• 规划 • 管理和执行 • 管理和改进程序	• 能够在更为复杂的环境下进行规划、管理和执行的能力
	经营洞察力	• 战略敏感力 • 财务能力 • 创新能力 • 市场知识组织能力	• 对企业全球化战略的敏感程度 • 处理企业全球化过程的挑战 • 持续创新并推广的能力 • 熟悉全球范围内顾客需求 • 跨文化知识水平 • 跨地域、跨国界的组织和控制力
偏向人的领导力	领导	• 对他人的影响力 • 对员工和下属的激励 • 团队协作能力 • 员工的追随和忠诚度	• 对不同文化背景下的员工影响力 • 差异性激励 • 跨文化协作的能力 • 不同文化背景下员工的凝聚力
	沟通	• 有效沟通的能力 • 出色的语言表达能力 • 善于听取别人建议 • 有效处理分歧的能力	• 国际化语言沟通的能力 • 用共同语言表达的能力 • 善于听取不同文化背景人的建议 • 促进跨文化沟通的能力 • 有效处理文化冲突的能力
	人际关系	• 建立良好的人际关系 • 有效处理团队或组织分歧	• 在多元文化背景下建立良好的人际关系的能力 • 文化敏感和文化整合的能力
结果型领导力	激励	• 结果导向 • 善于鼓励员工	• 除了重视结果，还要能够处理复杂的过程 • 更加注重激励的持久性
自我领导力	自我管理	• 员工的信任 • 新环境中适应的能力 • 自我学习的能力 • 良好的自律习惯	• 在不同文化背景下都能够赢得员工的信任 • 更为复杂的环境中的适应能力 • 要求更高的自我学习和发展能力 • 更为出色的自律习惯

资料来源：Sloan K. It's You, Not Them: Strategies for Becoming a Smarter Leader[J]. Global Business and Organizational Excellence, 2008, 27(2): 65-77.

2. 外派领导力

全球领导力区别于外派领导力。外派仅仅涉及单一国家和两种文化，不能达到全球化、高水平文化胜任力和文化智力的要求。

3. 跨文化领导力

全球领导力不同于跨文化领导力。跨文化领导力是领导不同文化的团队和个人，而全球领导力是领导不同文化、不同政治和不同制度下的团队和个人。跨文化领导力仅仅关注组织边界的个人关系，而全球领导力关注全球组织内外的领导和众多利益相关者的关系。跨文化领导力的三大发展阶段，形成了跨文化领导力在能力构成维度上的逐步丰富和拓展，即从文化认知能力到文化适应能力，再到文化整合能力（图 9-1）。文化认知能力和适应能力是文化整合能力的基础和重要支撑，而文化整合能力则是文化认知和适应能力的进一步发展和体现。

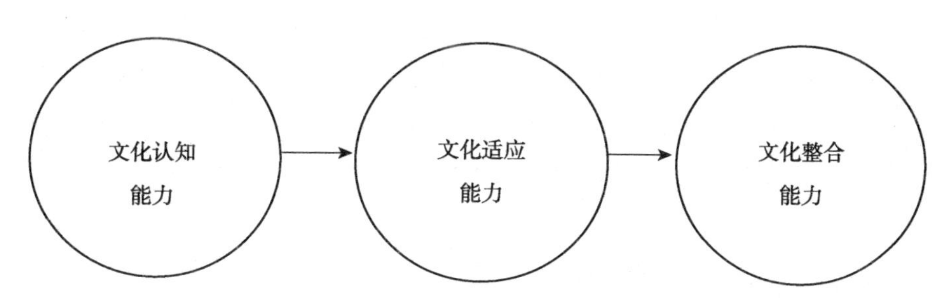

图 9-1 跨文化领导力的发展阶段

二、全球领导力模型

各国学者在全球化的浪潮推动下，纷纷致力于从不同的视角研究全球领导力的构成要素，探索全球化领导的关键能力，以期培养更多适应全球化的管理者。

（一）八国能力模型

Yeung 和 Ready（1995）设计了第一个经验调查研究表。他们的研究对象来自 8 个国家、10 家企业的 1200 名经理人，研究者列出了一个技能表，让这些参与者选出自己心目中全球领导者应具备的技能。调查结果显示下列能力是参与者一致同意的：能明确表达无形的愿景、价值和战略，成为战略改变的催化剂，成为文化改变的催化剂，能够授权，结果导向，顾客导向。实际上，这些技能也体现了变革型领导的领导风格及强烈的绩效导向。

（二）全球探索者模型

Stewart Black 等（1999）采用了考察定性的方法确定全球领导者需要掌握哪些技能及管理者如何培养这些技能。这个模型采用了包括欧洲、北美和亚洲的共计 50 个公司的数据，研究者采访了 90 名高管和 40 名准全球领导者，还调查了美国公司的 108 名人事经理。结果表明，全球探索者模型包括以下特征：求知欲——喜欢学习，对多元化充满好奇心；包容二重性——视不确定性为激励因素，是全球商业的一部分；展示个性——与不同文化不同背景的人在情感上能相处的能力，在充满道德伦理冲突的世界展现正直的秉性；展示才智——包括商业头脑和组织才能。这个模型的研究者采用的考察定性方法很适合新领域的研究，他们采访了足够数量的参与者，这些参与者的不同地域背景可以避免文化或组织上的偏差。

（三）全球文化素养模型

Rosen 等（2000）通过采访和调查 18 个国家的千余名首席执行官、总裁、总经理和主席来界定成功领导者和成功企业的共同特征，识别在 21 世纪最有可能在全球范围内成功的领导力的构成要素，识别独特的民族特性对全球领导力做出的贡献。他们推断出最成功的商业领袖具有的四种领导力品质：个人素养——了解自我价值、明确自我认知、开放、正直、乐于学习、坚持原则；社会素养——挑战并吸引他人，能够建立合作关系和联络网际；商业素养——能够专注并调动组织；文化素养——理解并善于有效利用文化差异。Rosen（2000）提出，企业的全球化要求领导能看到世界的挑战和机遇，具有国际化思维，表现出鲜活的、全球主导的领导行为，并且能够调动一个世界级的团队和公司。

（四）全球领导力金字塔模型

在人才国际化过程中，企业需要进行广泛的人力资源实践，包括招聘与选拔、培训和绩效评估等，这就需要构建以胜任力为基础的全球领导力模型。

在 21 世纪初，对全球领导胜任力的研究达到一个高潮，出现众多的胜任力模型。这些胜任力模型都在试图解释全球领导者需要具备的素质问题。这些素质包括个人特质胜任力、人际胜任力、全球商务胜任力、全球组织胜任力等。随后，学者们开始整合这些胜任力，提出胜任力模型框架，提出全球领导力金字塔模型。

这个五层次模型以金字塔状的排列反映出全球领导者由下而上的素质技能（图 9-2）。第一层全球知识是基础。第二层包括四种特定基本品质，即正直、谦逊、求知欲及应变能力，这些是相对稳定的个人特质，其他人很难模仿，因此可成为选拔领导的标准。第三层包括态度和取向。全球思维会影响全球领导者的世界观，不过至今也没有普遍被人们接受的定义，认知复杂性和世界主义被广泛地认为是全球思维的两个因素。犹如信息一样，知识、个人特质和态度只有转化为具体的行为才能体现其价值，因此，第四层就是全球领导者需要的人际关系技能，如真诚用心沟通、建立信任以及组织跨文化团队等。位于金字塔尖上的第五层是关于系统技能的，这一层的要点是能够影响他人以及系统内外的组织。

图 9-2　全球领导力金字塔模型

资料来源：Osland, J. S. Overview of the global leadership literature. In Mendenhall, M. E., Osland J. S. Bird A. Global leadership: Research, practice, and development[M]. London and New York: Routledge, 2008.

（五）全球领导力五阶段模型

还有学者对有效的全球领导的诸多特征进行了分析，勾画出构成全球领导力的一系列独特的行为组合。这些行为可以被划分为五个阶段，分别是发现差异（seeing difference）、弥合差异（closing gap）、开放系统（opening system）、保持平衡（preserving balance）、构建解决方案（establishing solutions）。

把每个阶段的第一个字母连起来刚好形成了“SCOPE”。而在全球环境下担任领导者时，他们的工作范围（SCOPE）显著地扩大了。有效全球领导行为总是起始于“发现差异”，终止于“构建解决方案”。以上五个阶段是一个前后连贯、渐进发展的过程。虽然五个阶段不一定是相继发生的，某几个阶段甚至可能同时展开，但是在前一阶段能更好地掌握相关能力的人，将更有可能在随后的阶段也获得成功。

1. 发现差异

有效的全球领导行为始于有能力找到差异之处，能不能做好这一步至关重要。如果公司没有注意到或未能充分认识到全球市场的真正差异性，那么来自总部的不恰当的解决方案通常倾向于掩盖这种理解偏差。在全球环境下，领导者会面临各种各样的、熟悉或者不熟悉的因素。在这种情况下，领导者必须培养一种广阔视野。这种视野能使他们在这种特殊的环境下恰当地运用之前的领导经验，同时还能使他们对无数的，包括那些熟悉的和不熟悉的因素进行恰当的整理，并处理好那些对成功有重要影响的问题。

2. 弥合差异

通常而言，“全球环境”和那些领导者早已习惯了的“母国环境”之间存在很多异同。一旦领导者弄明白了它们之间的真正差异及相似之处，他们就必须学会如何建设性地处理这些差异，以更好地完成他们的组织目标。识别差异后，首先要考虑的就是找到弥合差异的办法，全球领导者需要弥合“他们自身”和“来自其他文化的其他人”之间的鸿沟。全球领导者可以通过建立强大的人际关系以及借助于框架转换，例如改变自身的沟通风格、领导风格和战略等，来弥合这种差异。无论对那些在母国的领导者，还是那些生活在海外的领导者而言，这都是非常重要的。

3. 开放系统

为了更好地发展全球业务，一旦识别出了市场和商业实践之间的重要差异，通常就有必要处理系统性的问题。借助于前面提到的侧重于个人化的方式，如建立牢固的人际关系、借助于框架转换等，领导者能够有效地弥合他们自己与当地相关人士之间的差异。同时，全球领导者还必须找到系统性的方法，来扩大不同区域的共同性以及很多跨界方案责任承担者的范围，以此来支持那些背景和风格都有很大不同的未来领导者的发展。在那些远离总部的地方，很多员工都是新的杰出领导者的潜在来源。如果让这些人执行远离总部十万八千里的政策，又或者全球领导者让他们执行某项政策，同时又因为数据太敏感等原因而不给他们提供相应的重要信息，他们会对此非常敏感、失望。

4. 保持平衡

领导者必须在调整和不调整之间保持某种平衡，必须知道什么时候需要调整，什么时候不需要调整。有必要在适应当地环境的同时选择适当的时刻贡献自己的专长、行使权力，或者站在某种特定的价值立场。全球领导者在调整的平衡中应当保持核心价值观和灵活性。

5. 构建解决方案

不管他们的母国环境与全球商业环境之间的差距有多大，领导者们迟早都要得到结果。如何使世界各地的员工，包括那些跨越国界的员工，发挥其最大贡献以应对各种复杂情况是一个非常重要的问题。

三、中国情境下的全球领导力

罗斯特（Rost，1991）认为，领导力最常被视为理性的、管理导向的、男性的、技术官僚的、定量的、成本驱动的、等级的、短期的、务实的和唯物主义的。这些列出的描述中有许多反映了美国文化的一些核心价值观。在那些非美国为基础的领导力研究和理论中，大多数仍然倾向于本国，与美国理论的区别在于它们的文化重点反映了美国以外国家的价值观和背景。

中国情境下的领导力，反映的是中国的价值观和背景，尤其是在全球领导力的框架下，中国的全球领导者如何从中国的视角出发，关注跨文化互动。

党的十八大以来，我国积极参与全球治理，运用中国智慧、提供中国方案、开辟中国道路，为世界贡献中国力量。中国助力全球治理机制的改革和完善，充分发挥了中国在全球治理中的积极作用。习近平主席多次阐述全球领导力思想。他提出世界各国要共担时代责任，共促全球发展。2022 年 5 月 18 日习近平主席在庆祝中国国际贸易促进委员会建会 70 周年大会暨全球贸易投资促进峰会上发表致辞："要坚持真正的多边主义，践行共商共建共享的全球治理观，动员全球资源，应对全球挑战，促进全球发展。要坚持对话而不对抗、拆墙而不筑墙、融合而不脱钩、包容而不排他，以公平正义为理念引领全球治理体系变革。"共商共建共享的全球治理观体现了中国在全球治理体系变革中的中国智慧，充分展示了我国在世界舞台上的独特的领导能力、领导行为和坚定的历史担当，也对中国政府官员、企业领导者等的全球领导力提出了新的要求。

中国将会以积极的姿态、积极的行动参与到全球治理中去，努力为全球治理贡献中国智慧。中国将高举和平、发展、合作、共赢的旗帜，坚持走和平发展的道路，努力推动人类命运共同体的构建，从而对我国全球领导力研究起到了巨大的推动作用。中国已经进入对外开放的新时代。企业要想在"一带一路"建设中成为世界级企业，必须要有与之相适应的国际思维、全球领导力、大量的科技人才和企业家队伍。一个致力于全球化发展的企业领导者不能缺乏全球领导力。不具备全球化视野的企业必将难以在"一带一路"建设中成为真正成功的企业。

从中国共产党全心全意为人民服务的宗旨、强调增强党性修养和自我革命的特征，以及强调领导者的品德修养对党组织领导绩效的积极作用等方面来看，中国共产党的领导力具有鲜明的道德领导力特质，对全球的影响力更倾向于一种基于文化和价值理念的道德影响力。这种道德领导力表现出天下为公的理念，主要体现在五个具体的方面。

①把握世界百年未有之大变局的战略洞察力。

②构建新型国际关系和人类命运共同体的战略倡导力。

③独立自主的和平外交和中国特色大国外交的战略运作力。

④打造"一带一路"合作平台的战略协同力。

⑤推进全球治理体系变革的战略引导力。

这五个要素之间相互促进、相互作用，形成一股合力，共同构成相对稳定的全球领导力格局（图 9-3）。五个要素共同的价值追求是天下为公。"大道之行也，天下为公。"天下为公的全球领导力理念以共赢共生为初衷和目标。

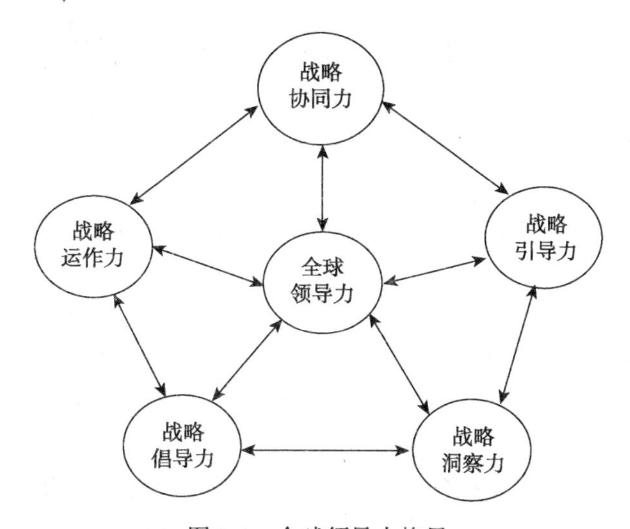

图 9-3　全球领导力格局

四、女性领导全球领导力

在有关全球领导力发展的研究中，取得最大进展的是差异化理论。差异化理论研究者主要关注全球化过程中领导力构成影响因素的差异。其中性别差异论探讨了女性领导力相关的实践与应用。

男女性别差异在领导与领导力方面的体现是一个伴随着人类社会发展而经久不衰的话题，这一话题近年来受到了越来越多的关注。

领导人和领导层的女性化是全球政治、经济和社会结构的理解和治理的重大发展。20 世纪末，全球最高领导职位上的女性人数开始增加，与此同时，全球领导风格也越来越多地融入了通常被称为女性化的方法。全球领导力的女性化——除了严格地指越来越多的女性成为全球领导者之外，还指与女性相关的特征和品质在领导具有全球影响力的组织的过程中的传播。“职业或工作的女性化是指女性进入传统男性职业的比例失衡”。因此，全球领导地位的女性化是女性担任世界上最高的政治和商业领导角色的比例失衡。

著名的女性领导力研究者南茜·阿德勒（Nancy J. Adler）从历史的角度阐述了全球领导力的性质与女性全球领导者的作用，认为女性全球领导者在取得同等地位的过程中会遇到更多的压力和挑战，这些压力和挑战包括：①女性缺乏一般管理和一线工作经验；②女性进入管理层候选梯队的时间还不够长；③女性缺乏接受国际任务的流动性；④丈夫的职业限制；⑤女性不愿意牺牲个人和家庭生活来遵循传统的企业职业道路。两年后，阿德勒和她的两位同事采用案例分析法完成的研究表明，女性领导者具有更为民主、内敛，参与性、互动性和理性更强的优势，认为这些优势将使女性领导者在 21 世纪获得更大的发展空间。与此同时，沙因（Schein）运用心理学研究方法，阐明了研究全球舞台上性别角色与管理特质需求间关系的重要性，并分析了影响女性全球领导者发展的心理障碍（Schein，2001）。

第二节　女性领导全球领导力提升策略

一、全球视野的拓展

女性领导要想发展全球领导力，提升全球领导力，前提是扩展自身的全球化视野。

（一）增加领导者国外工作生活的经验

每个国家和地区都有着自己的风俗习惯，文化底蕴。领导者要想具备全球领导力，首要任务就是必须了解国家与国家之间的文化差异，根据不同的文化底蕴、风俗习惯制定不同的发展策略。

去国外工作不仅能学习到他国的风俗习惯，同时领导者还能够学习外国语言。领导者对于多国语言的学习与掌握，便于在以后的工作中减少交流沟通的障碍，这样也能够培养优秀的全球领导者。培养领导者国外工作和生活经验的想法虽好，然而实践起来却困难重重。女性领导者受到家庭责任的影响，一般会选择在国内发展。要想使女性领导者能够主动去国外工作、生活和学习，可以制定相应地帮助其工作家庭平衡的政策。比如，为女性领导者的子女去国外读书提供一定的帮助，这样就可以促使领导者安心在国外学习、工作，同时有利于培养全球领导者。

（二）提拔不同地区和文化背景的领导者

组织要培养更多的全球领导者，需要支持来自不同地区、具有不同领导风格的未来领导者进行短期交换发展。借助于共享的流程，设定领导者应该承担的责任，进而创造出一种敬业感。培养未来的全球领导者，让那些来自不同国家合作组织的领导者，进行短期的交流学习，甚至可以给他们布置一些用他们的方式解决问题的任务，即以一种非常不同却同样有效的特色方式来完成任务。通过不同地区的交换学习，提升领导者的全球领导力。

（三）培养全球领导者环境洞察力

环境洞察力主要指的是领导者要用战略性、长远性的眼光，观察环境变化的本质以及对未来的发展趋势做出预判，提前依据环境的变化做好准备。增加自身的应变能力，提升自身对环境的改造能力，通过创新应对并改变社会环境的变化。培养领导者的环境洞察力，也能够帮助培养领导者的全球形势研判力。

敏锐的环境洞察力意味着领导者不光要明白经济、政治、文化等环境的不同所带来的运营市场的变化，还要能够把自己商业的策略，运用到当地的市场现状当中，充分发挥全球领导力的关键作用。

二、全球思维的培养

全球思维能够帮助企业进行全球理念的确立，面对全球化时代，只有培养领导者的全球思维能力，组织才能够在全球化进程中抵抗挫折、消除障碍、快速发展。

（一）培养全球思维

女性领导培养全球思维，需要学习全球化知识，了解世界发展动态。一是要关注全球时政，紧跟时代发展潮流，了解世界未来发展趋势；二是要了解他国历史文化、风土人情、宗教信仰，以实现更好地交流沟通；三是要高瞻远瞩，为即将发生的事情做谋划，创新发展理念，以适应未来更好地发展；四是要设身处地从他国国情考虑，帮助他人的同时也是在帮助自己。

（二）运用全球思维

全球领导力强调整体利益而不是局部利益，中国的全球领导者要运用具有中国特色的全球思维。在中国事务中运用全球思维，在全球事务中彰显中国特色、中国智慧。目前“一带一路”、亚洲基础设施投资银行、丝路基金等中国智慧已经在全球治理中发挥了全球领导力的关键作用，得到了世界各国的广泛认可。目前，金砖国家开发银行、亚投行等这些新的全球治理平台的建立是在内容上对现行全球治理体系的一个重要补充。全球治理新机构的构建，必然能促进地区的发展和经济的进步。从当前国际金融的秩序来看，全球治理新机构的建立是补充而不是挑战，是完善而不是替代。

在面对国际问题和全球性挑战时，所有参与方应该共同商议，弘扬共商、共建、共享的全球治理思想，获取全球治理快速发展的理念。另外，维护国际法律和国际规则的统一性和权威性是在改革全球治理体系中需要特别注意的事项，与此同时，还要加强全球层面与地区层面治理机制的有效沟通和互动。

三、文化整合能力提升

全球领导者文化整合能力由全球领导者文化适应能力、文化沟通能力、文化学习能力、文化影响能力以及文化执行能力构成。

国际化企业在处理自身内部文化差异问题或是与异文化方进行跨文化合作经营过程中，面对复杂的跨文化环境，企业或团队的全球领导者们受到了巨大的领导任务压力以及面临工作、生活习惯的不适应问题。对此，全球领导者需要有效接收不同文化背景成员发出的信息、调整心理接纳程度、承受住压力并努力寻找不同文化方的结合点，不断调整自身的领导方式，同时累积自身的跨文化工作和生活经验，深化对不同文化的了解，最终消除自己文化的不适感。面对跨文化沟通障碍，全球领导者需要通过与企业员工或团队成员之间不断进行交流与合作，从不同文化员工或成员的文化习惯出发，主动与不同文化背景员工或异文化合作方成员进行沟通，使用正确的文化习惯和行为习惯，以保证沟通的顺畅。

有效的文化学习能力是全球领导者带领企业或跨文化团队完成企业目标的重要条件。一般来说，全球化企业或跨文化工作团队目标复杂且不确定性程度高，企业的全球领导者们需要具备一定的跨文化知识储备与专业技能，才能够有效进行战略规划、判断及决策，由此体现出来的是一种能够被感知到的专业素养。

在领导者文化适应能力、文化沟通能力和文化学习能力有效发展的基础上，文化影响能力和文化执行能力代表全球领导者向文化的精神价值观层面和基本假设层面等更深层次的方向进行整合。其中，文化影响能力是由全球领导者主体的权力影响力以及魅力影响力构成。企业或团队中全球领导者依靠领导权力以及个人魅力充分发挥跨文化影响力，并在此基础上充分利用其自身的领导地位、企业员工或团队成员的支持、跨文化环境以及企业或团队的共同目标指导，正确处理文化冲突、有效决策以及支配。通过保证领导与下属员工或成员之间信息传递顺畅、下属员工或团队成员感知领导力、挖掘跨文化工作人才以及培养下属的工作能力，改变下属员工或团队成员的工作态度并提升其工作意愿，最后达成企业或团队的目标并提高对企业或团队文化的满意度。文化执行能力表现为对上述已经形成的行为制度文化整合和精神价值观整合的持续执行与落实，并最终完成企业员工或团队成员在文化的基本假设层面表现出对企业文化观的认同，并自觉遵守和执行领导者的各项决策和指令。

（一）文化适应能力

随着全球化市场竞争环境的变化，企业的跨国经营愈发频繁，企业的领导者在面对文化差异冲突方面问题的管理时，首先便是自身能够适应这种文化差异和环境，这样才能有效克服文化差异和共同管理所产生的困难。文化适应能力是指全球领导者为了适应新文化环境而积极改变自身心态并保持对文化差异的敏感态度的能力，主要包括心理的适应能力和对环境及工作的适应能力。这种能力用来衡量全球领导者处于异文化的环境下，对该文化的适应能力。文化适应能力弱的全球领导者，在处于异文化的环境下，容易产生包括心理和生理上的各种不适，进而影响整个企业的文化适应能力；而文化适应能力相对较强的全球领导者，则能够较快地适应异文化环境，以便能够在跨文化工作中合理制定相关问题的解决和执行方案。

（二）文化沟通能力

在经济全球化的趋势下，企业的经营环境不再是单一的本土化文化环境，而是多种文化主体和文化差异的文化环境。对企业的全球领导者而言，面对企业或团队内部不同文化之间差异，或是面对与异文化合作方之间进行交流与合作过程中的文化差异时，不可避免地会涉及跨文化沟通问题。文化沟通是一个必不可少的过程。如果不能进行有效的文化沟通，那么风俗习惯、行为举止、价值观方面的差异会给国际化企业的管理和经营带来很大的障碍。文化沟通能力是指在不同文化情境中，企业的全球领导者们能够体会不同文化成员主体的感受，并通过有效的沟通行为把握对方的疑惑和情感，从而达到良好的沟通效果的能力。这种能力首先需要领导者培养自身与不同文化成员之间的沟通意愿。同时，沟通的过程是双向的，有效的文化沟通需要双方都有明确反馈才能使对方知道自己的表达是否被理解，因此需要全球领导者有良好的信息接收与表达能力。文化沟通能力不仅涉及全球领导者与异文化合作方之间的沟通，也表现在他们和企业或团队内部不同文化背景员工的沟通及人际关系建立的过程中。

（三）文化学习能力

国际化企业的领导者们在进行跨文化经营合作与管理期间，有效的学习能力不仅影响着他们本人的工作表现，还影响着企业国际化战略能否成功实施。如何建立有效的文化学习方式、学习什么样的文化内容以及如何建立整个企业的文化学习机制，是文化学习能力发展的关键。文化学习能力是指全球领导者通过一定的方式，在自身不断学习不同文化语言、价值观等知识的基础上，通过在企业或团队内部建立学习不同文化知识的学习机制，积极传播文化知识，从而带动或影响企业下属员工或团队成员积极学习的态度和行为，提升他们对不同文化知识的认知，促进企业或跨文化工作团队的工作效率和专业水平，进而提升整合企业或团队的跨文化水平。

（四）文化影响能力

前面三种文化能力更多的偏向领导者在文化整合过程中文化的行为和制度层面，而文化影响力以及后面要提到的文化执行能力则体现文化的价值观层面。领导的实质是一种影响别人的过程，有效的领导行为需要建立在影响他人进而促进企业目标的达成基础之上。全球领导者的文化整合能力是否有效，关键在于能否通过自身影响企业合作方或企业内部不同文化背景的员工主动认识并理解文化差异。文化影响能力是指企业或团队中全球领导者依靠领导权力和个人魅力充分发挥自身的权力定位、行为方式、个人魅力和模范作用，将自身的文化价值观自然地、非强制性地传递给不同文化背景的企业员工，使得员工真正理解企业的文化哲学和战略目标。基于此改变下属员工或团队成员的工作态度并提升其工作意愿，有效处理企业或团队内部、企业与异文化合作方之间的文化冲突，进而达成企业或团队的目标并提高下属员工或团队成员以及异文化合作方对企业或团队文化的满意度。

（五）文化执行能力

全球领导者的文化整合能力能否最终对企业的文化观进行塑造，将已经建立起来的文化整合制度或策略有效贯彻和落实，进而达到从文化的基本假设层面真正影响企业的文化观，这在很大程度上取决于领导者的文化执行能力的强弱。文化观的形成不是一蹴而就的，而是一个需要长期影响并持续落实的过程，如果没有执行力，任何行为制度或观念的构建就是一句空话。David（2004）在《执行力》一书中强调：执行力强的企业内部都建立了一种执行力文化，在这种执行力文化框架下，领导者亲自参与到企业文化建设当中，在企业内部形成了一种良好的氛围。这种氛围中的每个人都注重实质性的东西，而不是走过场。在企业文化中，良好的文化执行能力便是企业文化价值观和行为制度文化的思想基础和核心本质体现。文化执行能力是全球领导者在进行文化整合的过程中，能够使企业员工或团队成员对已经形成的各项文化整合内容保持长期落实和执行，并最终影响企业员工或团队成员对整合后文化观的认同及自觉遵守和执行领导者的各项决策和指令的能力。这项能力从文化的基本假设层面有效影响企业文化观的构建。良好的文化执行能力是保证企业或团队内部、企业与异文化合作方之间的融合氛围的关键，也是全球领导者文化整合能力的核心。有效的文化执行能力应该达到企业整合文化不随着领导的变更而丢失的效果，即企业文化已经在人们的头脑和意识中生根，一切价值、信仰、规范等都已成为员工的文化本能，而不再受环境和个人的影响，这也是文化重建是否真正有效和成功的重要衡量标准。

此外，有效的文化学习、文化沟通、文化影响能力的建立，再加上完美的文化执行能力，会在企业员工或团队成员以及异文化合作方心中形成经久不息、难以磨灭的印象，进而提升企业的整体文化形象。文化执行能力对全球领导者文化整合能力的发展起着决定性的作用，最有价值，但也最难塑造和发展，需要进行国际化经营合作和跨文化管理的企业全球领导者们具有极大的勇气和决心。

四、理解并拥抱未知

对于一个成功的全球领导者而言，所有的适中行为都扮演了重要角色，但最重要的是拥抱未知。

全球性团队的成员通常分散在世界各地，共同的愿景和目标能够在这些团队成员中引发共鸣。对全球团队的领导者而言，为达成这样的愿景和目标，他们必须仔细地思考复杂的部门因素、市场因素和监管因素，以及这些因素会如何影响团队成员对共同愿景和目标的理解和接受。全球领导者还必须考虑其他因素，如什么能激励团队成员以及利用这种重要信息的最佳办法是什么。

对于全球团队领导者和成员而言，他们面临的最大障碍之一就是：如何看待那些他们已经知道的东西。过去的成功使他们对某种方法和原则产生一定程度的信任。但是，如果建立共同愿景的实践，如“挖掘共同的‘未来景象’，这种‘未来景象’能培育出真正的员工承诺而不是恭维”，那么，全球团队领导者就必须特别注意并以适当的方式提出异议。并且，所有的全球团队成员都必须学会拥抱未知，并让其成为内在的习惯。

对全球领导者而言，做到拥抱未知的方法是，向团队成员提出正确的问题并认真倾听成员的回答。团队成员需要了解他们的市场与团队其他成员所在的市场的相似之处及差异性，然后努力协作，并完成他们的业务目标。团队成员对这种相似性和差异性的了解越详细，他们之间的相互协作就越容易。对全球领导者而言，他们对团队成员提出的问题是至关重要的，尤其是在团队开发的早期阶段。

【本章小结】

全球领导力作为新时代发展的需要，已经显得越来越重要。在“她”时代，女性日益在政治、经济生活中凸显力量、占据重要位置，全球领导力已经成为女性领导需要具备的重要能力。女性领导要充分认识到全球领导力的特质，以及中国情境下对全球领导力的迫切需求。

自学自测　扫描此码

1. 什么是全球化？什么是全球领导力？
2. 全球领导力模型有哪些特质与作用？
3. 女性领导如何提升全球领导力？

中国标准，大有可为：国际标准化组织制冷压缩机分委会年会召开

格力的全球化发展，充分展现了董事长董明珠的全球化领导力。

2022年2月21日，国际标准化组织制冷和空气调节技术委员会制冷压缩机的实验和评定分委会（ISO/TC86/SC4）第十次全体会议正式召开，与会人员包括来自9个国家的代表团、国际标准化组织（International Organization for Standardization，ISO）官员4名、国外专家及中国代表。这也是格力电器董事长兼总裁董明珠作为ISO/TC86/SC4制冷压缩机分委会主席，首次与各成员国代表会面。

董明珠：持续推进标准化建设，引领行业发展

作为来自制造业的标准化工作者，董明珠自任职后根据国际标准化组织的有关规定认真履行职责，积极在国际舞台上贡献“中国智慧”。

当前，标准化建设已经成为一流企业竞争中的核心竞争力，即使是国家间的竞争也是如此。在某种程度上，标准已成为一种国际“通用语言”。

当前，制冷产品需求随着人们消费升级在逐年递增，压缩机作为制冷产品的核心部件，其整体销量也将持续增长。双碳目标之下，高耗能压缩机的大规模需求为碳排放带来了极大压力，过去的压缩机标准已不能满足当前绿色发展的需要，建立新的国际标准以引导压缩机技术创新，实现制冷产品的节能减排已势在必行。

董明珠表示：“国际标准化组织制冷压缩机分委会应充分发挥国际标准化组织的先行作用，并号召各成员国积极贡献各方力量，参与标准制定工作，以标准推动制冷产品的节能提效，从而实现制冷业的可持续发展。”

技术与人才是企业、行业乃至国家竞争发展的重要资源，而专利标准化、技术标准化、标准国际化和产业化则是创新发展的重要战略目标。董明珠对我国专业人才对外参与标准制定、制冷压缩机方向国际标准制定与监督、中国制造标准国际化等多方面有着重要的推动作用。

技术实力为国际标准注入“中国智慧”

本次会议上，格力电器携手合肥通用机械研究院、清华大学共同提出两项压缩机领域新提案。当前，标准化建设的竞争其实质还是核心技术和创新能力的竞争，格力近年来在标准制定领域取得的成就便充分证明，掌握核心技术的同时也掌握了标准制定的主动权。

2021年8月27日，由格力电器参与起草的中国电源学会团体标准T/CPSS 1005-2021《低压直流配用电系统阻抗扫频装置技术规范》正式发布。该规范规定了低压直流配用电系统阻抗扫频装置的组成、使用条件、技术要求、试验方法、试验规则和标志等内容，不仅为低压直流电技术提供了行之有效的范例，也为未来探索低压直流电技术健康合理发展助力。12月3日，由格力电器主导的光伏国际标准提案IEC TS 63349-2《光伏直驱电器控制器 第二部分：运行模式和显示》草案终稿（DTS）在IEC/TC 82获得高票通过，并将按照流程标准在2022年2月正式发布。据悉，IEC/TS 63349-2是光伏直驱电器行业首份国际标准，正式发布后，将填补行业标准空白，为光伏直驱电器的设计、检测、认证提供依据。中国制冷空调工业协会理事长，中国代表团团长李江在接受采访时表示："中国是制冷空调生产大国，也是制冷空调消费大国。在制冷行业中，相对其他国家，目前中国的标准数量无论是整机设备还是零部件都是遥遥领先的，部分标准的评价方法也被国际同行所采信，在国际制冷行业标准体系中具有一定的代表性和先进性。这为中国特别是中国企业加强自主创新，更多参与到国际标准制定工作中来起到了很好的鼓舞作用。"

着眼行业未来　树立国际话语权

董明珠表示："标准作为经济活动和社会发展的技术支撑，通过标准引导技术创新、实现节能减排，是推进行业高质量发展、应对气候变化的重要措施。"

伴随着中国朝向世界强国的大步迈进，世界上越来越多的国家对中国立场表现出极高关注度。在标准领域，中国要做的不是对现有格局的颠覆，而是让中国标准走向世界，推动建立一体化的国际标准体系。

或许有人会好奇，一位来自中国制造业的企业家担任国际标准组织分委会主席意味着什么。它意味着中国标准与世界对话多了一个渠道，一架桥梁。当我们有越来越多的交流平台向国际标准舞台展示我们的优势时，"中国标准"的建立和推广有利于提振中国制造业信心，能够起到加大对制造业监督的作用，更有利于为中国制造业高质量发展营造良好的创新环境。

国际标准是全球经贸合作发展的重要技术基础。在当前经济全球化、贸易国际化的背景下，国际标准的作用日益突出。国家和各行业陆续出台相关扶持政策，为新时代标准事业的发展提供了根本遵循。我们有理由相信，站在新时代的起点上，中国企业将继续凭借技术创新为世界和谐做出更大的贡献，中国标准也将凭借其更多的公平性和合理性在世界舞台上熠熠生辉。

资料来源：中国标准，大有可为：国际标准化组织制冷压缩机分委会年会召开[EB/OL]. (2022-02-24). https://baijiahao.baidu.com/s?id=1725633267222941775&wfr=spider&for=pc.

讨论问题：

1. 结合案例，分析董明珠有哪些独特的全球领导力特质？
2. 如何培养自己的全球领导力？

第十章

女性领导形象塑造

【学习目标】

1. 释义、辨析女性领导形象内涵，分析、评价女性领导形象公众期待内容。
2. 设计女性领导形象。
3. 设计女性领导礼仪形象。
4. 搭配办公谈判、庆典晚宴、上台发言等着装。
5. 总结、运用提升女性领导语言塑造要点及细节。

著名媒体人杨澜曾说："作为女人，你必须精致。"精致是什么？精致是一种对自己负责的生活方式，它无关于年龄，也无关于金钱，更无关于伴侣，而在于自己内心的素质。活得精致的女人，总是能让自己的生活近乎完美，让自己从内而外地散发出迷人的风采，永远光鲜亮丽，你就永远是最美的。

杨澜曾说过："一个完整的女人，应该是既会穿优雅的高跟鞋，又可以脚踏平底鞋在泥土地上接地气而生活。既应该在工作中挽起袖口，懂得自我奋斗的价值，又能在某一时段，懂得适当地转换身份，走入生活。"

第一，注重自己的外在形象。你的外在形象，其实就是你的人设和标签。在人际交往过程中，给别人的第一印象，往往就是你的外在形象，如果你的外在形象是一个邋遢的女人，这个印象是不可磨灭的。一个良好的印象可以改变别人对你的态度，一个美好的外在，可以让人对你有美好的联想。

第二，提升内在的修养。女人的精致，表面的干净只是第一印象，要想让人觉得你持久的高雅，那么，就还要有内心的充实，内在美，才会历久弥香。腹有诗书气自华，这句话用在内在美的女人身上，最合适不过了。当然，内在美的女人，外在也一定错不了，优雅的气质和内在的充实，会让一个女人立刻提升一个频段。所以，做女人就要做个内外双修，这样才能光鲜靓丽。外在形象，让女人更有美感，内在修养，让女人更有质感。外在加内在，才能过得精致，活得灿烂。

第三，平衡好工作和生活，活出自己的风格。作为一个成功的女性，就要懂得如何调理好自己的时间，明确两者的界限，该工作的时候全心投入，该生活的时候，就要享受生活。

资料来源：杨澜：女人的精致，由三个方面组成，很多人输在最后一个[EB/OL].（2022-01-24）. https://www.360kuai.com/pc/90781579f4e31c545?cota=3&kuai_so=1&sign=360_57c3bbd1&refer_scene=so_1.

第一节　女性领导形象

自我修炼是个体在人生中面临的一个永恒的课题。作为一个具有多重社会角色的群体，女性领导正在政治、经济、社会和文化等各个领域展示自己的能力和才华，发挥着独特的作用。形象是人生名片，形象决定了人的价值。好的形象，可以增强人的自信，能够更容易赢得他人的信任和尊重。好的形象，不仅是对别人的尊重，更是对自己的尊重，没有人会通过你毫不在意的形象，去了解你的学识、能力和内涵。

一、领导形象的内涵及作用

领导形象是领导者自身修养的外在表现，它主要反映领导者在领导过程中，所形成的个性特征、领导风格、领导方法及工作作风。领导形象是人们认识领导者的窗口。尽管领导行为日益繁复，但最终人们还是将简约化的形象方式作为认知媒介，以这种方式审视和评价领导者的行为。领导形象就是其领导行为、领导生涯的图像。领导者的领导能力、领导作风、领导人格和领导成效，常常是通过形象表达、展现出来的。

在今天这个信息传达畅通、信息渠道多元的时代，领导者的形象备受瞩目。公众对领导者良好形象的要求也日益凸显。因此，领导者不仅要恪尽职守，还要留意自己的公众形象。领导形象能使领导者更好地履行职责，能够有效地影响下属和民众，可以说，良好的形象是领导者的宝贵财富。

领导形象本身是一个复杂的系统，良好形象的树立取决于多种因素，是内在因素和外在因素的综合反映。领导形象是领导者素质的外化或表现形式，领导者素质外化到组织环境或社会环境中去，就表现为领导形象。内在的品德和才能、学识和修养是领导形象的本质。西方的先哲们把人的美德放在领导者素质的重要位置，指出美德决定命运，也可以战胜命运。当美德败坏时，也就是政治衰亡时。因此，领导者的内在品德决定了其领导效能、领导业绩乃至整个领导生涯的面貌。

但是，有了良好的素质，是否就会有相应的良好形象呢？生活中有许多领导者，本身内在素质相当好，但由于不注意外在形象，对公众缺乏吸引力，打动不了人们，同时也损害了原本良好的形象。所以，外在的形象也必不可少，这是领导魅力的放大器。领导者的外部形象即领导者的仪表风度、言谈举止、服饰穿戴等的展示，也是其内在形象的外化。外部形象是领导者个人增强其识别性的重要方面，如服饰，就是一种无声的语言。如果领导者想让别人正确对待自己，首先自己就必须穿得像个领导者。一个人的着装往往能从一个侧面传递出一个人的修养、性格、气质、爱好和追求。

由此可见，现代社会人们在交往互动中，不仅注重内容，也越来越注重形式和形象，交往互动日趋符号化和形式化。因此，领导者的形象已成为领导者的名片。良好的形象所展现出来的个人魅力，是领导者赢得他人亲近、认同和尊重的重要因素。

二、领导形象的公众期待

尽管不同民族、不同国度、不同时代对领导者的角色期待是不同的，但是，其中仍然有着一些超越地域、政治、时代和超越性别的公共特征，如正直、德行高尚、务实、能力超群、廉洁等。这些品质无论是对男性还是女性，无论是古代还是现代，都是人们期待领导者具有的人格特征。

1. 品德高尚

纵观历史可以发现，任何时期，人们对于领导者总是存在着高尚品德的要求，并把领导者的个人品格与其公共责任联系在一起。一个没有良好德行的领导者被认为是没有正义感和责任心的，有可能对社会和公共利益造成公害，领导者道德上的瑕疵是人们不能忍受的。

孔子在《论语》中曾经说："为政以德，譬如北辰，居其所而众星共之。"司马光在《资治通鉴》中讲："才者，德之资也；德者，才之帅也。"高尚的品德和人格一直是中国政治伦理追求的目标。习近平总书记强调："党历来强调德才兼备，并强调以德为先。领导干部要讲政德，政德是整个社会道德建设的风向标。立政德，就要明大德，守公德、严私德。德包括政治品德、职业道德、社会公德、家庭美德等，干部在这些方面都要过硬，最重要的是政治品德要过得硬。"在西方国家同样如此，苏格拉底、亚里士多德、柏拉图及后来不同历史时期的思想家们，都深刻地探讨过政治家和领导者的"善德"问题。

2. 能力出众

人们倾向于相信领导者具有超强的能力，能够带领大家实现组织目标，只有这样，人们才会敬重领导者，才愿意追随领导者。

3. 平民化

在今天这个民主化诉求越来越高、社会文化和价值观念越来越多元的时代，权威和等级已被极大地解构，领导者的权威在人们心目中发挥的影响力越来越小。人们更多的对领导者有一种平民期待，希望领导者保持普通人的本色，不要变成高高在上的人。因此，今天充满活力和睿智、富有情趣、富于个性的感性形象更能赢得人们的认同和喜爱。领导者的业余生活、家庭生活和个人兴趣爱好等，往往会更加让人产生亲近感，有助于提高其个人魅力。

三、女性领导形象塑造

领导干部于众目睽睽之下，受大家关注，更应注重身体力行，以自身的人格魅力，给人们以思想上的正确引导和行为上的良好示范。领导者的魅力是一个人长期自我修养形成的气质和行为方式的表现，是领导形象的综合体现。领导者的能力、学识、个性、修养、人格、德行、操守、形象等个人魅力因素是影响和感染被领导者，影响领导者和下属成员之间关系的重要因素。一旦成员认同了领导者，就极容易认同领导者的观点和思路，认同领导者的领导行为和方式。因此，领导者要从自身出发，修炼德行品格，增长能力见识。

1. 女性领导形象塑造的意义

女性领导形象，主要是指女性领导人格、能力的外显性流露，包括气质风度、仪态修养、着装风范、言谈举止，这是属于权力之外的影响力。从社会评价男女形象的惯性思维来看，女性形象的美感要求比男性高很多。人们对女性领导的形象、气质、风度、谈吐的期盼值很高，因此，传统观念中女性在综合素质方面应该超过男性才能配得上高职位。“人不可貌相”，对女性而言并不那么宽容，这也从另一个侧面反映出女性领导的形象影响。

女性领导的形象会无声并有效地渗透在领导活动中。一位女性领导曾说：“领导干部的形象，是无声的语言，是无形的影响，你的形象好，别人就容易接受、认可你，你的话就有说服力。”

领导者的形象魅力与领导者的容貌、衣着、姿态密切相关。作为女性领导，无论在任何时候，都会成为人们关注的焦点。举止得体、仪态大方的外在形象与内在气质只有互相配合，才能产生最大的魅力。综观中外政坛的女性领导，她们都是以独特的个性气质和优雅的仪表风度令人倾倒。

2. 女性领导形象塑造的要点

对于领导形象而言，大部分人自主意识不强，被动地接受客观环境的塑造，而优秀的领导者则是在创造或选择环境中，自主地造就自己的形象。如果把领导形象比喻为一座大厦，那么领导者就是这座大厦的建筑师，需要领导者按照设计要求，以自己的思想、行动为建筑材料，把形象大厦构建起来。这座大厦是崇高、完善、光彩照人，还是卑劣、残缺、黯淡无光，这都与领导者的言行举止紧紧相连。因此，领导形象的塑造主要取决于领导者自身的一种别人无法代劳的自我塑造，需要领导者躬自为之。总的来说，女性领导形象塑造要注意以下几个方面。

（1）树立形象意识

塑造良好的女性领导形象，要求女性领导首先解决思想认识问题。要充分认识领导形象的放大、制约与导向效应，要看到领导形象的塑造不仅关系到女性领导个人荣辱得失的问题，而且关系到领导效能、社会风气及组织形象的重大问题。把领导形象的塑造，看成是每一个懂得自尊自爱的领导者必须完成的经常性任务，是每一个具有社会政治责任感的领导者责无旁贷的使命。

许多成功女性领导的案例显示，女性要想比别人更突出、更优秀，须具有比他人更独特的个性、更健康的心态和体能，要有宽阔的胸襟，要快乐豁达、精力旺盛，具有强烈的感染力，能感染和激发下属的潜能，唤起下属对达到工作目标的热忱，营造充满活力和人情味的氛围。成功的女性领导在待人处事中举止沉稳大方，雍容大气，言谈思路清晰，能使领导者的权威与自身的亲切、温婉和谐地融为一体。因此，女性领导要充分认识到形象的重要性，塑造良好的女性领导形象。

（2）了解民众需求

形象信号给人的视觉刺激是最强烈的，给人留下的印象也最深刻，因而对人的作用也最直接。领导者为了赢得人们的认同，就要了解民众的需求，把握人们的心理活动，顺应民心，从而树立一个人们需要和喜欢的领导形象。

（3）个性化形象

唯物辩证法认为，世界上的任何事物都是个别和一般的统一。领导形象塑造同样要坚持这一基本原理。事实上，没有哪一种领导形象是绝对完美的，适合自己为最好。个性化魅力是领导形象的核心要素，能够给人留下深刻的印象并形成强大的亲和力和影响力。领导形象给人印象最深刻的是其个性化的品质，个性化的品质形成个性化魅力，个性化魅力正是领导形象的核心所在，是领导形象的最高境界。

然而，我国许多领导其形象普遍存在脸谱化、雷同化、公式化等问题，缺乏个性化魅力。零点调查公司曾经在中国第一次尝试对北京、成都等八个城市市长支持率进行调查，结果表明，八个城市中有六成市民对于市长的个人形象具有“脸谱化”的认知，而这种认知大都来自电视里的会议、讲话，报纸头版头条等当地新闻媒体中传达的公式化信息，但对于市长们的个性化信息，人们几乎毫无所知。这说明虽然市长们获得了相当高的支持率，但市长们在公众心中的亲和力和个性化魅力还不高，市长们的形象塑造仍是不太成功的。

长期以来，“领导”在人们心中似乎已形成一个固定的形象：工作认真，态度严谨，不苟言笑。然而，在领导已经成为一门艺术的今天，这种传统的“保守型领导”已不太受人们的欢迎。因此，为自己确立一种鲜明、独特的领导形象，是领导者展现自己个性魅力的重要途径。

新时期女性领导既应有符合社会与时代发展要求的素质和能力，又应有鲜明的个性特征。每个人所处的领导环境、地位、性格都各不相同，呈现在公众面前的领导形象也不可能一样。每个女性领导都要从自身的实际情况出发，根据自己的工作环境、生活氛围、个人特点，不断加强自我修养，注重情趣培养、气质熏陶，把时代所需要的共性形象与个人特有的形象结合起来，从而使其形象鲜活、生动起来，尽显女性领导独特的魅力。

（4）学会运用心理学的“首因效应”

女性领导要学会利用心理学上的“首因效应”树立良好形象和不断强化良好形象。“首因效应”是指公众对某人形成第一印象后，会保留很长时间，并对以后的印象有很大的影响。公共部门的领导者在第一次公开露面时，要重视抓住机会表现自己的长处，展示自己的风格特点，塑造良好的公众形象，从而产生好的“首因效应”。“新官上任三把火”，就是为了能给人留下良好的印象。但这种“先入为主”的印象并不是一劳永逸的，需要领导者不断强化，使“近因效应”和“首因效应”互相促进，树立领导者的良好形象。

（5）注重内修

一般来说，领导者有什么样的素质条件，就有什么样的领导行为表现，也就有什么样的领导形象。领导学专家胡月星认为：“从根本上说，领导形象不是靠包装出来的，它是领导者内在素质的外在表现。领导者素质的高低与领导形象的好坏大体上呈正比例关系。因此，塑造良好领导形象的基本前提就是要提高领导素质。”女性领导要通过各种途径修炼自己，使自己具有高尚的德行，深厚的文化底蕴，丰富的阅历和智慧，独特的见解。女性领导的形象魅力是一种能量，是由内而外散发出来吸引别人的气质。容貌、服饰、身体是魅力之形，学识、阅历、修养则是魅力之本。

（6）注重外在形象

根据形象专家的研究，别人对你的第一印象，一半以上受你的外在形象影响。在你走进某个房间的那一刻，屋里的人就开始审视你，观察你走路的姿势、你的神态，注意你的穿着，倾听你的声音。因此，女性领导要特别注重外在形象的打造。

首先，要注重着装的艺术。仪表是女性领导形象的一面镜子，它作用于人们的感官，形成定式化的总体印象和评价，能给人以直接的作用。仪表还反映女性领导的文化教养和审美水平。女性领导的外在仪表美，也体现了对人的礼貌和尊重，体现出领导者的精神状态和文明程度，给人视觉刺激最直接的影响力和愉悦的美感，从而提高和衬托女性领导良好的风度和形象。因此，女性领导应注意自己仪表的修饰，应以庄重、大方得体的衣着出现在公众面前和公务活动中，并能根据情势的需要，选择和确定自己的衣饰用品、言谈举止。

其次，要注重语言艺术。所谓领导者的语言艺术，实际上就是领导者的口才，也就是其讲话、运用语言的艺术。领导者的语言艺术体现在成功地运用角色语言，在不同的时间、地点和人群中，具有不同的用语和表达方式。“讲”即用讲话来表达思想和情感。“讲”的水平高低，关系到领导活动的效果，善讲是领导学识形象的表现形式。

总之，外在形象是女性领导展现个人魅力的重要方面。成功的女性领导大多注重外在形象的塑造。

第二节 女性领导公关礼仪

一、修炼优雅的仪态形象

举止优雅是一种恒久的气质，是不拥有它的人所无法假装的。优雅是种内在的美丽，是每个女人都应该培养、拥有的。所谓“优”是指一个人内在的品质、涵养、气度、心态所具有的完美状态。而“雅”则是内心所处的完美状态的外化，是优雅的举止、文雅的谈吐和高雅的形象，是一举手一投足的风度，是站坐行走的高贵，是落落大方、端庄娴雅的姿态。举止即指人的姿态和风度。优雅的举止应当是大方的、从容的、自信的、幅度正好的，女性领导的优雅举止是有内涵的表现。一举手，一投足，一开口，一颦一笑，都会给人留下深刻的印象。

所以，女性最难得的是内在的美，是有学识有修养，是品格高尚有理想。她的言谈举止是非常自然的，不会流露出一点粗俗；她是富有情趣的，给人的印象难以忘怀。女性的这种内在的、优雅的美，才是永久的美，不会凋谢的美，因而一个优雅的女人，也必然是一个魅力无穷的人。

（一）笑容是最优雅的名片

微笑是女性最迷人的表情，是职场女性最优雅的名片。曾经有一项针对性的调查，主旨是：你认为女性最迷人的表情是什么?大部分的答案都是“微笑”。在千变万化的面部表情中，微笑是最美的，它可以缩短人与人之间的心理距离，为深入沟通与交往创造和谐的氛围。

某企业销售部经理张玲走上工作岗位已经整整五年了，每每看到那些行色匆匆的求职者时，她就不由自主地想起自己求职和工作的经历。两年前，张玲孤身一人、远离家乡来到大城市求职，在一家报纸上看到一则招聘广告，正好是她感兴趣并且擅长的工作，于是张玲抱着试试看的态度，向用人单位发了一封求职信，两天后接到了该公司的面试通知。到达面试地点时，张玲被吓了一跳，因为她需要和30个人竞争这个职位!不过，最终由于表现出色，张玲成了这家公司的一名正式员工。一次偶然的机会，张玲向总经理问道："在那么多应聘的求职者当中，为什么选择了我?"总经理的回答有些出乎她的意料："你的微笑感染了我，通过你的微笑，我能看到你有一种其他求职者不具有的自信与优雅。"

资料来源：怡心. 职业女性的形象设计与魅力塑造[M]. 北京：中国妇女出版社，2015.

面对压力，我们不知不觉地把微笑藏了起来。然而，给别人一个微笑就是给别人一份温暖，给自己一份幸福。当你用微笑换来面试官的会心一笑时，其实就是在用微笑换取双赢，换取一次成功。微笑不仅能够展示自己的自信心，也向别人传递了一种积极的态度。微笑是一种极具感染力的交际语言，不但能很快缩短你和他人的距离，并且还能传情达意。当然，微笑看似简单，但也需要讲究一定的技巧。

首先，在人际交往与沟通中要笑得自然。微笑是美好心灵的展现，微笑需要发自内心才能笑得自然，笑得亲切，笑得美好、得体。切记不能为笑而笑，没笑装笑。

其次，与人交往沟通时要笑得真诚。人对笑容的辨别力非常强，一个笑容代表什么意思，是否真诚，人的直觉都能敏锐地判断出来。所以，当你微笑时，一定要真诚。真诚的微笑让对方内心产生温暖，引发对方的共鸣，使之陶醉在欢乐之中，加深双方的友情。

最后，微笑要有不同的含义。对不同的交往沟通对象，应使用不同含义的微笑，传达不同的感情。尊重、真诚的微笑应该是给长辈的，关切的微笑应该是给孩子的，诱人的微笑应该是给自己心爱的人，等等。

不露齿为最佳微笑，基本做法是不发声、不露齿，肌肉放松，嘴角两端向上略微提起，面含笑意，使人如沐春风。微笑须发自内心。发自内心的微笑既是一个人自信、真诚、友善愉快的心态的表露，同时又能营造明朗愉快和亲切的交际氛围。而矫揉造作的微笑，会给人一种不真诚、不友善的感觉，也会给我们的工作交往带来阻碍与阴影。

（二）站姿挺拔凸显端庄风度

站姿是静态的造型动作，是其他动态美的起点和基础。古人主张"站如松"，说明良好的站立姿势应给人一种挺、直、高的感觉。端正挺拔，才会有大方的形象。站姿是人们在日常工作生活的正式和非正式场合下较为引人注目的姿势。优美、典雅的站姿是展现人的动态美的基础和起点。

概括地说，人们在站立时应该做到挺、直、高。所谓挺，就是要求个人在站立时身体各主要部位要尽量舒展，头不要下垂，是一种挺拔的感觉。所谓直，就是在站立时使人的脊柱尽量和地面保持垂直，因为脊柱是人体保持正确站立姿势的关键部位，脊柱的正常生理弯曲表现出来，就可以给人笔直的印象。所谓高，就是要求人在站立时，重心要尽量提高把身体站直，身体站直常常能给人正直、自信的感觉。要使重心提高，就应该在站立时不要将腿分得过开，腰背不宜弯曲。

优雅站姿的关键点是平肩、直颈、下颌微向后收，两眼平视；伸直背肌，双肩尽量展开微微后护，挺胸；手臂自然弯曲，双腿要直，膝盖放松，大腿稍收紧；双脚脚跟并拢，脚尖可以稍许张开，重心从身体的中心稍向前方，并尽量提高。

女性领导的站姿，要表现出轻盈、典雅、娴静的韵味，努力给人一种“静”的优美感。站姿是形象美的起点，也是发展不同动态举止美的基础。良好的站姿能衬托出美好的气质和风度。学会优雅的站姿更是成为优雅女性领导的第一步，站出素质，站出魅力。

（三）坐相沉静稳重尽显知性魅力

女性领导的坐相，要端正，相对于站姿来讲是一种放松，但不是松懈。正确的坐姿可以平添几分魅力，也对保持健美的体形大有裨益。所以，女性领导的坐姿不容小觑。

女性领导入座要轻、缓，走到座位前从容不迫地慢慢坐下。坐任何座位都不能坐得太深或太浅，一般落座椅子的 2/3。落座后，上半身挺直，不要耸肩膀、含胸驼背，要两肩放松，下巴向内收，脖子挺直，眼要向前平视，这样才能给人以落落大方的美感。在坐姿中，双腿应当自然屈曲，双腿并拢，两脚平列或前后稍稍分开，双手自然地放于双膝或椅子扶手上。谈话时上体与腿应同时转向。端正的坐姿让人觉得安详、舒适、舒展大方。

穿短裙坐着时要双腿并拢，注意自己的仪态。坐姿能显示一个女人的文化修养和内心世界。坐的时候，人处静止的状态，更多的习惯性举止会不知不觉地表现出来，要做到不仅让人觉得安详舒适端庄稳重，而且也要显得轻松自如、文静优美，让人看着也觉得文雅大方、优美怡人。

（四）行走轻快敏捷更显精干气质

走姿是最常见的、最基本的举止，它绝不仅仅是个人生活的细枝末节。轻盈的走姿是女性气质高雅、温柔端庄的一种风韵；而优美的走姿，则更添女性领导的魅力，展示自身的风采。

优雅走姿应挺胸抬头，目光平视前方，神态平和，脚尖向前，重心在脚尖上，双腿有节奏地向前迈进，双臂在身体两侧自然摆动，在这同时，手的摆动将带动整个上身，使脚步平稳。此外，在行进时要尽量走成一条直线，步伐要稳健，步态要轻盈。

通常，走路最容易犯的毛病就是内八字和外八字，其次就是弯腰驼背，或者肩部高低不平、双手过于摆动，或臀部扭动过大、脚步太多，这些走路的姿态都足以影响女性的美。

穿着不同的服装，步态也要随之改变。当你身穿旗袍或窄裙、脚踏高跟鞋的时候，就不要迈着很洒脱的大步，但是膝部和脚踝也不要过于僵硬，步幅以小为宜，轻盈些。穿旗袍的走姿：身体挺拔，胸微含，下颌微收。行走时，步幅不宜过大，要考虑旗袍的开衩。两脚跟前后要走在一条线上，脚尖略微外开，两手臂在体侧自然摆动，幅度也不宜过大。穿着长裙时，展示出女性身材的修长和飘逸美，行走时要平稳，步幅可稍大些。穿着短裙时，要表现出轻盈、敏捷、活泼、洒脱的风度，步幅不宜过大，但脚频率可以稍快些，保持轻快灵巧的风格。

行走的时候，步伐不可太大，步速不可太快，步伐与呼吸应有节奏。穿礼服、裙子或旗袍时，步伐应轻盈优美，不可跨大步。若穿长裤步伐可稍大些，这样会显得生动有干劲，但也不宜过大。

（五）得体手势令形象优雅大方

手势是人际交往时不可缺少的动作，是最有表现力的体态语言，它可以加重语气，增强感染力，在人际交往中有着重要的作用。女性的手势尤为如此。它既可以加重语气，又可以增强感染力。同时大方、恰当的手势还可以给人一种肯定、明确的印象和优美文雅的美感。因此，女人如果想让自己的手部动作变得优美起来，那就必须了解一些关于手势的礼仪。

1. 手势的不同含义

（1）指示性手势

这种类型的手势语通常用来给他人指明方向、地点或是某种物体等，可以增加谈话内容的明确性和真切性，便于及时吸引听者的注意力。正确姿势为：手指自然并拢，且处在同一平面上，与地面呈 45°，指示正确的方向。

（2）情绪性手势

情绪性手势语是表达女性情绪的手势语言，它是伴随着人的情绪起伏而发出的，常用来强调发言者的某种思想感情、情绪、意向或态度。例如，着急时双手相搓，尴尬时摸后脑勺等。手势是说话人内在情感和态度的自然流露，它与表露出来的情绪紧密结合，能给听者留下深刻印象。

（3）模拟性手势

与他人交谈时为了表达某种事物的外形、大小、高低、姿势等形象特征的动作叫模拟手势。这种手势在一定程度上可以使听者如临其境，通常会带有一点夸张意味，因而极富感染力。

（4）象征性手势

这种手势是表示抽象意义的一类手势动作，因为其具有特定的内涵而使用广泛。这种手势通常是约定俗成的，所以民族或地域不同的话，可能会表示不同的含义。比如，在中国，跷起拇指表示的是称赞，有“你真棒，你真厉害”等含义，而在外国则不同。因而，使用这种类型的手势语时，要注意与具体的地域文化相结合。

2. 使用手势时，要注意礼仪

（1）保持手势动作优雅、到位，以轻巧明确为好

女性领导想要让自己的行为举止优雅，不仅要懂得关于手势的基本知识，而且要掌握手势礼仪。想要体现自己的修养，在使用这些手势时，就要动作优雅大方，姿势完美，这样才能给他人留下深刻的印象。同时，想要准确地表达自己的意思，还要务求做到动作标准到位，给他人以明确的指示，从而避免给他人带来错误的信息或引起他人的误解。一个有修养的女性领导者，无论何时都会让自己的手势优雅到位，让优雅轻巧、明确的手势展现自己的魅力与光彩。

（2）注意手势的使用量

想要展现自己的修养与内涵，要注意手势的使用量。人际交往中，过多地使用手势可能会给他人一种装腔作势的感觉，因此，为了能够给他人留下好的印象，要注意手势的使用量，做到宜少不宜多。同时，使用手势时还要配合面部表情和身体其他部位的动作，只有这样才能给他人留下被尊重的感觉。

（3）避免使用一些不雅的手势

手势可以用来表达一个人的内心活动或对一个人的语言做出补充。然而，生活中也有一些手势，它所代表的是负面的意思或不雅的动作。人际交往中，女性领导想要树立良好的个人形象，一定要避免使用不合时宜的手势。

在人际交往中，女性领导想要让自己的言行举止充满魅力，就必须掌握好使用手势的礼仪。准确合理地使用手势既可以表达人们无法用语言表达的东西，又可以体现出自己的修养与气质。

二、展现完美的礼仪形象

（一）日常交往的基本礼仪

在社交场合中，掌握日常交往礼仪，正确的待人接物，能拉近与交往对象的距离，展现自己的修养，从而推动职场交往活动的顺利进行。

1. 问候礼仪

问候亦称问好、打招呼。一般而言，它是人们与他人相见时用语言向对方进行致意的一种方式。通常认为，一个人在接触他人时，不主动问候对方，或者对对方的问候不予以回应，是十分失礼的。在有必要问候他人时，主要需要在问候的次序、问候的态度、问候的内容三个方面加以注意。

（1）问候次序

在正式会面时，宾主之间的问候，在具体的次序上有一定的讲究。一个人问候另外一个人，通常应为“位低者先行”，即双方之间身份较低者首先问候身份较高者；一人问候多人，既可以笼统地加以问候，也可以逐个问候。当逐一问候许多人时，既可由长而幼地依次而行，也可以由近及远依次问候。

（2）问候态度

问候是敬意的一种表现。当问候他人时，在具体态度上需要注意四点。首先要主动，

问候他人应该积极、主动。当他人首先问候自己之后，应立即予以回应。其次要热情，在问候他人时，通常应表现得热情而友好。毫无表情，或者表情冷漠，都是应当避免的。再次要自然，问候他人时主动热情的态度，必须表现得自然而大方。矫揉造作神态夸张，或者扭扭捏捏，都不会给他人以好的印象。最后是专注，领导者在对其交往对象进行问候时，应当面含笑意，以双目注视对方的双眼，以示口到、眼到、意到，专心致志。

（3）问候内容

问候他人在具体内容上大致有两种形式，它们各有自己适用的不同范围。问候分为直接式和间接式。所谓直接式问候，就是直截了当地以问好作为问候的主要内容。它适用于正式的人际交往，尤其是宾主双方初次相见。间接式问候，就是以某些约定俗成的问候语，或者在当时条件下可以引起的话题，诸如“最近过得怎么样”“忙什么呢”来替代直接式问好。它主要适用于非正式交往，尤其是经常见面的熟人之间。

2. 握手的礼仪

握手礼是大多数国家人们相互见面和离别时的礼节，也是职场中使用得最多的、最灵活方便的行为语言。很多人会觉得握手只是两个人之间双手相握的一个简单动作，然而在握手礼的背后，同样有着许多的礼仪规范，不能违反。

握手的次序一般是“尊者居前”，也就是根据双方所处的社会地位、身份、性别及其他条件来确定。一般的顺序是女士、长辈、已婚者、职位高者先伸出手后，对方才能回应。具体来说，上下级之间一般上级伸手后，下级才能伸手相握；长辈与晚辈之间，长辈伸出手后，晚辈才能伸手相握；男女之间，女士伸出手后，男士才能伸手相握；主客之间，主人伸出手后，客人才能伸手去握。要注意的是，只要对方伸出了手，不管是失礼了还是不失礼，我们都应当毫不迟疑地回握才是礼貌的，不然就会造成尴尬。

握手时必须使用右手，这是国际上普遍适用的原则，伸出的手掌应垂直于地面，避免手心向上或向下。握手时间不宜过长或过短，两手交握 3～4 秒，上下晃动 2 次是较为合适的。握手的力度不宜太大也不可太小，让对方感觉到有力而没有疼痛感即可。在握手的过程中要给对方一个微笑且有眼神交流。

握手，看似很简单的一个动作，也是有需要注意之处的：握手时不可交叉握手，忌手不干净或戴着手套与对方握手。

（二）宴请待客彬彬有礼

身为职场女性领导，一些商务性的宴请是避免不了的。然而，怎样礼仪周到地接受宴请或宴请别人，很多人却并不知晓。一些大公司、大客户，甚至通过用餐，很容易地对某人的教育程度、社会地位迅速做出判断。而且在某些餐厅必须遵守一些严格的规定，因此在这方面应该具备一些简单的知识，有正确的举止和饮食方式，以免尴尬。

1. 出席宴会的礼仪

（1）梳妆打扮

出席宴会前，要稍作梳洗打扮。女士要穿套装和有跟的鞋子。如果指定穿正式服装的话，就必须穿礼服，精神饱满、容光焕发地赴宴，以保证契合宴会的隆重气氛与和谐环境，切忌穿着工作服或带着倦容赴宴。

（2）准时赴宴

按时应邀出席是一种礼貌。因为客人抵达时间的迟早，逗留时间的长短反映了对主人的尊重。除了身份高的人可以迟到一会外，一般应提前两分钟左右到达比较适宜。如遇突发事件不能到达或迟些到达，应打电话告知。

（3）适当交际

到达宴席地点后应主动向主人问好。进入宴会厅之前先了解自己的桌次和座位。入座时，应向其他人让礼，要从椅子左侧入座。进餐前要与同席的人热情有礼貌地交流，以创造一个和谐融洽的用餐气氛。

（4）用餐文雅

用餐时应讲究礼节，面对一桌子美味佳肴，不要急于动筷子。主人举杯示意开始，客人才能用餐。如果酒量还能够承受，对主人敬的第一杯酒应喝干。用餐时应细嚼慢咽，不要发出咀嚼声和舐咂嘴的声音。餐桌上要注意让菜不夹菜，助酒不劝酒。

（5）退席时机

注意把握退席时机，千万不要选择在席间别人说话时或说完一段话之后退席，以免引起不必要的误会。一般的退席时间应该选择在大家都吃完以后，如有水果上来，应在吃完水果之后。如果自己确有要紧的事必须先走，可向主人悄悄告辞，并且道谢，不必惊动其他客人。

（6）致谢礼节

退席时客人应向主人有礼貌地握手致谢，称赞宴会组织得好，菜肴丰盛精美。或者在参加正式宴会后的两至三天之内，写信或打电话表示感谢。

2. 宴请的礼仪

在商务礼仪中，以宴请的方式来款待宾客，不仅仅是一般的吃吃喝喝，而是人际交往的一种重要形式，故此宴请也有着不同的类型及原则。

宴会可以分为正式宴会和非正式宴会两种类型。正式宴会，是一种隆重而正规的宴请。它往往是为宴请专人而精心安排的，在比较高档的饭店，或是在其他特定的地点举行的，讲究排场、气氛的大型聚餐活动。对于到场人数、穿着打扮、席位排列、菜肴数目、音乐演奏、宾主致辞等，往往都有十分严谨的要求和讲究。

非正式宴会也称便宴，它的形式从简，偏重于人际交往。一般来说，它只安排相关人员参加，对穿着打扮、席位排列、菜肴数目往往不做过高要求，而且也不安排音乐演奏和宾主致辞。

国际上通用的正式宴请形式有宴会、招待会、茶会，非正式的有工作餐等。采取何种宴请形式，一般根据活动的目的、邀请对象以及活动内容等因素来决定。但不论哪种宴请，基本的礼仪都是必需的。

邀请范围是指请哪方面人士，请到哪一级别，请多少人，主人一方请什么人来作陪。还要考虑多方因素，如宴请的性质、主宾的身份、国际惯例以及当前政治形势等。

要确定邀请名单。被邀请人的姓名、职务、称呼，以及对方是否有配偶都要准确。还应当了解对方的饮食爱好和禁忌。一般来说，正式、规格高、人数少的以宴会为宜，人数多则以冷餐或酒会更为合适，妇女界活动多用茶会。

各种宴请活动，一般均发请柬，这既是礼貌，亦对客人起提醒、备忘之用。便宴经约妥后，可发亦可不发请柬。工作进餐一般不发请柬。有些国家，邀请最高领导人作为主宾参加活动，需单独发邀请信，其他宾客发请柬。请柬一般提前一周至两周发出(有的地方须提前一个月)，以便被邀请人及早安排。请柬发出后，应及时落实出席情况，准确记录，以安排并调整席位。即使是不安排席位的活动，也应对出席率有所估计。

宴会的酒菜根据活动形式和规格，在规定的预算标准以内安排。选菜不以主人的爱好为准，主要考虑主宾的喜好与禁忌，如果宴会上有个别人有特殊需要，也可以单独为其上菜。菜肴道数和分量都要适宜，宜用有地方特色的食品招待。

正式宴会一般均排席位，也可只排部分客人的席位，其他人只排桌次或自由入座。无论采用哪种做法，都要在入席前通知到每一个出席者，使大家心中有数，现场还要有人引导。大型的宴会，最好是排席位，以免混乱。不管是正式的宴请还是非正式的宴请，主人都应提前对客人发出口头或书面邀请。

在宴会开始前，主人应该站立门前笑迎宾客，晚辈在前，长辈居后。对每一位来宾，要依次招呼，待大部分客人到齐之后，再回到宴会场所中来，分头跟客人招呼、应酬。上菜后，主人要先向客人敬酒，说一些感谢光临的客气话。席散后，主人要到门口，恭送客人离去。对那些在宴请中照顾不周的客人，应说几句抱歉和感谢之类的话。对走在后面的客人，可略为寒暄几句。

（三）接待和拜访规范热情

接待和拜访，也是职场女性领导必备的礼仪。既要热情大方，也要真心诚意。

1. 接待礼仪

接待的规格应根据客人的身份，到来的目的、性质和时间长短等综合因素考虑。外事接待遵循对等的原则。公务接待中，一是要由级别相当的人员或组织出面迎送；二是要安排合乎规格的住宿；三是要安排好车辆和各种物品。

（1）迎接

对远道而来的客人，须提前派人去机场、车站、码头等候客人，避免客人久等或迷路。为帮助客人熟悉当地环境，可准备一份有关材料提供给客人查阅，如城市简介、交通图、浏览图等。由礼宾工作人员将主人介绍给来宾，再由主人向来宾一一介绍前来欢迎的人员。主人介绍后，由客人向主人一一介绍随同前来的其他客人，介绍后稍事寒暄。

（2）陪车

轿车上的座次有主次尊卑讲究。一般，车上最尊贵的位置是与司机的座位成对角线的座位，即后排右座。其余座位的主次尊卑次序是：后排左座、后排中座、前排右座。抵达目的地时，接待人员要先下车，从车尾绕过去为客人打开车门，以手搭车篷上框，协助其下车。

（3）下榻

客人到达下榻处后，接待人员不宜久留，以便客人休息。离开前，可以奉上事先安排好的日程表，并征求客人意见。客人来访安顿好，主人应登门拜访。拜访的时间不应过长，因为这是礼节性的拜访，嘘寒问暖，问问有什么困难等即应告辞。

（4）送客

来访结束以后，到了公务迎送的最后环节——送客。协助外地客人办好返程手续。准确掌握客人离开本地的时间，询问客人对所乘交通工具的意见，为其预订好车、船、机票，尽早通知客人，使其做好返程准备。可以为长途旅行的客人准备一些途中吃的食品。

在客人离开的当天或前一天为客人送行。临别前一天送行，应到客人住地热情、诚恳、有礼地对招待不周表示歉意，征求客人的意见，询问客人还有什么需要帮助解决等，然后道别。客人返程的当天送行，一般应送到车站、码头、机场，陪同客人候车、候船或候机，直到火车、轮船或飞机启动后再离开。如果自己不能前往，应向客人说明原因，表示歉意。

2. 拜访的礼仪

拜访是到对方的住地与对方见面，在公务场合，礼节礼貌更加重要。它不仅关系到个人的形象，也影响到工作沟通是否顺利，关系到被拜访的人对你所在单位的印象和评价。所以，务必要以礼为重，礼仪当先。主要注意以下方面。

（1）拜访一定要事先预约

没有人会欢迎“不速之客”，未经预约而贸然登门拜访，会干扰对方的工作和既定的日程安排，而且对方在没有充分准备的情况下仓促接受拜访，也会影响沟通的效果。而且也很有可能吃对方的“闭门羹”，这样就不好了。在预约时，要告知对方拜访的目的，以便对方做好准备，有条不紊地接受拜访。约定准确的拜访时间，要注意避开吃饭、休息，特别是午睡的时间。如果有特殊原因而无法事先预约，要向对方说明原因，请求谅解。

（2）拜访务必准时

不管何种原因，失约或迟到都是严重失礼的事情。如果有紧急的事情，不得不迟到或取消访问，必须立即通知对方。如果无法亲自联络对方，一定要请别人为你传达。如果遇到交通阻塞，应及时与对方沟通。

（3）到达时的礼仪

在进入对方公司前应先整理自己的着装，以最佳的形象、最从容的姿态进行商务拜访。随后检查自己的资料是否带齐，并将手机调到震动模式或者关机状态。进门时应用食指轻叩房门，力度适中，间隔有序敲三下等待回音。如无应声，可稍加力度，再敲三下，如有应声，再侧身隐立于右门框一侧，待门开时再向前迈半步，与主人相对。即使对方的房门是开着的，也不应擅自进入。进入对方公司时应尊重其办公环境，非礼勿视、非礼勿听、非礼勿言、非礼勿动。

（4）等待时的礼仪

如果接待者因故不能马上接待，在等待时要安静，不要通过谈话来消磨时间，这样会打扰别人工作。尽管你已经等了 20 分钟，也不要不耐烦地总看手表，你可以问接待或助理约见者什么时候有时间。如果你等不及那个时间，可以向助理解释并另约一个时间。不管你对要见的人有多么不满，也一定要对接待或助理有礼貌。

（5）谈话时的礼仪

当你被引到约见者办公室时，如果是第一次见就要先做自我介绍，并且首先递交自己的名片。如果已经认识了，只需互相问候并握手。一般情况下，要尽可能快地让谈话进入正题，而不要说一些无关的事情，对方的时间可能非常宝贵，因此要充分尊重对方，为对方节约时间。在谈话时，当我们说完自己的内容后，要让对方发表意见，并要认真地听，如与接待者的意见相左，不要辩解或不停地打断对方讲话。你有其他意见的话，可以在他讲完之后再说。对接待者提供的帮助要致以谢意。

（6）告辞时的礼仪

拜访对方，如果是公事，那么谈完就应当告辞以不耽误对方太多的时间。如果双方谈得投机、愉快，也要把控时间。但需要注意的是，如果是对方兴致极高，那么就一定要等对方表示结束谈话，才是礼貌的行为。如果自己着急，可以适当示意，如把茶杯的杯盖盖好，把咖啡杯稍稍推移开，轻轻地收起自己的文件，或者把对方的名片放进名片夹等。而迅速看表或快速地收拾公文包，会给受访者带来不重视此次拜访或者此行不愉快的印象，造成误解。

当对方表示出结束会见的信息后，就应当立即起身告辞，不要拖拉。而如果对方意犹未尽，仍想继续谈谈时，拜访者不能够表现出厌烦，更不能自顾自地起身离去。如果确实有其他工作在身，应当向对方说明缘由，在对方确定结束会见后方可离去。

（四）探望礼仪，尽显亲和

在生活中，当合作伙伴、同事患病时，前往探望、慰问是人之常情，也是一种礼节。探望病人不仅仅是给他们带去鼓励和关怀，更多的是带给他们战胜病魔的信心。

1. 探望的准备

探望病人时遵守基本的礼仪是必不可少的。探望病人之前，应当对病人所患的疾病和病情有所了解。

在决定去探望病人之前，要先简要了解一下病人的病情。例如，病人得的是什么病，病情重不重，治疗情况如何，病人的心理和情绪怎么样，等等。如果不宜探望，则可以通过写信去表示慰问。如果病人手术不久，十分虚弱，或者正在抢救之中，医院一般也是不希望探病者贸然前往的。有的病人刚住进医院，同事、亲友就挨三顶五地前去探望，使病人和家属不胜负担，在这种情况下，也不宜集中在同时间去凑热闹。

2. 探望的时间

探望病人时，应选择适当的时机，尽量避开病人休息和医疗时间。病人的饮食和睡眠比常人更为重要，所以不宜在早晨、中午、深夜以及病人吃饭或休息时间前往探视。如果是探望住院的病人，还应在医院规定的时间内前往。若病人正在休息，应不予打扰，可稍候或留言相告。

另外，在民俗方面，一般情况下看望病人须在上午或晚上，忌下午，初一、十五忌看病人。不宜拖沓探望时间，一般以 15 分钟左右为宜。

提前预约：这一点在普通拜访时是一个基本礼仪，而在看望病人时则更显重要。大多数医院对于亲属探望病人都有明确的规定和时间安排，在一些传染病医院、妇产医院，相关规定更为严格。因此，探望病人一定要提前预约，了解清楚探视时间和病人接受治疗的安排情况后再去探望。

住院期间，病人的生活相当规律，接受治疗和休息时间都安排得很规范。因此，在探望病人时，我们一定要准时到达，严格按照约定的时间去看望。

3. 探望的礼品

探望病人所带的礼品是有一定讲究的，既然送礼就要送到心坎里，不要送一些病人忌讳或华而不实的东西。目前，探病的礼品大致有鲜花、水果及食品保健品之类，其中以鲜花为佳。

4. 探望的言行礼仪

探望病人时，神情应该保持轻松和关切，不要显得过于担心。见到病人治疗用的医疗器械，不要表现出惊讶的神态，以避免给病人带来压力。进入房间后，见到病人要像以前一样握手，这样可以消除他的戒备心理。同时尽快找把椅子挨着床边坐下，如果对方不是传染病患者，你还可以拉着他的手亲切交谈。由于特殊的心理状态，人在患病期间都相当敏感，最忌的是说些增加病人心理负担的话。在与病人谈话时，一般应先询问病人身体状况及治疗效果。说话时要看着病人的眼睛，不要东张西望，使病人感到你在真心实意地关心他。在病人讲述病情时，要认真地听，不要心不在焉，左顾右盼。

探望时要多说一些关心、鼓励的话，让病人感到愉快，淡化病痛带来的苦恼，以增强病人战胜疾病的勇气。结束探望时，要从病人身体健康的角度考虑，最好能够适时地、婉转地结束探望，一方面避免因为自己探视时间过长影响病房里的其他病人休息；另一方面也可以让病人早点儿休息，避免因疲劳影响身体恢复。最后，祝福病人安心休养，早日康复。

三、塑造干练的商务形象

（一）拥有精湛的专业技能，不做职场“花瓶”

美丽的职场女性，其职业能力常常处在一个尴尬的境地。当她们事业有成就的时候，人们总是将成功归于她的容貌，而她们的工作业绩在人们眼里会因其长得美丽而大打折扣，因为人们习惯了把漂亮的职场女性当成“花瓶”。花瓶式的员工也成办公室里茶余饭后的谈资，甚至是取笑的对象。其实漂亮和能力并没有相悖的地方，在职场中，既漂亮又有能力的女性领导者数不胜数。

毫无疑问，超强的专业能力远比美貌更让人津津乐道。从来没有任何一个人敢说美丽的惠普公司首席执行官卡莉·菲奥莉娜是“花瓶”，因为她用她超凡的专业才干有力地证明了自己只是具有花瓶一般美丽无双的外表，而内心的坚硬执着和精湛的技能才是其本质。

女性领导要摆脱“花瓶”的阴影，树立自己精明强干的魅力形象，提升自己的专业能力至关重要。女性领导在职场表现出“专业”精神，这就是一种才华。专业是一个人对他所从事的行业、产品的熟悉程度，专注则是他对这份工作的投入度。女性在职场中容易浮于表面，大多数的女性缺乏理性思维，对于产品的细节、性能、数据化的指标了解得不是很清楚。从事一个行业必须沉下心来，认真学习专业知识，不断提高专业素养，才能在客户心目中树立专业权威的形象，从而为工作铺平道路。

（二）控制自己的情绪，平和温婉展现不凡魅力

形象良好、魅力非凡的女性都是优雅的、平和的、知性和温婉的。动不动就暴跳如雷的女性即便能力再强，形象和魅力也会差那么一大截。所以，控制自己的情绪，不仅是职业女性保持优雅的关键，更是一种超强的能力。因为女性总是容易情绪化，容易被情绪左右。

魏蓉蓉是一家汽车销售公司的销售经理，虽然年轻但在公司的资格较老，所以公司上上下下的大小事务都来找她，甚至是公司来的新人都要她来负责管理。每天她都被各种繁杂事务包围着，透不过气来。在繁忙工作的压力下，魏蓉蓉渐渐变得性情暴躁，稍不如意就动气发火。

一天刚上班，办公室新来的主任就找她，问她合同怎么做，关系怎么转，财务怎么结算等，魏蓉蓉自己手头还有很多事情要做，但是这个主任喋喋不休……魏蓉蓉竟然就在办公室里发起了火：“真不知道你是来干什么的，什么事情都要问我。公司请你来是干什么的?白拿薪水不干活。”她的一席话顿时惹恼了主任，两个人对着就吵了起来，导致一上午什么工作都没有做，反而惹了一肚子气。

最让魏蓉蓉恼火的还是那些车行的司机，什么事情都要打电话跟她说，就连公司的客户也找她联系业务，让她的电话整天响个不停，没有一点自己的时间。虽然她几次三番跟别人说那些事情不归她管，可是大家有事还是拼命给她打电话。时间长了，她看谁都不顺眼，看谁都想发火。她很苦恼，但是自己一点儿也控制不住自己的情绪……

资料来源：根据网络资料整理。

情绪一旦失控，工作和生活就会失常，形象尽毁，魅力全无，甚至还会毁掉前途。所以，控制情绪对于女性领导者来说，相当重要。虽然每个女人都有情绪不好的时候，可是，任何一个成熟、智慧、优雅的女人，都不会让坏情绪主宰自己，不会让坏情绪随时爆发而扰乱自己正常的生活。

最难控制的、最容易冲动变化的情绪就是生气。女性爱生气，但如果不加以控制，怒火会很快蔓延，烧毁一切。人在发怒时会有一系列的生理变化，如心跳加快、胆汁增多、呼吸急促、脸色改变，甚至全身发抖。愤怒的人常会在内心演绎一套言之成理的独白，而且越来越生气，最后冲破理智的控制，不计任何后果地一下子发泄出来。情

绪爆发会给你的形象造成很大的破坏，可能会让人一下子改变对你的好印象。因此我们应该学会控制自己的情绪，学会尽量不发火而把事情解决好。那么怎样才能控制好自己的怒气呢？

1. 保持头脑清醒

当愤愤不已的思绪在脑海中翻腾时，请注意提醒自己保持理智清醒，避免短视，恢复远见，明智地解决问题。

2. 反应得体

受到不公正对待时，任何正常的人都会怒火中烧。但一定要控制自己，无论发生了什么事，都不可放肆地出口大骂。应该心平气和、不抱成见地让对方明白他错在哪里。这样做可以给对方提供一个机会，让他可以改弦更张。如果控制不住自己，事情的结果肯定会是另一种样子，双方大概率会弄得两败俱伤，最后事情还是没有解决。

3. 推己及人

试着让自己站在对方的角度去看问题，这样也许就容易理解对方的观点和行为了。在多数情况下，一旦将心比心地思考问题，满腔怒气就会烟消云散，至少觉得没有理由迁怒于人。

4. 转移注意力

在受到令人发怒的刺激时，大脑会产生一个强烈的兴奋灶，这时如果能主动地在大脑皮层里建立另一个兴奋灶——看场电影或逛逛街，用它去抵抗或削弱引发愤怒的兴奋灶，就会使怒气平息。

5. 贵在宽容

学会宽容，决定放弃怨恨和惩罚时，就会发现心里轻松平静了许多。愤怒的包袱从双肩卸下来，就不会再冲动了。

6. 尽量回避

在生活中遇到令人发怒的刺激时，可以暂时避开，眼不见心不烦，怒火自然先去了一半。这虽然是一种“鸵鸟”政策，但却是一种自我保护性的制怒方法。

7. 加强素质训练

爱发火常常与脾气急躁密切相连。为了克服急躁，你可以学习下棋、绘画、写字等，通过这些方法磨炼自己的耐性和柔韧，久而久之自然会养成不急不躁的好习性，不会再轻易大动肝火了。

8. 缓冲一下情绪

在忍不住发泄怒气时，先深吸一口气，并在心中默念“不要发火，息怒，息怒”，也会收到一定的效果。

女性是感性的，其情绪特别容易被外界的事物所影响。一片落叶一朵花都会让她们在心中感怀良久。面对生活中层出不穷的麻烦事，女性更容易发怒。所以，学会控制自己的怒气对女性领导者来说特别重要。

（三）让才情为魅力加分

女性可以不美丽，但是不能没有才情。才情可以重塑美丽，可以让美丽长驻，可以使美丽拥有气质和内涵。作家林清玄在《生命的化妆》一书中写到：女性化妆有三个层次，其中第三层的化妆就是改变气质。独特的气质与修养是女性永远美丽的根本所在。红颜易逝，才华长存。引人注目的容颜和赏心悦目的身材，只是年轻时候的资本；聪明机智的头脑和学而不倦的热情，才是女性真正的无价之宝。美貌会随着时光的流逝而渐渐消逝，而女性内在的才情却能够与时俱进，历久弥香。

王安忆是新时期以来上海所涌现出来的最优秀的女作家，也是我国当代极有成就和影响力的小说家之一，第五届茅盾文学奖得主。她创作了大量优秀作品，总数达 500 余万字。著名作品有长篇小说《长恨歌》《纪实与虚构》等。她的许多作品被译成英、德、荷、法、捷、日、韩、以色列等多种文字，在国外发行。王安忆的文字是丰富的，丰富的还有她女性的内心。她用文字感动着无数女性，执着地追求外在魅力与内在修养的统一。而她本人也远比想象中的靓丽、知性和有品位，打扮得也舒服得体，保养得也极好。王安忆用智慧和丰富的内涵展示着新时代知性女人的光彩动人。

资料来源：怡心. 职业女性的形象设计与魅力塑造[M]. 北京：中国妇女出版社，2015.

才华之于女性，不是浮华的云裳羽衣，而是深入内心的灵动和智慧。才情是女性魅力之本。一个有才情的女性就像一杯清香的茉莉花茶，韵味深远，芳香迷人。她充满知性，眼光深邃，绝不是小女子般见识。她的悟性缘于对生活、艺术的理解，她的气质缘于人格深层的自然流露。她稳重、知性，周旋于人与人之间，应付自如。以女性的特有情怀，放开胸襟去拥抱整个世界。

作为现代职业女性，女性领导者才情美的魅力主要体现在以下几个方面。

1. 突出的个性

女性的美貌往往具有最直接的吸引力，而真正能够长久地吸引他人的却是才女们的性格特质，即便不美也可以因为活泼而变得可爱，因为可爱而变得美丽。

2. 丰富的内心

丰富的知识与宽广的胸怀使得才女的魅力大放光彩，由于见多识广，眼界开阔，她们有自己的爱好和追求，不会随波逐流，人云亦云。

3. 高雅的情趣

高雅的情趣让才女们在生活中尽显才华，读书、听音乐、健身、美食、旅游，甚至与人交流等，都能使枯燥的生活充满迷人的色彩。

杨澜是一个因才情而熠熠闪光的女性，是才情女人的魅力代表。她知性而优雅，智

慧而平和，一举手一投足都显示出足够的大气和端庄。杨澜的知性是那种扬眉吐气的大方，是宜静宜动的端庄。正是凭着集睿智、古典于一身的知性美，杨澜从千名候选人中脱颖而出，成为中国中央电视台女主持人，也是凭着她独特的知性美，从一个享誉中国的著名女主持人而蜚声国际。1996 年，杨澜被选入英国《大英百科全书世界名人录》。1997 年 4 月，她应联合国副秘书长之邀，作为东亚唯一代表出席了联合国世界媒体圆桌会议，同年 11 月又应邀出席联合国“1997 世界电视论坛”。同年 7 月，杨澜被选为哥伦比亚大学国际关系学院校董事，成为这所美国常春藤名校有史以来最年轻的董事，并于 2000 年创建阳光卫视。如今的杨澜已重新回归电视制作和主持，她依然保持知性、从容、人性化的主持风格，为成熟女性寻找理想与现实的平衡。

资料来源：怡心. 职业女性的形象设计与魅力塑造[M]. 北京：中国妇女出版社，2015.

女性拥有了才情，也便拥有了动人的气质，一抹微笑、一个眼神、一句言语，都值得你回味，心醉。每个女性领导者都希望保持永久的吸引力，然而外在的东西很容易改变，也容易褪色。只有拥有丰富的才情，才具有永久的吸引力，有永恒的智慧形象，有不变的非凡魅力。

第三节 女性领导服饰品位

一、女性领导服饰内涵

（一）女性领导服饰魅力的意义

女性的服饰既是人类文明与进步的象征，同时也是一个国家、民族文化艺术的组成部分，它反映着一个民族的文化水平和物质文明发展的程度。一个民族的服装，是随着民族文化的延续发展而不断发展的，它不仅具体地反映了人们的生活形式和生活水平，而且形象地体现了人们的思想意识和审美观念的变化及升华。

服饰具有极强的表现功能。在社交活动中，人们可以通过服饰来判断一个人的身份地位、涵养；通过服饰可展示个体内心对美的追求、体现自我的审美感受；通过服饰可以增进一个人的仪表、气质。服饰是人类的一种内在美和外在美的统一。要想塑造一个真正美的自我，首先就要掌握服饰打扮的礼仪规范，让和谐、得体的穿着来展示自己的才华和美学修养，以获得更高的社交地位。

女性领导服饰直接体现出一个人的素质、品位、涵养及自身层次，同时也对事业有着重要影响。服饰礼仪是人们在交往过程中为了表示相互尊重与友好，达到交往的和谐而体现在服饰上的一种行为规范。

（二）领导着装的 TPO 法则

TOP 法则是有关服饰礼仪的基本原则之一。T 即时间（time），P 即地点（place），O 即场合（occasion）。该法则倡导领导在着装时，应当兼顾时间、地点、场合，力求使自己的着装与时间、地点、场合协调一致。

一般来讲，女性领导着装以整洁美观、稳重大方、协调高雅为总的原则，还要考虑服饰、色彩、样式与自身年龄、肤色、气质、发型、体态相协调。着装要符合时间和场合，不同的场合有不同的着装特点，选择服装时要注意符合这些特点。每个女人在扮靓自己之前，都要对自己的个性、风格有准确的把握。

1. 应己着装

所谓应己，即要求在选择着装时要因人而异，使所穿的服装与自己的身体条件相适应。女性只有根据自己的身体条件选择服装，才能扬长避短，充分展示个人的最佳形象。具体而言，应己原则应围绕性别、年龄、肤色、体型四大身体条件展开。

2. 应景着装

所谓应景，是要求在着装时必须考虑自己即将出场或主要活动的地点，使服装尽量与自己所处的场合保持和谐一致。不同的场合有不同的气氛，在社交场合可着礼服和便服。礼服主要是出席正式、隆重、严肃的场合时的着装，如旗袍、礼服和民族服装。便装主要是一般场合、日常社交场合中的穿戴，相对可以随意一些。

不同的场合，着装应有所不同，特定的场合，往往有特定的着装要求。不遵循这个规矩，摆出“以不变应万变”的姿态，着装与所处场合不协调，难免会招惹麻烦。庄重场合，着装应力求庄重、高雅、严肃。喜庆场合，大都充满热烈、喜悦、欢乐的气氛，因此着装应定位于时尚、鲜艳、明快。悲伤场合，参加者往往心情沉重、悲伤，因此着装要素雅、肃穆、严整。

3. 应时着装

所谓应时，不是指追求时髦，而是要求着装必须与穿着的具体时间相吻合，不可不分季节、不分早晚地胡乱着装。应时着装的原则包括以下三层含义：与早、中、晚变化同步，在每天的上班时间与非上班时间，以及在非上班时间的不同时间段，都应选择不同的服装；与四季变化同步，在着装的选择上，任何人都必须随着四季的变换和气候的变化做出适当的改变；与时代变化同步，着装不应与时代脱节，不同的时代有着不同的着装习惯与特征，随着时代的发展，服装也在不断地更新换代、发展变化。着装应体现出时代的特征。

二、女性领导服饰提升技巧

（一）办公谈判着装

西服套装是最适合谈判的装扮。俗话说，商场如战场，虽说有些夸张，不过商场谈判有时候的确是有些剑拔弩张的味道，那么，如何先发制人就显得尤为重要。心理专家表示，无论如何，气势上先要压倒对方，这就少不了一套讲究的打扮，西服套装就是决定女性气质的关键。西服套装会让女性有一种干练、强势和精明的气势，最适合谈判。那么，适合商务谈判的西装有哪些基本款呢?

一般商务谈判对着装的要求都是比较严格的，需要在着装外形上体现出成熟稳重的着装特征，并且在颜色上也要尽量表现出庄重感。女士西服套装的着装，在配件和饰品的选择、搭配上，除了与女士西服裙装有很多共通之处以外，还要注意以下两点。第一，西裤长度要适合，最好是长及鞋面。公务和商务活动中，如果西裤太短容易让人产生不严肃、不协调、太休闲的感觉，不利于营造严谨的工作气氛。因此，正式的公务和商务活动中的女士西裤以长裤为主，裤长长及鞋面。第二，西裤面料具有一定的垂感，款式以直筒或者小喇叭形为好。

现在有很多女士西装突破以往职业装约定俗成的色彩，用粉红、暗紫、橙红等鲜艳的暖色调装点了西装，颇具视觉冲击力。从中可以隐约感受到淡淡的女人情味，知性与感性被巧妙地糅合在一起。在谈判桌上，这样的打扮也是适合的。

（二）庆典晚宴着装

庆典和晚会的最佳穿着晚礼服也叫夜礼服或晚装，是在晚间礼节性活动中所穿用的服装，一般在晚上20:00以后才穿，是女士礼服中档次最高，也是最具特色、充分展示个性的礼服样式。

1. 晚礼服的形式

晚礼服一般有两种形式。一种是传统的晚装，形式多为低胸、露肩、露背、收腰和贴身的长裙，强调女性窈窕的腰肢，夸张臀部以下裙子的重量感。肩、胸、臂的充分展露，为华丽的首饰留下表现空间。比如，低领口设计，以装饰感强的设计来突出高贵优雅，有重点地采用镶嵌、刺绣，领部细褶，华丽花边、蝴蝶结、玫瑰花，给人以古典、正统的服饰印象。另一种是现代晚礼服，款式更加多样，也更加随意，不如传统晚礼服那样古板。

社会生活的不断变化发展，使得夜间礼节性场合已不仅限于少数人，又由于都市里生活方式的多样化，晚礼服就成为社交常用服装，常与披肩、外套、斗篷之类的衣服相配，与华美的装饰手套等共同构成整体装束效果。参加正规晚宴，穿礼服赴宴也是对主人的尊重及感谢。

2. 晚礼服搭配技巧

①饰品：可选择珍珠、各种宝石、钻石等高品质的配饰，也可选择人造宝石。

②鞋：多配细高跟的凉鞋或修饰性强与礼服相宜的高跟鞋。

③包：精巧雅致，多选用漆皮、软革、丝绒、金银丝混纺材料，用镶嵌、绣、编等工艺结合制作而成，华丽、浪漫、精巧、雅观是晚礼服用包的共同特点。

④发型：漂亮的晚礼服当然少不了完美的发型搭配，一般适合与晚礼服搭配的发型有盘发、清爽短发、蓬松卷发等。盘发适合长发、发量多、头发易毛糙的人，给人以简单、干净的高贵感。清爽短发适合有层次分明的短发且身材高挑的人。蓬松感长发使发尾更具空气感和层次，增添柔美气质；如果是蓬松感短发，还可以为整体造型减龄，给人以精神、干练的感觉。

穿晚礼服是很讲究的，除了穿得合身得体外，一定要化一个晚会妆，绝不可以素面朝天。一件礼服只能在一次大场面中出现。如果这个条件太苛刻，那么至少不要在相邻的两次聚会中，让时时相逢的圈内人，看到你穿同一套礼服。如果受经济条件所限，可以选择一些速配晚装。

（三）上台发言着装

上台发言的着装，庄重大方最适宜。对于职场女性来说，上台发言或是演讲也是常有的事。上台发言肯定需要精心打扮。着装不当，妆容不宜，都会给人一种不信任感。上台发言的装扮总的一条，是要根据自己的身体形态、个性爱好、年龄职业、风韵涵养以及发言主题、发言结构，做到得体、大方、匀称、和谐、新颖和独特。

正式的发言要求发言者必须穿正装。正装，顾名思义就是在正式场合穿的衣服。传统的正装有西装、套裙等。正装有以下原则。

1. 三色原则

三色原则简单来说，就是身上的色系不应超过三种，很接近的色彩视为同一种。颜色太多则给人一种花里胡哨的感觉。

2. 有领原则

有领原则说的是，正装必须是有领的，无领的服装，如T恤运动衫一类不能作为正装。女性的正装是西服套裙或西服套装。

3. 纽扣原则

正装应当是带有纽扣的服装，拉链服装通常不能称为正装，某些比较庄重的夹克事实上也不能称为正装。

4. 皮鞋原则

没有皮鞋的正装绝对算不上正装，运动鞋和布鞋、拖鞋是不能称为正装的。

女式正装最常见的就是西服套裙，与之搭配的衬衫、内衣、鞋子、袜子等颜色不能太艳丽。比如，内衣颜色不能过于显眼，鞋子不能选用大红大紫之类的。在正式场合建议女士不要穿凉鞋或者露趾的鞋，如穿高跟鞋，鞋跟高度3～4厘米为最宜。

5. 颜色原则

上台发言时不宜以单色调打扮，而是在某一基色调基础上求得变化。配色一般不超过三个颜色，并按不同比例搭配。服装配色的方法有二。一是亲近色调和法，将颜色相似，但深浅浓淡不同的颜色组合在一起。这是一种常用的、较安全的配色方法，如深蓝与浅蓝相配等。二是对双色调和法，即以一色衬托另一色，互相陪衬，相映成趣。

6. 协调原则

发言者要根据自己发言主题的不同来确定自己要穿的服装。如果发言的主题内容是严肃、郑重的或愤怒、哀痛的，穿深色系或黑色衣服比较合适；如果上台发言者的主题内容是欢快愉悦的，穿浅色、鲜艳的衣服会更好些。穿着要与听众情绪相协调。发言者的服装款式一定要与现场的气氛相和谐，与听众的装束相协调。不能过于时尚华丽，那样会分散听众的注意力，破坏演讲气氛。

衣服太华丽，听众就会对你产生一种误解，认为你是一种十分讲场面的人。上台发言时服装过于简单也是不行的，一是会显得你对听众不够尊重，二是容易让听众对你产生不好的印象。

上台发言者的衣着应该典雅美观、整洁合身、庄重大方、色彩和谐、轻便协调。具体而言，要保证你的穿着整洁、整齐、大方美观，并能够显示出自己的稳重、成熟、高雅，另外还不能影响正常的行动，要与自己的性别、年龄、职业等协调。

（四）缤纷服饰点亮形象

除了正规的服装外，小小的配饰也是职业女性形象设计和魅力塑造的重要方面。因为配饰虽小，但只需要一点点，就可以让女人的审美品位和魅力得以完美地体现。丝巾、手袋、帽子、腰带看似很普通的环佩，却能显示出独特的气质。一个“点”和一个“缀”，把配饰赋予女人的意义准确、生动地表达出来，正如给红花配几片绿叶，能把花儿衬得更完美而生动。

1. 让美丽“帽”出来

帽子既有实用功能又有审美装饰功能，同时还能作为一种礼仪的象征。一顶合适的帽子，加上得体的戴法，能够衬托出一个人的身份、地位和修养，也能修饰脸形或头形的缺陷，所以女性的形象打造不能少了帽子。

2. 美丽的太阳镜

太阳镜不仅可以抵挡酷热烈日，保护眼部周围的皮肤，也是突显俏丽，装扮丽容的绝佳配饰。但是太阳镜也是需要搭配才能显出其独特的魅力来。长脸型配圆形镜，短脸型应配两边向上的镜框，颧骨高的人不要戴有多角的镜框，鼻子长的人要选镜框圆的镜子，鼻子短的人则适合戴高鼻梁架无镜框或窄镜架的太阳镜。

3. 摇曳生姿的丝巾魔力

女人的颈部风情离不开丝巾。一个生动如花的女人，就如同一条风情万种的丝巾，兼具亦庄亦谐两种美。丝巾作为女人的一件佩饰，实际上就是一种美丽的身体语言。

点缀在肩上、领间、帽檐上的丝巾，有种欲语还休的明艳。丝巾是服饰中永远不会凋零的时尚。丝巾的图案在高饱和度、高亮度的色彩运用下实现了简约与古典优雅的完美统一。完全不必拘泥于现有的丝巾系法，让规则抹杀了丰富的想象力和创造力。根据自己的情绪，可以随心所欲地把这一抹亮色点缀在自己身上，系在腰间、挂在胸前、围成头饰、绕在手臂上，甚至缠在脚脖子上，只要它好看，只要你开心。

4. 展现女人腰间风景的腰带

腰带和服装上的鲜艳色系一脉相承，以炫目为主，添加了金属元素，在妩媚中平添了几分中性的爽朗。假如你不愿在服装上引人注目，可以系一条鲜艳的腰带，让细节带你出众。

5. 让品位握在手中

相比于双肩包的天真烂漫，背包的匆忙，手袋的更多成分是宠爱女人，让她们从工作及生活中解脱出来，获得从未有过的悠闲、从容和优雅。手袋与服装的搭配是一门艺术，一个手袋不仅可以把使用者的品位展示出来，还可以掩盖其形象的不足。黑色手袋适合任何款式服装。在仲夏季节最好选用有亮光的漆皮手袋，会使人感到凉爽；秋冬季用鹿皮或毛料质手袋，给人一种温暖感。手袋的造型具有较强的个性与职业取向，职业女性宜选择轮廓分明的方形或长方形手袋，这与线条分明的职业装相吻合，强化了职业的严谨和端庄。社交手袋则应突出女性华丽高贵，或妩媚多情，或恬静飘逸，或成熟风韵的不同风采。

不同环境需要有不同的手袋相配。参加舞会时，穿上一件轻快服装，配上一只小巧手袋，不但显得可爱，而且颇富韵味。参加晚宴，配上只用金属亮片或珠子做的小型手袋，可尽显雍容华贵的气质。出门旅行不妨选用软皮做的大手袋或牛仔包，或草编的大提包，背在肩上，潇洒自如。

6. 耳畔的美丽

耳环虽小，但对脸部点缀功能极强。美丽的耳环静静地躺在你的耳畔，美丽不约而至。耳环的款式应依据自己的脸型和颈部线条来进行选择，颈部修长的女性可以选悬垂式的耳环，脖子较粗短者戴贴附耳郭的为宜；圆脸型的妇女适合戴多棱角的长耳环，方脸型的妇女则应戴圆形的耳环，鹅蛋脸选择耳环最为随意。

7. 项链女人不变的情结

项链搭配时要特别注意，与正统的礼服、西装套裙配套的，需高级制品和传统款式，如珍珠项链、钻石项链、白金项链等。因为不同的服装搭配不同的项链，因此每个女性多有几条项链是应该的。

第四节　女性领导语言魅力

在当今领导干部男女人数比例失衡的情况下，女性领导想要在强者云集的政坛站稳脚跟，不仅要完善自己的知识结构，提高自己的专业水平，而且要拥有自己独特的语言魅力。

一、女性领导语言塑造要点

（一）要说内行的话，让人信服

古人云：三寸之舌，强于百万之师；一人之辩，重于九鼎之宝。可见，语言作为领导活动中的重要媒介工具，具有相当重要的作用。领导者必须善于运用语言，成为驾驭语言的高手。作为一名女性领导，更要努力提高自己话语的影响力。在特定情境中，当女性领导者的话语作用于下属或其他听众，使他们受到感染并折服时，话语的影响力就产生了。领导特别是女性领导刚到一个新单位就职，很难被人们认可，许多人会从你的第一次讲话来了解你的能力和水平。如果女性领导干部在关键场合能说出内行的话，就会使下属心服口服，其话语就会更有分量，影响力就会随之产生。

某工厂长期亏损，债台高筑，濒临破产，市政府做出决定，工厂由市电厂兼并，但

是职工们从认识上和感情上都接受不了，大家怒气冲冲，气氛紧张。走马上任的女厂长很理解职工们的心情和处境，在进行了大量的调研后，做了这么一番讲话。

“我告诉大家一个事实：到下个月，工商银行的抵押贷款已到期，半导体厂就要破产，在座的各位就要失业，成为新的待业成员。到时，我市一个具有几十年历史、有过辉煌昨天的大厂就要关门！想到这可怕的现实，大家难道不心跳加快吗？到时，我们将无米下锅、无衣着身。谁愿意这样？谁希望自己失业？面对这可怕的现实，谁能拿出高招、使出解数拯救半导体厂？你反对兼并，就请拿出高招来！”

开头的一席话一下就把大家镇住了，大家这时才醒悟过来，觉得女厂长说得有道理，但大家似乎对她还是不放心。针对这一心理，她继续说道：“我是国家干部，是共产党员，不是资本家。我们是同志，是朋友，不是敌人。我们不能让国家利益受损失，我们不能使在场的两千多人失望。我的所作所为一定要对得起良心。有些同志对我不放心，这是可以理解的，因为对我还不了解。请大家放心，从并厂后的第二个月起，如果再亏损，由我这个厂长负责。我将与大家同舟共济、患难与共。如果要跳海，我第一个带头跳！”

听到这里，工人们的脸上终于云开雾散，大家报以雷鸣般的掌声。这位女厂长是在经过一番认真细致的调查之后才说出上面一段话的，这段话入情入理，一听就知道是内行说出的话，从而增强了工人们对女厂长的信任。由此可见，做内行事，说内行话，是说服大家、赢得尊重的首要条件。

资料来源：根据网络资料整理。

（二）要说真诚的话，让人动心

苏联演讲家阿普列相说过：一位演讲者在准备公开讲话的同时，要将心比心，从听众的角度去衡量自己的演讲。作为一名女性领导，你的话要想让人信服，必须言之有理，必须真诚。

（三）要说幽默的话，让人愉悦

作为一名女性领导，随时会面临尖锐或敏感问题，此时切记不要颜色大变、言语犀利、态度生硬、话语呛人。有时候，一句幽默诙谐的语言会立刻使你赢得众人的尊重。如果你能利用巧妙的语言恰当地回答一些刁钻尖刻的问题，就会得到更多人的尊重和钦佩。

（四）要说合适的话，让人舒心

女性领导面临着家庭和事业的双重负担，在工作中的领导身份不能带到生活中，切不能居高临下，盛气凌人。在不同的环境、身份中，说适合的舒服的话语，才可以更好地展现自我形象，走进人们的心里。语言艺术可以展现领导的魅力，女性领导只有更加注重自我修养，提高语言能力，才能在竞争激烈的官场中立于不败之地。无论何时，对待朋友要真诚，对待亲人要感恩，对待爱人要包容。说利人的话，说帮助别人的话，说对人好的话，这是一种高贵的教养。与人相处，彼此尊重，无论贵贱，无论什么时候，保持微笑，表达善意，行为得当，让彼此舒服，也让自己不委屈，这是极高的人生教养。

战争年代就是千方百计把敌人消灭掉，想法让敌人不舒服，不战而屈人之兵，最好是不用动刀枪，就能把敌人气死，让敌人自杀，这才叫水平高。现在要构建和谐社会，就是要让别人舒服，大家都舒服。女性领导在工作及社会关系中要赢得别人信任与尊重，就更要在沟通交流中让彼此舒服，你让别人舒服的程度，决定着你成功的程度。

二、打造语言细节为魅力锦上添花

（一）修炼柔和的声音，增强说话的魅力

女性领导的谈吐既有知识、趣味，又能用丰富的表情和优美的声音来表达，那将会收到意想不到的效果。美丽的声音有一种直达人心的魅力，聪明的女性应该懂得驾驭自己的声音，说话不快不慢、抑扬有致的女性领导能给人“舒服”的印象。

1. 练习受人欢迎的语调

语调能反映出一个人说话时的内心世界、情感和态度。当一个人生气、惊愕、怀疑、激动时，所表现出的语调也不一样。从一个人的语调中，人们可以感觉到他是一个诚实、自信、幽默、可亲可近的人，还是个呆板保守、优柔寡断、阿谀奉承或阴险狡猾的人。所以，无论你谈论什么样的话题，都应保持说话的语调与所谈及的内容相协调，并能恰当地表明你对某一话题的态度。

2. 注意发音的准确性

正确而恰当地发音，将有助于你准确地表达自己的思想，与人进行良好的沟通与交流。如果你说话发音错误并且含糊不清，这表明你思路紊乱、观点不清，或对某一话题态度冷淡，这会使人感到极不自然，从而产生一种本能的抵制情绪。

3. 控制说话的音量

在任何场合大声说话，都会使对方产生压迫感，心情紧张，神经容易疲劳，导致注意力不集中，降低交际效果。如果大声到“喧哗”的地步，引起不相关的人的注意就更不明智了，这违反了交际场合“不要让自己引人注目”的原则。一般在交际场合的音量以对方听见为宜，电话中还要略低一些。

4. 注意交谈的语速

当你在和别人交谈时，选择合适的语速十分重要。语速太快如同音调过高一样，给人以紧张和焦虑之感。如果说话的语速太快，以至于某些词语含糊不清，他人就无法听懂你所说的内容。当然，如果语速太慢，又会令人逐渐丧失耐心，有焦躁沉闷之感。正确的做法是，努力保持恰当的语速，不要太快也不要太慢，并在说话时不断地调整。

总体而言，自然、本色的女声，其实大多偏于尖细。加上传统社会赋予女性的社会角色，使其注意力更多地偏于细碎。所谓有修养的声音，必然是一种经过有效训练和“管理”的声音。随着教育水平的提高和社会角色的转变，职业女性必然要对自己的举止和声音进行有效的约束，使其符合某种标准和规范，按照这种规范进行的自觉约束和训练，

就是我们所称的“修养”。

（二）多用敬词、谦词和雅语，让你的魅力大增

使用敬词、谦词和雅语，不仅仅是一种客套，更是使自己文明高雅的有效方式，也更能体现女性领导的素质和魅力，展现优雅风度。初次见面一说话就能把尊重，礼仪和素质表现出来。

敬词也叫敬语，是指尊敬别人的客气用语，如我们日常使用的“请”字，第二人称中的“您”字，代词“阁下”“贵方”等。另外还有一些常用的词语用法，如初次见面称“久仰”，很久不见称“久违”，请人批评称“请教”，请人原谅称“包涵”，麻烦别人称“打扰”，托人办事称“拜托”，赞人见解称“高见”等。

谦词亦称“谦语”，它是与“敬语”相对，是向人表示谦恭和自谦的一种词语。如“不敢当”“您过奖了”“您客气了”等。尽管日常生活中谦语使用不多，但其精神无处不在。只要你在日常用语中表现出你的谦虚诚恳，人们自然会尊重你。

雅语是指一些比较文雅的词语。雅语常常在一些正规的场合以及一些有长辈和女性在场的情况下，被用来替代那些比较随便，甚至粗俗的话语。多使用雅语，能体现出一个人的文化素养以及尊重他人的个人素质。

对于女性来说，也或多或少地会在平时生活的交流与沟通中形成一些自己在说话时惯用的“口头语”。然而，这些看似平常的“口头语”如果在正式场合中使用，就有可能冒犯他人或是有违礼仪，让我们的形象受损，魅力大减，因而一定要避开这些“忌语”。而相比于口头语，忌语更是不能在正式场合中随意说出口。

在商务活动中，要尽量表现出自己的干练与睿智，才能更好地体现出素质和能力。语言内容要有意义，也就是要言之有物，这样才能促进双方的交流。切记话语空洞，一定要“言之有物”，对听者有意义、有帮助，否则尽量少说话为妙。谈话时还要善于融入别人的话题，也要善于提出自己擅长的话题。这样才能把谈话引向深入，让双方都觉得愉快。

（三）交谈有礼，不抢话不拦话

要想在社交场合中成为一个受欢迎的人，要想赢得他人的青睐，就必须懂得谈话技巧，不抢话不拦话，必须时刻提醒自己不要犯无心伤人的错误。每个人在滔滔不绝时都希望周围的人是自己忠实的听众，而自己就是谈话中的主角。这时突然边上有人不断地插话会让谈话者不满甚至生气。所以处于最基本的礼貌层面，不要轻易在他人谈话时插嘴。

培根曾说：打断别人，乱插嘴的人，甚至比发言者更令人讨厌。打断别人说话是一种最无礼的行为。每个人都会有情不自禁地想表达自己想法的愿望，但如果不去了解别人的感受，不分场合与时机，就打断别人说话或抢接别人的话，这样会扰乱别人的思路，引起对方的不快，有时甚至会产生误会。

世界上的难事之一便是闭上嘴巴。如果你不张开耳朵，不适时地闭上嘴巴，就会失去无数机会。切记，千万不要太忙于说话，要学会“听话”。交谈的双方在对方谈话的

时候均要认真倾听，不要随便打断对方的话，如果必须插话，则应该等对方谈话间歇的时候再插入，而且要表示歉意："对不起，我想插一句。"

不要用不相关的话题打断别人说话；不要用无意义的评论打乱别人说话；不要抢着替别人说话；不要急于帮助别人讲完事情；不要因争论鸡毛蒜皮的事情而打断别人的话题。

（四）恰当赞美，赢得好感

每个人都需要被肯定，尤其是得到他人的肯定。有了他人的肯定，自己的存在便有了一种充实感，而赞美就是肯定的一种形式。千万不要低估赞美的能量，赞美是拉近人与人之间距离的融合剂，也是赢得别人好感甚至点燃别人热情的关键。

1. 赞美要抓住时机

恰当的时机和措辞才能使赞美更具效力。爱听恭维话是人的天性，虚荣心是人性的弱点。当你听到对方不失时机地吹捧和赞扬时，心中会产生一种莫大的优越感和满足感，自然也就会高高兴兴地听取对方的建议和意见。

2. 赞美要恰如其分

每个人都爱听恭维话，你对别人所说的恭维话，若恰如其分，他肯定会很高兴，对你就有好感。例如，对青年人应赞美他的创造才能和进取精神；对老年人应赞美他老当益壮、容光焕发；对于商人，应夸他才能出众、手腕灵活、生财有道、财运高照。

3. 旁敲侧击，间接赞美

直接赞美是日常生活中最常用的赞美方式。它不通过中介，直抒胸臆，把自己的赞美之情直接向对方倾吐。相比之下，间接赞美则更富有技巧性。比如，为了赞美一个女性，你可以赞扬她的孩子漂亮、聪明、有出息，或者赞美她的丈夫能干、体贴，这样也可以很好地达到间接赞美她的目的。间接赞美一个人还可以不当面对他表达你的称赞和肯定，而是通过别人的口把你的赞美传到他的耳朵里。这种赞美对化解矛盾效果很好。

4. 赞美不可言过其实

过分的夸奖对受赞美者百害而无一益。俄国寓言作家、剧作家克雷洛夫说过：过分的赞美对于心智是有害的。高尔基也认为，过分夸奖一个人，结果就会把人给毁了。如果你夸奖时随意把事实夸大，把人家的七分成绩说成十分，把人家本来很朴素的想法拔高到理想化的境界，评价失实，只能产生消极作用。

5. 赞美要想好恰当的词语

女性领导在表扬或称赞他人时一定要注意措辞，以免词不达意，反令被赞者极为尴尬。在列举对方身上的优点或成绩时，不要举那些无足轻重的内容。比如，与客户沟通时说他"很和气"或"纪律观念强"之类和专业工作无关的事。赞美中也不可暗含对方的缺点，如一句口无遮拦的话："太好了，在屡次失败之后，你终于成功了一回！"总之，称赞别人时在用词上要再三斟酌，千万不要胡言乱语。

6. 赞美需要量身定做

赞美的话虽然人人爱听，但“千篇一律”“老生常谈”的那些老话有时只会引起对方的反感。因此，如果在赞美的话中加上一些“新意”作为调料，那么赞美之术就趋于完善了。职业女性在赞美别人时，一定要有自己的特点，把赞美的话说得真诚又恰当，更能赢得别人的好感，树立自己的形象。赞美也是一种艺术，掌握好这种艺术，一定会让你的魅力大增，处处受到欢迎。

7. 委婉含蓄，别人更乐意接受你的建议

在语言沟通的过程中，委婉是一种颇有奇效的黏合剂。委婉是一种以坦诚开放的沟通来对待对方的方式，同时，也尊重他人的感受，不做无谓的伤害。委婉含蓄的表达是一种语言的艺术。委婉含蓄的表达比口无遮拦、直截了当地说更能体现人的语言修养。直言不讳、开门见山虽然简单明了，但给人的刺激性太大，容易伤害对方的自尊心，委婉含蓄的语言，既是劝说他人的法宝，又能满足人们的自尊。换句话说，委婉含蓄的语言就是成熟、稳重的表现。作为女性领导，要通过不断修炼、完善自己的口才，来为你的气质加分，为你的魅力加分！学会委婉和含蓄，也是塑造自己的美好形象，展示自己独特魅力的重要内容。女性领导可千万别忽视这一点。那么，怎么样才能把直话说得“弯”，把意见说得悦耳，让别人乐于接受你的建议呢?

①不要说“但是”，而要说“而且”。试想你很赞成一位同事的想法，你可能会说：“这个想法很好，但是你必须……”本来说话字字千金、伶牙俐齿的你，这样一说，这种认可就大打折扣了。你完全可以说出一个比较具体的希望来表达你的赞赏和建议，比如，“我觉得这个建议很好，而且，如果在这里再稍微改动一下的话，也许会更好。”

②不要再说“老实说”。公司开会的时候会对各种建议进行讨论。于是你对一名同事说：“老实说，我觉得……”你好像在特别强调你的诚意，你当然是非常有诚意的，可是干吗还要特别强调一下呢?别人会觉得你是提批评或反面意见。所以你最好说：“我觉得，我们应该……”

③不要说“仅仅只”。在一次通力攻关会上你提出了一条建议，你是这样说的：“这仅仅只是我的一个建议。”请注意，这样说是绝对不可以的！因为这样一来，你的想法、功劳，包括你自己的价值都会大大贬值。本来是很利于合作和团体意识的一个主意，反而让同事们只感觉到你的自信心不够。最好这样说：“这就是我的建议。”

④不要说“错”，而要说“不对”。一位同事不小心把一项工作计划浸上了水，正在向客户道歉。你当然知道他犯了错误，惹恼了客户，于是你对他说：“这件事情是你的错，你必须承担责任。”这样一来，只会引起对方的厌烦心理。你的目的是调和双方的矛盾，避免发生争端。所以，把你的否定态度表达得委婉些，实事求是地说明你的理由。比如，你这样做的确是有不对的地方，你最好能够为此承担责任。

会说话的女性领导不仅有魅力，而且有能力。因为她们更懂得如何把自己的意见传达出去，让自己的建议被大家所接受，自然也会让大家更喜欢自己的建议，让工作更加顺利。

【本章小结】

领导者的形象魅力与领导者的衣着、姿态、礼仪、语言密切相关。作为女性领导，无论在任何时候，都会成为人们关注的焦点。本章从女性领导形象的含义、公众期待及塑造要点入手，着重介绍了女性领导的公关礼仪形象，如仪态形象、礼仪形象、商务形象。对于女性领导在不同情景的服饰搭配进行了详细讲解。女性领导应从提升语言形象上来提高自己话语的影响力，要抓住塑造语言的要点，从细节入手为自己的魅力锦上添花。

自学自测　扫描此码

1. 女性领导形象的公众期待有哪些？
2. 简述领导着装的 TPO 法则。
3. 为领导形象锦上添花的服饰有什么？有何注意要点？
4. 女性领导语言塑造的要点有哪些？

孟晚舟上位“董事长”，颜值衣品气场全开

2023 年 4 月伊始，孟晚舟正式出任了华为集团轮值董事长一职，在此后的六个月里，她将是华为的最高掌舵者。

华为官网也官宣了轮值消息，并换上了孟晚舟全新的形象照：一头温婉长发，面带微笑，身穿黑色蝴蝶领衬衫搭配丝绒外套，拿捏大家姐风范也不失女精英感，算得上职业照模板了。

结束了在加拿大长达三年的无理扣押，重回国已经一年半的孟晚舟，不仅状态越来越好，讲话也越来越有领导者的气势。年报发布会上面对华为的发展问题时，一句“我们不一定会成功，但是我们向死而生，怎么能够不成仁？”瞬间又“出圈”了。发布会最后，又以“雪后疏梅正压枝，春来朝日已晖晖”来表达有压力更有信心的态度，有种笃定的信念感。

作为一位事业女性，孟晚舟的每次公开亮相都保持恰到好处的淡妆，看似不施粉黛，却有种云淡风轻的高级感，提气场又不过时。经过了几年的沉淀和磨炼，孟晚舟的气质沉着笃定了不少，眼神变得温柔而坚定，坐姿仪态优雅挺拔，神情也比之前多了几分坦然自在。如果说早年更像业务骨干，那么现在更具领导者气场。

在穿衣搭配上，孟晚舟在不同阶段的变化也很明显，尤其是回国之后，她开始走低调路线，例如近两年的年报发布会，都选择了黑色衬衫裙，正式又不失温柔。

资料来源：https://fashion.ifeng.com/c/8Oi55VqLyVr，根据网络资料进一步整理。

讨论问题：

1. 本案例中，孟晚舟的形象魅力是从哪几个方面展现的？
2. 你认为孟晚舟在公众眼中塑造了什么样的形象？

参 考 文 献

[1] 孔茨，韦里克. 管理学：国际化与领导力的视角[M]. 马春光，译. 9 版. 北京：中国人民大学出版社，2014.

[2] 本尼斯，纳努斯. 领导者[M]. 方海萍，等译. 北京：中国人民大学出版社，2008.

[3] 达夫特. 领导学：原理与实践[M]. 杨斌，译. 北京：机械工业出版社，2005.

[4] 哈格斯，吉纳特，柯菲. 领导学：在实践中提升领导力[M]. 朱舟，译. 北京：机械工业出版社，2009.

[5] 坦南鲍姆，施密特. 如何选择领导模式[M]. 北京：中国社会科学出版社，1958.

[6] 罗宾斯. 组织行为学[M]. 北京：中国人民大学出版社，2004.

[7] 柯维. 领导者准则[M]. 北京：中国青年出版社，2003.

[8] 科特. 变革的力量：领导与管理的差异[M]. 北京：华夏出版社，1998.

[9] 德鲁克. 管理的实践[M]. 齐若兰，译. 北京：机械工业出版社，2009.

[10] 科特. 领导力要素[M]. 袁品涵，译. 北京：中信出版社，2019.

[11] 库泽斯，波斯纳. 领导力[M]. 徐中，等译. 北京：电子工业出版社，2013.

[12] 加德纳. 论领导力[M]. 李养龙，译. 北京：中信出版社，2007.

[13] 安东纳基斯，茜安西奥罗，斯滕伯格. 领导力的本质[M]. 柏学翥，刘宁，吴宝金，译. 上海：上海人民出版社，2007.

[14] 蒋莱. 女性领导力研究[M]. 上海：复旦大学出版社，2011.

[15] 方瑾. 女性领导者的魅力管理[M]. 北京：企业管理出版社，2006.

[16] 纳哈雯蒂. 领导艺术与科学[M]. 笪鸿安，冯云霞，龙昕，等译. 6 版. 北京：电子工业出版社，2012.

[17] 诺斯豪斯. 领导学：理论与实践[M]. 6 版. 北京：中国人民大学出版社，2014.

[18] 朱立言，孙健. 领导科学与艺术[M]. 2 版. 武汉：华中科技大学出版社，2013.

[19] 巴瑞特.领导力沟通[M]. 邓天白，等译. 3 版. 上海：复旦大学出版社，2013.

[20] 陈锡铭，余先进，张秀华. 领导决策的基础环境论析[J]. 哈尔滨师专学报，2000, (2).

[21] 周三多，陈传明，鲁明泓.管理学：原理与方法[M]. 4 版. 上海：复旦大学出版社，2005, 212.

[22] 宋振杰. 团队领导[M]. 北京：北京大学出版社，2007.

[23] 李春林. “领导理论创新与领导力提升”理论研讨会综述[J]. 领导科学，2007(19): 36-37.

[24] 奚洁人. 中国领导学研究 20 年[M]. 上海：华东师范大学出版社，2007.

[25] 柯士雨. 论政府及其官员的领导力的提升[J]. 甘肃行政学院学报，2004(1): 35-37.

[26] 陈尤文，张新国. 有效沟通始于倾听[J]. 检察风云，2014(23).

[27] 钱莉，范娟. 人际管理中的沟通艺术浅析[J]. 文艺生活・文海艺苑，2012(12).

[28] 丁政. 领导者须善于与员工沟通[J]. 职业时空，2005(2).

[29] 隆玲. 领导者的非语言沟通技巧[J]. 领导科学，2009(13).

[30] 王青，胡巍. 沟通技巧与领导力开发[M]. 上海：上海交通大学出版社，2007.

[31] 郑金洲，任真，何小蕾. 领导沟通技巧：核心人物的制胜锦囊[M]. 北京：中国时代经济出版社，2008.

[32] 张焕祺. 论领导决策中存在的问题及提升对策[J]. 法制博览，2015(7).

[33] 贾洁萍. 领导决策成本的界定[J]. 重庆工学院学报（社会科学版）2008(3).

[34] 刘永雷. 领导决策的评估与方法[J]. 世纪桥，2008(3).

[35] 高兴国. 浅论领导决策的内涵和本质[J]. 中外企业家，2013(3).
[36] 蒋旋新，蒋萌. 地方行政领导者职教决策力形成背景与内涵特征研究[J]. 职教论坛，2013(10).
[37] 王恒久，巩艳芬. 领导决策的评价指标体系与模糊判断[J]. 科学管理研究，2000(2).
[38] 汪丽艳. 女性领导如何提高决策能力[J]. 领导科学，2010(10).
[39] 徐国亮，武中哲. "单位制"变革与女性就业保障[J]. 山东师范大学学报（人文社会科学版），2001(5).
[40] 魏国英. 女性学概论[M]. 北京：北京大学出版社，2003.
[41] 王丽华. 全球化语境中的异音：女性主义批判[M]. 北京：北京大学出版社，2008.
[42] 张丽琍，张瑞娟. 女性领导力[M]. 北京：北京师范大学出版社，2018.
[43] 金正昆. 商务礼仪[M]. 北京：北京大学出版社，2004.
[44] 怡心. 职业女性的形象设计与魅力塑造[M]. 北京：中国妇女出版社，2015.
[45] 曾敏. "她时代"领导力：柔性管理的力量[M]. 北京：中国铁道出版社，2017.
[46] 金和. 非常领导谋略：决策·指挥·协调[M]. 北京：中国纺织出版社，2003.
[47] 戴馨霆. 柔性领导视野下的女性领导力发展研究[D]. 大连：辽宁师范大学，2015.
[48] 胡剑影，蒋勤峰，王重鸣. 女性企业家领导力模式实证研究[J]. 上海交通大学学报（哲学社会科学版），2008，16(6): 69-74.
[49] 雷丽萍. 女干部领导能力的特点与发展趋势[J]. 领导科学，2009(5): 45-46.
[50] 李六珍，张磊. 女性性别角色和领导角色冲突及其应对策略[J]. 兰州学刊，2009(3): 154-156.
[51] 李鲜苗，罗瑾琏，霍伟伟. 基于 Cross-Temporal Meta-Analysis 方法的性别特征与领导风格及跨文化比较研究[J]. 科学学与科学技术管理，2012(5): 162-170.
[52] 梁巧转，忻依娅，任红军. 两性领导风格理论研究评述[J]. 妇女研究论丛，2004(5): 53-58.
[53] 石庆华. 全球化时代女性领导力的新范式[J]. 延边大学学报（社会科学版），2008(6): 129-133.
[54] 苏彦捷，黄翯青. 共情的性别差异及其可能的影响因素[J]. 西南大学学报（社会科学版），2014，40(4): 77-83, 183.
[55] 孙凌云. 女性领导者的特点与优势：基于组织多样化的视角[J]. 党政干部学刊，2010(7): 58-59.
[56] 孙倩. 女性领导干部胜任素质模型的研究探析[D]. 西安：西北大学，2010.
[57] 孙天义. 面孔识别的性别差异：基于行为和电生理证据的女性加工优势效应[D]. 上海：华东师范大学，2018.
[58] 王宇. 女性新概念[M]. 北京：北京大学出版社，2007.
[59] 肖薇，罗瑾琏.驱动女性领导者职业成功的组织情境[M]. 北京：中国社会科学出版社，2015.
[60] 忻依娅，梁巧转. 领导风格性别差异因子分析[J]. 经济管理，2004(8): 46-52.
[61] 张志红，李旭.领导决策原则与程序[J]. 世纪桥，2008(14): 33-34.
[62] 赵麟斌. 略论科学领导决策原则与实施路径[J]. 闽江学院学报，2011.
[63] 许一. 柔性领导理论评介[J]. 外国经济与管理，2007(8): 30-37.
[64] 杨静，王鲲. 女性领导研究回顾与展望[J]. 山东财经大学学报，2015, 27(4): 111-117.
[65] 张兵. 试论领导者的非权力性影响力[J]. 河南科技，2006(9): 16-17.
[66] 张蕾. 基于神经领导学的领导力探究、评价与开发[J]. 领导科学，2017(35): 32-34.
[67] 张敏. 中国女性领导影响力研究[D]. 呼和浩特：内蒙古大学，2009.
[68] 毕孝茹. 全球领导力的基本架构与提升途径研究[D]. 大连：辽宁师范大学，2018.
[69] 樊伟. 全球领导者文化整合能力结构维度的探索与验证[D]. 南昌：江西财经大学，2018.
[70] 朱忠武. 领导力的核心要素[J]. 中外企业家，2005(4): 32-33.
[71] 兰徐民. 领导力的构成及其形成规律[J]. 领导科学，2007(22): 34-35.
[72] 李拓. 新领导力"密匙"[J]. 人民论坛，2012(14): 23-25.
[73] 黄俊汉. 试论提升领导力[J]. 经济与社会发展，2005(1): 73-76.
[74] 童中贤. 领导力：领导活动中最重要的功能性范畴[J]. 理论与改革，2002(4): 95-97.

[75] 董军. 成长中的彩虹企业文化树[J]. 中外企业文化，2004(10): 13.
[76] 陈建生. 企业领导如何提高领导力[J]. 领导科学，2003(17): 52.
[77] 李光炎. 以和谐为导向的领导力[J]. 中国浦东干部学院学报，2010(1): 63-67.
[78] 童兆颖. 女性领导力与柔性化管理[J]. 领导科学，2004(20): 2.
[79] 蒋莱. 女性领导力研究综述[J]. 中华女子学院学报，2011(2): 7.
[80] 周敏. 领导力研究中的文化分析[J]. 湖北教育（领导科学论坛），2010(2): 3.
[81] 海华德. 女性领导力[M]. 北京：中国劳动社会保障出版社，2006.
[82] 朱斯琴. 论女性心理与柔性化领导方式[J]. 内蒙古大学学报（哲学社会科学版），2010, 42(4): 64-67.
[83] 刘付兵，张蕾. 三段式思维型课堂："深度学习"化难[J]. 教育科学论坛，2017(17): 4.
[84] 赵曙明. 我国管理者职业化胜任素质研究[M]. 北京：北京大学出版社，2008.
[85] 王登峰. 崔红. 中国基层党政领导干部的胜任特征与跨文化比较[J]. 北京大学学报（哲学社会科学版），2006, 43(6): 138-146.
[86] 聂志毅. 女性领导者非权力性影响力的构建[J]. 领导科学，2010(32): 34-35.
[87] 冯苏京，王秋宇. 高效团队：打造卓越团队的必备技能[M]. 北京：机械工业出版社，2014.
[88] 甘爱民. 浅谈团队建设[J]. 商场现代化，2005(12Z): 377.
[89] 史亚楠. 中小企业社会责任发展现状和实现研究[J]. 中国商贸，2010(3): 2.
[90] 祝红艳. 走还是留，这个跳槽季"风"往哪里吹?[J]. 职业，2008(11): 2.
[91] 谭劲松，陈国治. 现代领导方法与领导艺术[M]. 杭州：浙江大学出版社，2007.
[92] 蔡建群，刘国华. 国外全球领导力研究前沿探析[J]. 外国经济与管理，2008(3): 53-59.
[93] 李云飞. 全球领导力文献综述与分析[J]. 领导科学，2012(32): 28-30.
[94] 杜娟，米加宁. 西方领导学研究回顾与前瞻[J]. 哈尔滨工业大学学报（社会科学版），2005(4): 61-64.
[95] 丁正，张光宇. 沟通文化：企业之魂[J]. 企业经济，2005(12): 44-46.
[96] Balthazard P A, Waldman D A, Thatcher R W, et al. Differentiating transformational and non-transformational leaders on the basis of neurological imaging[J]. Leadership Quarterly, 2012, 23(2): 244-258.
[97] Bycio P, Hackett R, Allen J. Further assessment of bass's conceptualization of transaction and transformational leadership[J]. Journal of Applied Psychology, 1995(80):468-478.
[98] Bowen C, Swim J K, Jacobs R R. Evaluating gender biases on actual job performance of real people：a meta analysis [J]. Journal of Applied Social Psychology, 2000, 10(30): 2194-2251.
[99] Burke S, Collins K M. Gender differences in leadership styles and management skills[J]. Women in Management Review, 2001, 16(5): 244-257.
[100] Chesler P. Woman' s Inhumanity to Woman[M]. New York: Nation Books, 2001.
[101] Douglas C. The moderating role of leader and follower sex in dyads on the leadership behavior – leader effectiveness relationships[J]. The Leadership Quarterly, 2012, 23(1): 163-175.
[102] David V D, Peter G, Eduardo S. Leadership in team-based organizations: on the threshold of a new era[J]. The Leadership Quarterly, 2006(17): 211-216.
[103] Dorfman P W. Introduction[A]. in W H Mobley, and P W Dorfman(Eds.). Advances in global leadership (Vol.3)[C]. Stamford, CT: JAI press, 2003.
[104] Dickson, Marcus W, Hanges, Paul J. and Lord, Robert C. Trends in cross-cultural leadership research[A]. in W H Mobley, and M W McCall(Eds.). Advances in global leadership (Vol.2)[C]. Stamford CT: JAI Press, 2001.
[105] Eagly A H, Johannesen-Schmidt M C, Van Engen M L. Transformational, transactional, and laissez-faire leadership styles: a meta-analysis comparing women and men[J]. Psychological bulletin,

2003, 129(4): 569.

[106] Eagly A H, & Johnson T. Gender and leadership style: a meta-analysis[J]. Psychological Bulletin, 1990, 108: 233-256.

[107] Edmondson A C, Bohmer R M, & Pisano G P. Disrupted routines: team learning and new technology implementation in hospitals[J]. Administrative Science Quarterly, 2001.46(4), 685-716.

[108] Fiedler F E. “The contingency model and the dynamics of the leadership process”[J]. advances in experimental social psychology. New York: Academic Press, 1978: 88-93.

[109] Fagenson E A. Perceived masculine and feminine attributes examined as a function of individuals’ sex and level in the organization power hierarchy: a test of four theoretical perspectives[J]. Journal of Applied Psychology, 1990, 75(2): 204-211.

[110] Gibson C B. An investigation of gender differences in leadership across four countries[J]. Journal of international business studies, 1995, 26(2): 255-279.

[111] Gerald G. Contemporary school leadership: reflections on morrison[J]. British Journal of Educational Studies, 2001, 49(4): 386-391.

[112] Gessner, M Joelyne. and Arnold, Val.Introduction to conceptual perspective[A]. in W H Mobley(Ed.). Advances in global leader-ship (Vol.1)[C]. Stamford, CT: JAI Press, 1999.

[113] House R J, Spangler D, Woycke J. Personality and charisma in the U.S. presidency: a psychological theory of leadership effectiveness[J]. Administrative Science Quarterly, 1991, 36(3): 364-396.

[114] Heller F A, Wilpert B. Competence and Power in Managerial Decision making: A study of Senior. levels of Organization in Eight Countries. John wiley & Sons, 1981.

[115] Hernez B G, Richard L H. Leadership Development: Past, Present, and Future[J]. Human Resource Planning, 2004, 27(1): 24-32.

[116] House R J. Cultural influences on leadership and organizations: Project Globe[J]. Advances in Global Leadership, 1999, 1: 171-233.

[117] Judy R. Ways Women Lead[J]. Harvard Business Review (November December), 1990.

[118] Spencer L M, Spencer S M, Wiley. Competence at Work Models for Superior Performance [M]. New York: JohnWiley & Sons, 1993, pp. 9-11.

[119] Ledet L M, Henley T B. Perceptions of women’s power as a function of position within an organization[J]. Journal of Psychology Interdisciplinary & Applied, 2000, 134(5): 515-527.

[120] Lowe K B, Kroeck K G. Sivasubramaniam N. Effectiveness correlates of transformational and transactional leadership: a meta-analytic review of the MLQ literature[J]. Leadership Quarterly, 1996, 7: 385-425.

[121] Nancy J. Adler, Swim J K, et al. Evaluating gender biases on actual job performance of real people: a meta analysis[J]. Management International Review, 1997, 10(30): 2194-2251.

[122] Drucker P. The Effective Executive[M]. New York: Harper Collins Publishers, 1966.

[123] Rosen R, Digh P, Singer M, et al. Global Literacies: lessons on business leadership and national cultures[M]. New York: Simon & Schuster, 2000.

[124] Rosener J B. Ways women lead: The command-and-control leadership style association with men is not the only way to succeed[J]. Harvard Business Review, 1990(68): 119-125.

[125] Helgesens. The female adavantage: Women’s way of leadership[M]. New York: Doubleday, 1990: P31.

[126] Trist F L, Bamforth K. Some Social and Psychological Consequences of the longwall Method of Coal-Getting[J]. Human Relations, 1963.

[127] Toren N, Konrad A M, Yoshika I, et al. A cross-national cross-gender study of managerial task preferences and evaluation of work characteristics[J]. Women in Management Review, 1997, 11(6):

234-243.

[128] Yammarino F J, Dubinsky A J, Comer L B, et al. Women and transformational and contingent reward leadership: a Multiple-Levels-Of-Analysis Perspective[J]. The Academy of Management Journal, 1997.

[129] Yoder J D. Making leadership work more effectively for women[J]. Journal of Social Issues, 2001, 57: 815-828.

教师服务

感谢您选用清华大学出版社的教材！为了更好地服务教学，我们为授课教师提供本书的教学辅助资源，以及本学科重点教材信息。请您扫码获取。

教辅获取

本书教辅资源，授课教师扫码获取

样书赠送

国际经济与贸易类重点教材，教师扫码获取样书

清华大学出版社

E-mail: tupfuwu@163.com
电话：010-83470332 / 83470142
地址：北京市海淀区双清路学研大厦 B 座 509

网址：https://www.tup.com.cn/
传真：8610-83470107
邮编：100084